魚と人をめぐる
文化史

平川敬治

弦書房

筑後川上流域、鳴子川（大分県玖珠郡九重町）

筑後川上流域、大山川（大分県日田市大山町）

筑後川中流域（福岡県久留米市）

筑後川下流域（福岡県大川市・佐賀市）

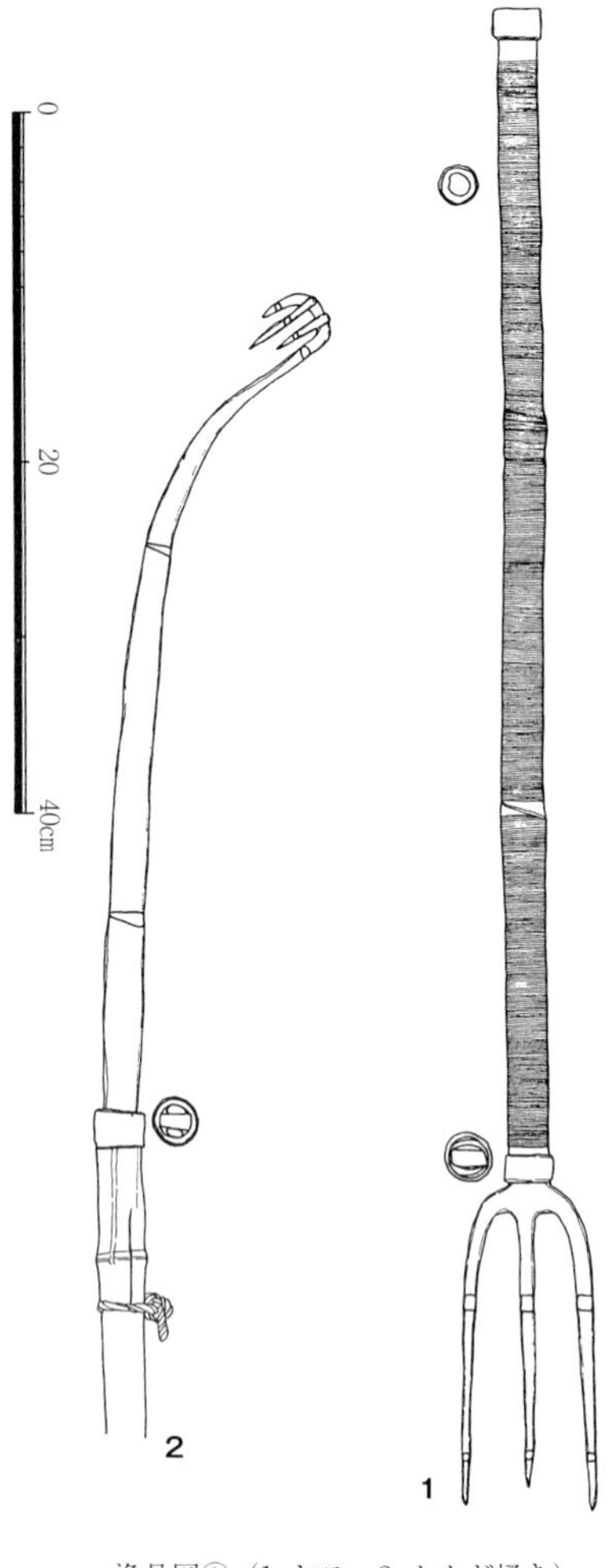

漁具図①（1-ヤス、2-ウナギ掻き）

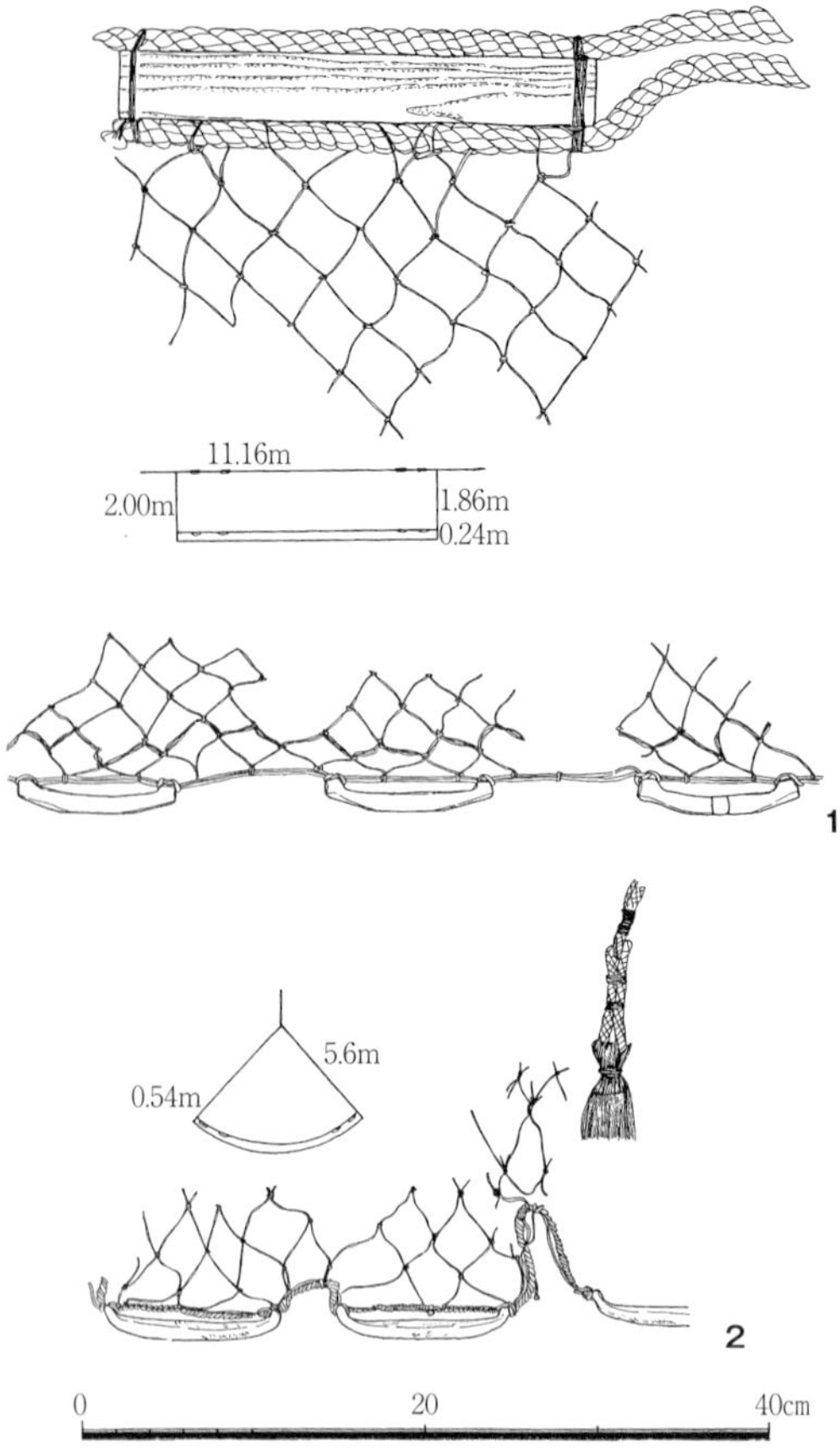

漁具図②（1-ゲンジキ網《地曳き網》、2-投網）

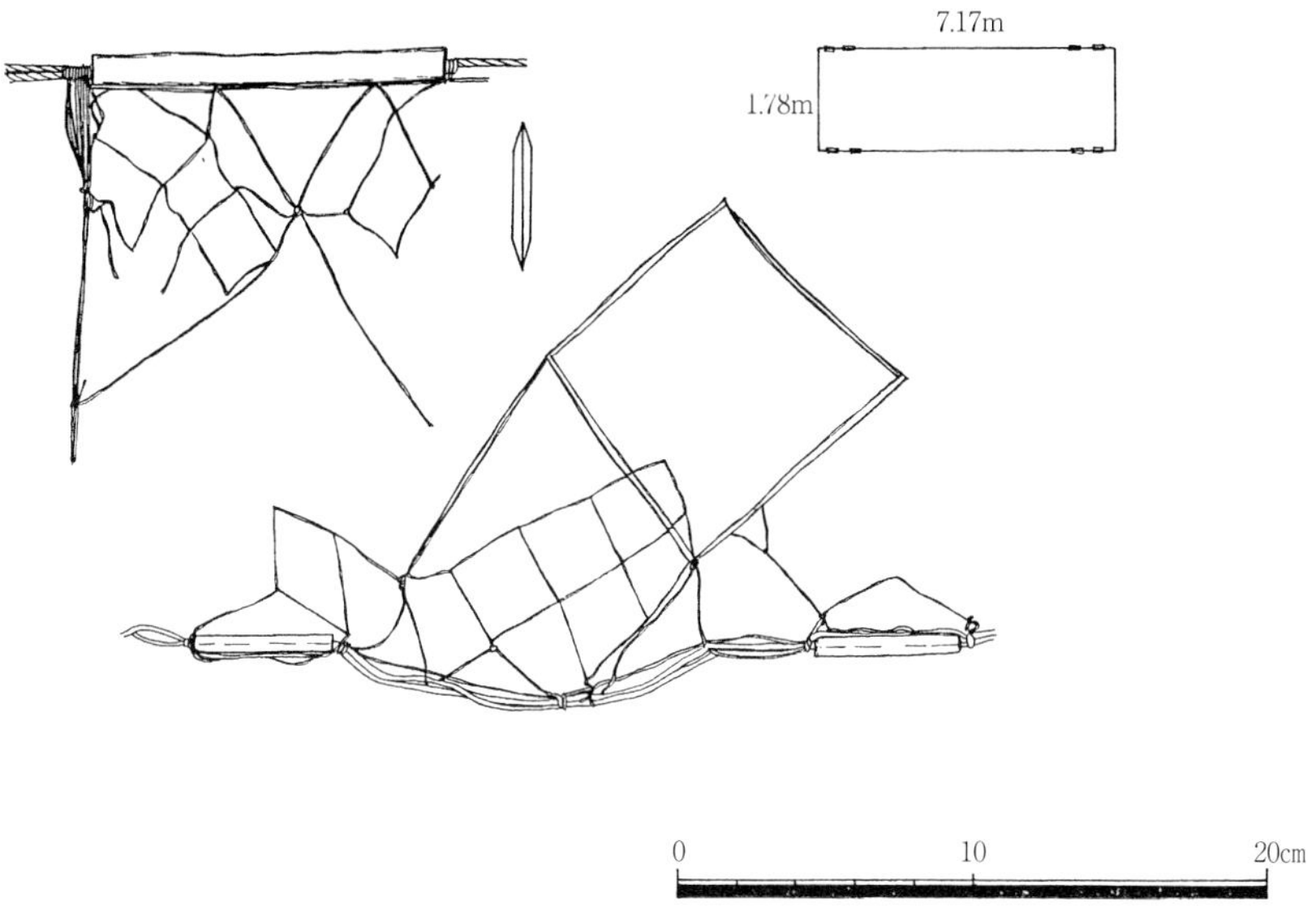

漁具図③刺網

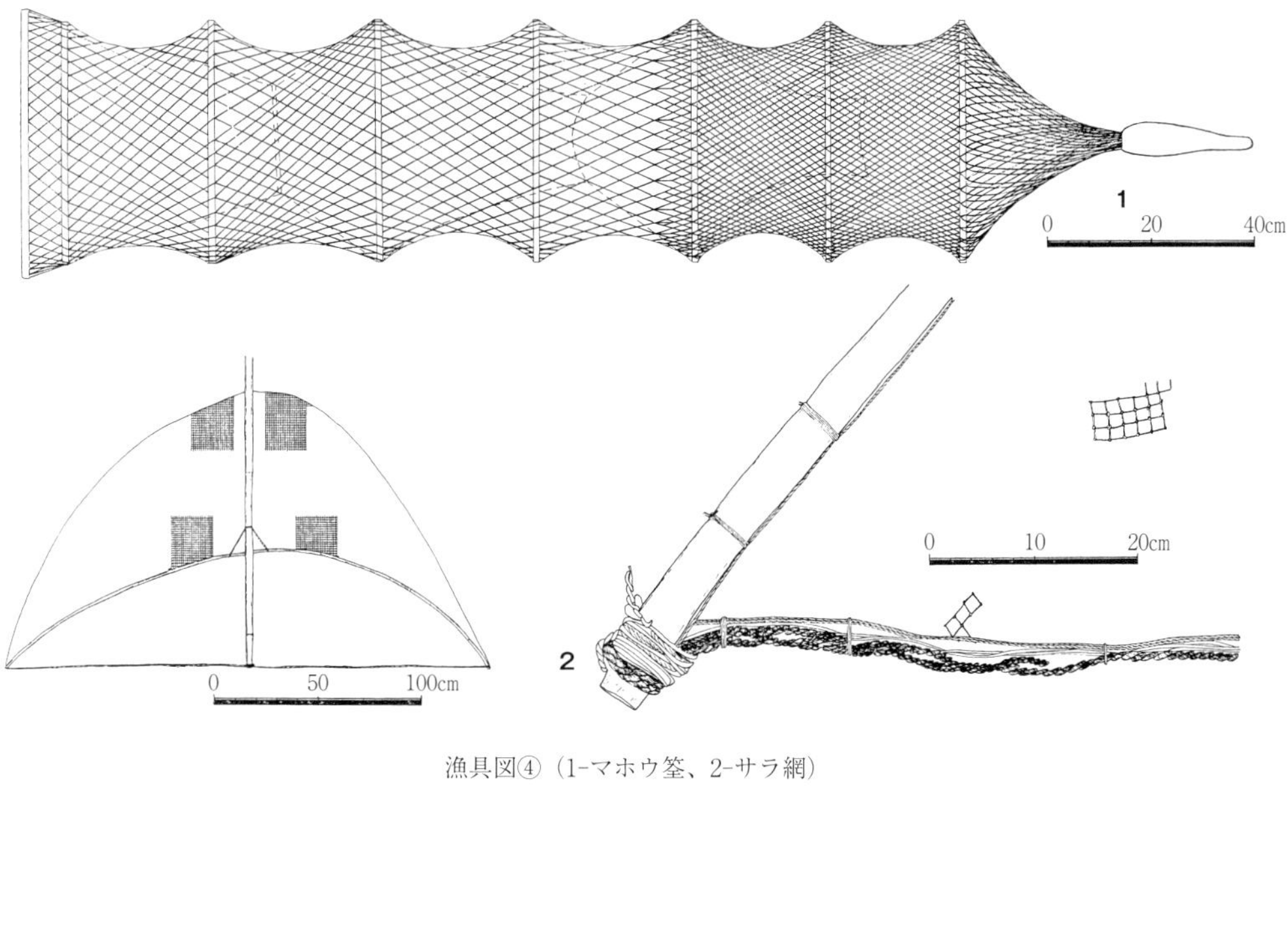

漁具図④（1–マホウ筌、2–サラ網）

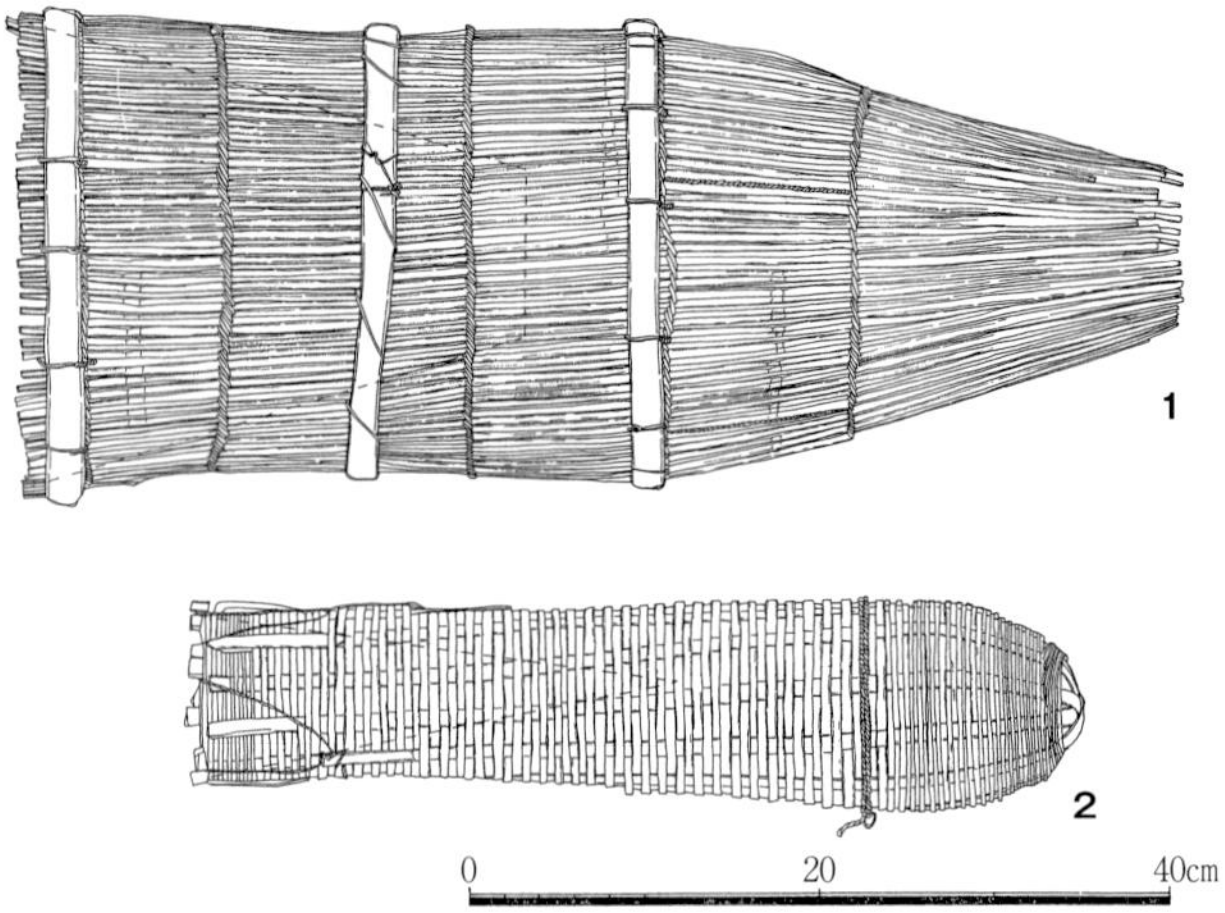

漁具図⑤（1-ドジョウ筌、2-ウナギ筌）

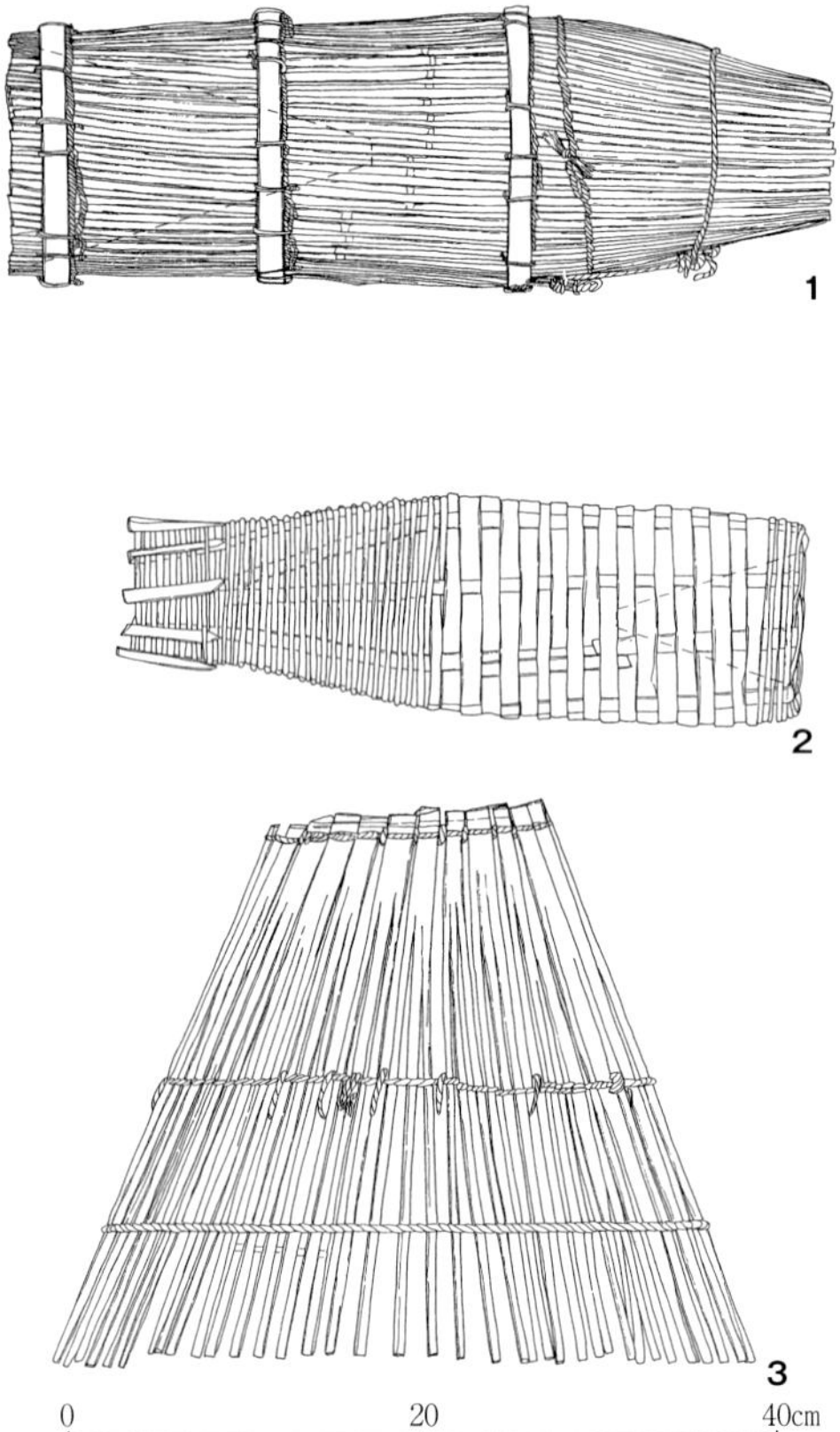

漁具図⑥（1・2-ドジョウ筌、3-魚伏籠）

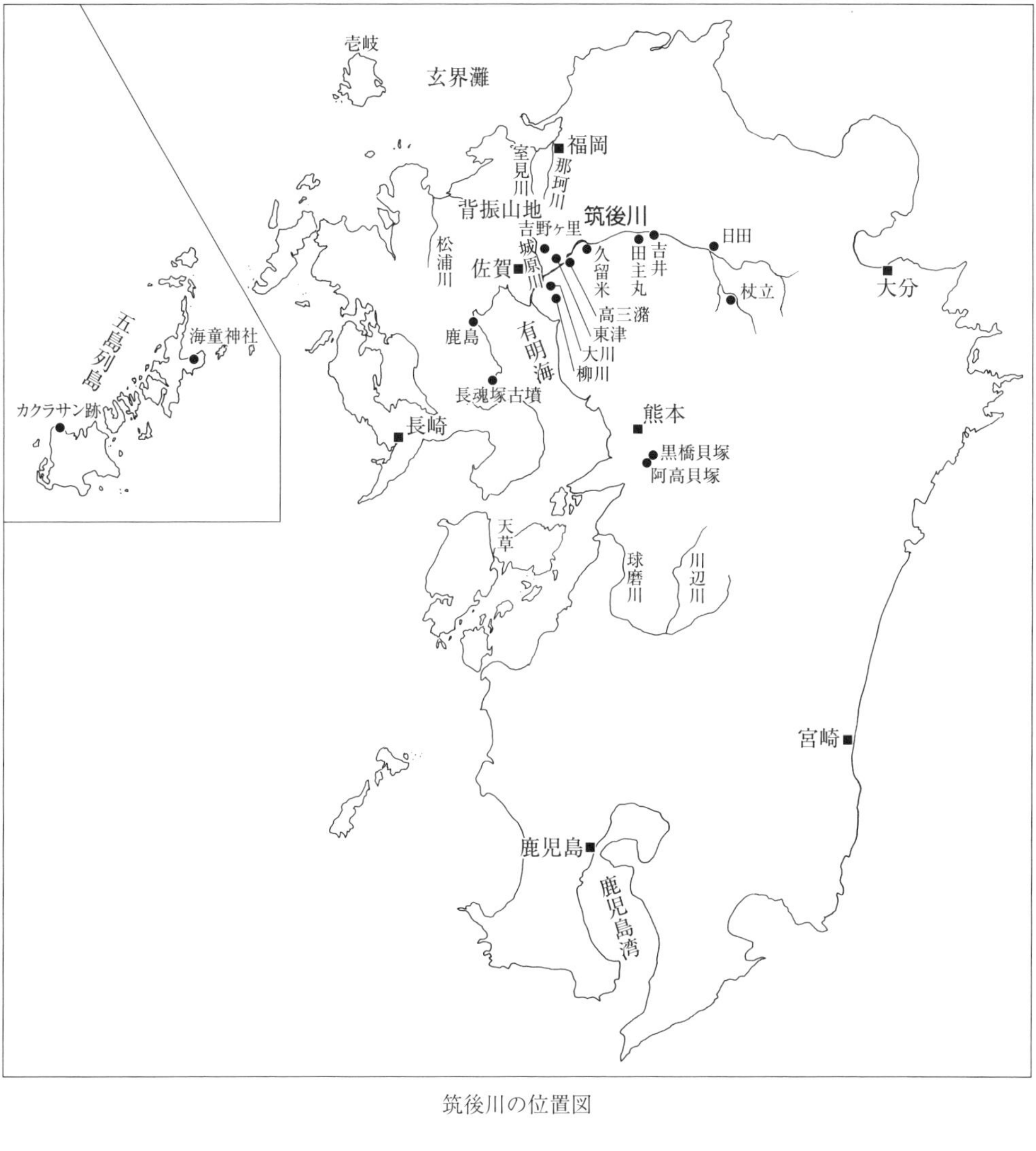
壱岐
玄界灘
五島列島
海童神社
カクラサン跡
福岡
室見川
那珂川
背振山地
筑後川
吉野ヶ里
城原川
佐賀
松浦川
久留米
田主丸
吉井
日田
杖立
大分
高三潴
東津
大川
柳川
有明海
鹿島
長魂塚古墳
長崎
熊本
黒橋貝塚
阿高貝塚
天草
球磨川
川辺川
宮崎
鹿児島
鹿児島湾

筑後川の位置図

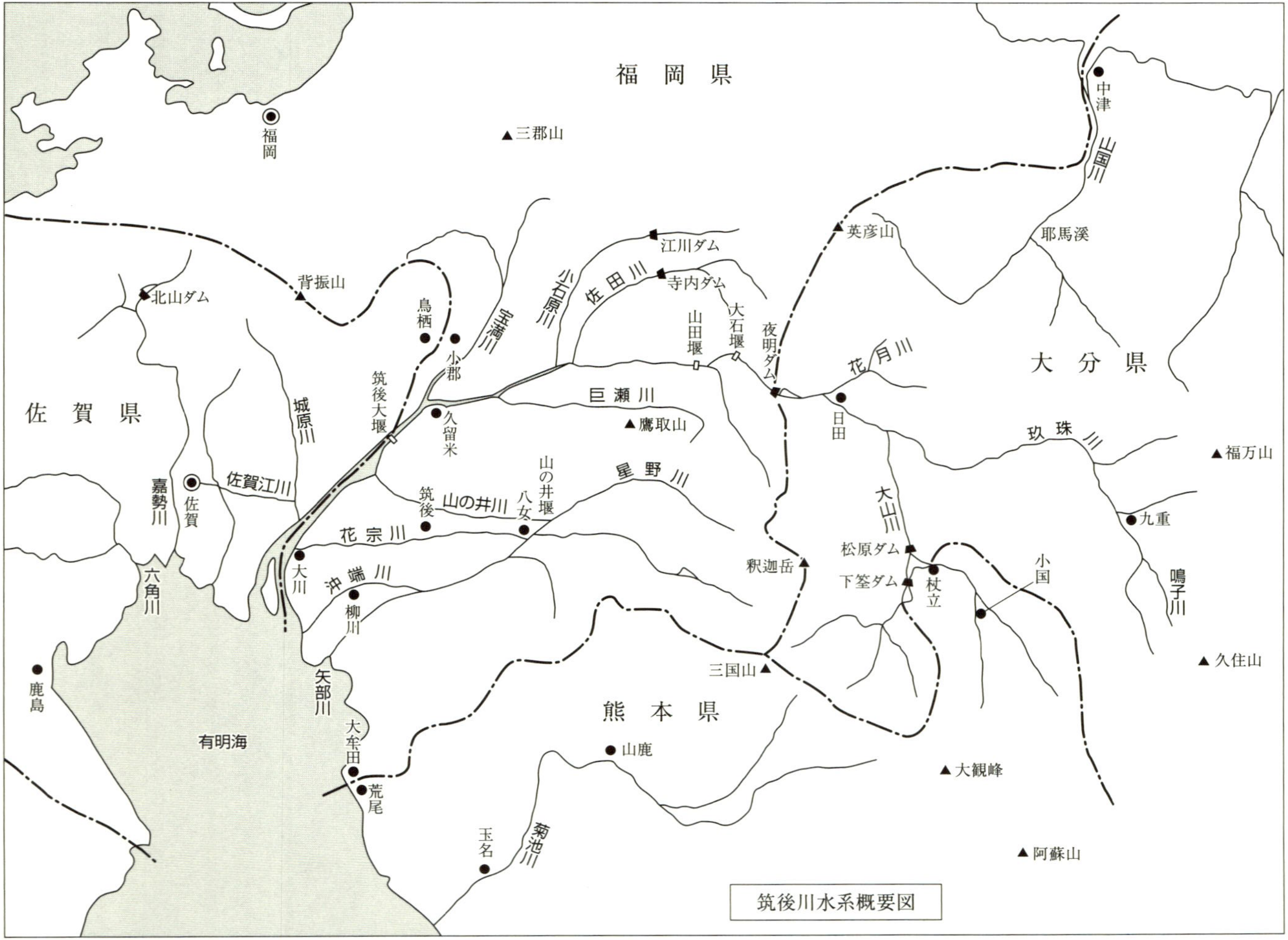
福岡県
佐賀県
大分県
熊本県
福岡
三郡山
中津
山国川
英彦山
耶馬溪
江川ダム
小石原川
佐田川
寺内ダム
背振山
北山ダム
鳥栖
小郡
宝満川
山田堰
大石堰
夜明ダム
花月川
筑後大堰
城原川
巨瀬川
久留米
鷹取山
日田
玖珠川
福万山
佐賀江川
佐賀
嘉瀬川
山の井堰
星野川
筑後
山の井川
八女
花宗川
大川
沖端川
柳川
六角川
釈迦岳
大山川
松原ダム
下筌ダム
杖立
小国
九重
鳴子川
久住山
鹿島
矢部川
三国山
有明海
大牟田
荒尾
山鹿
大観峰
玉名
菊池川
阿蘇山
筑後川水系概要図

目次

はじめに　7

Ⅰ　川――漁師と魚　13

アユ　15
コイ　25
エツ　34
ウナギ　39
スッポン　47
オイカワ　52
ウグイ　56
手長エビ　59
スズキ　64
シジミ、アサリ、カキなど　71

Ⅱ　里――農民と魚　81

フナ　83
タイワンドジョウ　92
ドンコ　97
アメリカザリガニ　102

ウシガエルなど 105
タニシ 111
ドジョウ 113
ナマズ 118
メダカ 123

III 山里――異境の魚 129

ヤマタロウガニ 131
ヤマノカミ 135
イズミダイ（ティラピア） 138
ニジマス 143
ヤマメなど 146

IV 海・川・里・山――魚をめぐる交流 151

ボラ 153
イイダコ 163
クロダイ 174
トビウオ 177
クラゲなど 183

イワシ　188
エイ　193
タラ　200
クジラとともども　202
おわりに　214
参考文献・関連文献　216

はじめに

日本人を指して英語で「フィッシュイーター」、魚食いの人とも訳すように日本人と魚は切っても切れない。欧米世界でも最近の健康食ブームに乗って肉食は減っていく傾向なのに、魚食はヘルシーで高級、ファッショナブルなものになりつつあり、実際需要も増えている。もちろん欧米以外の地域でも魚食はあるわけで、魚食は地球的規模で広く存在している。

昨今日本人の魚離れがささやかれて久しいが、街中には産地直送を看板に掲げ、海辺の観光地には、魚料理をキャッチフレーズにする店も実に多い。魚食の民の伝統はしっかりとある。

その日本だが、かつて魚といえば沿岸魚のサンマ、イワシ、サバなどの青身の魚がメインであったし、身近な川魚ではコイ、フナ、オイカワなどであった。しかし、今日ではこれらの魚の地位は低い。代わって、タイ、ヒラメなどの白身の魚、マグロなどの赤身の魚、川魚ではアユ、ヤマメ、イワナなど秘境で清流のイメージのあるサケ・マス科の魚が喜ばれている。コイはまだしも、一般的にフナなどは見向きもされなくなった。冷凍技術の発達もあって世界中の海から運ばれてくるかつての下魚マグロなどは、今や変身して超高級魚となっており、なかなか庶民の口には入らない。

さて魚と人との様々な関係について考えてみる場合、川魚は面白い。

川魚が住む川は今日にいたるまで、人の生活にとって大きく重要な位置を占めている。それはただ単に生きるための飲み水としての利用だけではなく、交通の便として、あるいは最も基本的な日常の糧を得るための農耕、漁撈などの生業活動にも大きく影響を与えてきた。

日本では農耕のために大河川を利用しだしたのは比較的新しい。それに対し、川漁師による漁業、舟を利用する交通運輸の道としての歴史は長く、水稲農耕以前の姿も残し、変遷が歴史の中にも深く反映されている。ところで、日本の農業の主体はまぎれもなく弥生時代以降導入されてきた水稲農耕である。この生業のスタイルは、水系を農業の中に組み入れていくための水利灌漑システムと一緒になって発達した。

水系に棲息する川魚は水を通して互いに結びつき、魚は人に収奪されるばかりでなく利益も共有する。水田に稲を作ることは魚の生活の場を広げることにもなる。

漁撈活動の面から考えると、水の世界の拡大が魚の分布にも影響を与え、地域に暮らす農民と川漁師という異なった生業の人々の対処の違いも見られる。

ただ、今日川漁の専業者はほとんどいない。海では干拓化などで漁業権を次々に奪われていく漁民が問題になっているが、それと同様なことが、内陸ではより早く進んだ。これは歴史的には、内陸の淡水の世界が農民の活動の拡大化に従ってシステムの中に組み込まれた結果、本流のシステム化も江戸時代に既に完了し、漁撈活動が制約されたのが比較的に早かったのが原因である。淡水の世界が灌漑システムになっていき、農業の場という面が強くなり、川漁師の活動の制約化につながったようだ。

しかし現実に「漁師」、「農民」という生業の差が互いに意識され、これは単に「魚を獲る者」とか、「量の多少」に根拠を置くものではない。異質の集団という相互の理解に基づいているものと考える。

「農民の持つ漁具」「漁師の持つ漁具」という道具の在り方、また、漁獲対象となる魚も生活の場の違いから、同様に「農民の魚」「漁師の魚」とそれぞれの生業の人々のシンボルになっている。

漁師も農民もそれぞれの立場で川魚を糧とした。農民の漁撈活動は自らの場である水田から小さな川へ、漁師は河川から小さな川へ、という方向性、獲る場所、獲る魚、道具、意識も明らかに違う。

こうした在り方が規模の大小はあっても流域全域で構築され、異境の世界に接しているのだが、漁師は猟師という言葉のように水系を通じて海、山、里に通じている。このような世界の中で、魚は生業と食という問題を通じてハレとケの歴史性にもつながっている。


ここでの話の糸口にするのは、北部九州、有明海に流れる筑後川流域を中心とする地域である。

筑後川は九州山地から流れだし、熊本・大分・福岡・佐賀の四県にまたがる流路延長一四三km、流域面積二八六〇平方kmをもつ九州一の大河である。

源流は大きく二系統に分かれる。阿蘇外輪山からの大山川、大分県九重飯田高原からの玖珠川が日田盆地で合流して三隈川となる。そして、大分・福岡の県境をなす夜明ダムのある夜明狭窄部を通る。ここまでが上流域である。

この狭窄部を抜けると平野が拡がり、筑後川と呼ばれ、久留米狭窄部までの中流平野を貫流する。これが中流域であり、右岸より佐田川、小石原川、大刀洗川、宝満川、安良川、左岸では隈上川、巨勢川、高良川などの中小河川が合流する。

そうして久留米狭窄部を抜けると、河口までの下流平野を流れながら右岸は田手川、城原川、左岸は広川、花宗川を合わせ、河口を内湾の有明海に開く。

筑後川の場合、下流域の特徴として、有明海の潮位差が大きいために、潮の影響を受ける感潮域の長さは河口より三一㎞も遡り、久留米の狭窄部付近まで及ぶ。見方を変えれば、海の延長の地域が内陸に向かって広がっていることだろう。海と陸の世界が広く接触するのもこの地域の特徴となろうし、私はこのような地域を文化的な意味で「周海地域」と呼ぶことを提唱している。

最終的に筑後川を含め数多くの河川が注ぎ込む有明海は、「前海」と呼ばれる魚貝類の多い豊かな海である。海苔の最大産地も有明海。河川が上流から運ぶ土壌は豊富な栄養分を含み、有明海の干満によって干潟が広く発達し、そこに貝類をはじめ様々な生物を育んできた。

これらのものは海に接する地域だけでなく、川を通して上流へと運ばれて行き、この変遷も歴史を映し出している。

私は単に自然地形的な上流、中流、下流という分類ではなく、人との関わりという観点からライフスタイルという点にも注目し、筑後川流域の魚を区分した。ここでは川魚だけではなく、流域で馴染みのある海産のものも加えて検討している。

そこに暮らす人々の生活を超えて繋がるのが川であり、大小様々な河川を含めて、一般に水系という一つのまとまりをつくりながら、山から海へとそれぞれの世界を流れ降って行き、逆に海から見ると山へと分け入っていくルートでもある。水系という統一性、普遍性を持ちながら特殊性をも併せ持ち、かつ平面的にも広がっている。

そのような観点で話を展開するために、従来のように流域ごとの説明ではなく、農民・漁民というようなライフスタイルと生活の場の中における魚という点に注目する。食としての利用の仕方を含め、人と自然との関係に近づいて、「ハレ」と「ケ」という民俗の在り方に触れ、人の意識、様々な魚をめぐる歴史・文化について個別的・具体的に探索してみたい。

むろん、私の話はこの地域だけに限定するつもりはない。異なった生業集団が近接する世界では、農民に対する漁民、農民に対する牧畜民というような生業間の違いによる人の棲み分けという中で、普遍的な世界をつくっている。そういう点から考えたら、筑後川の人と魚から見た世界観、比較文化ということになろうか。

I

川——漁師と魚

人の生活活動の場は、住まいである家を中心として場の広がりを持つのだが、川漁師は基本的には本流沿いに暮らす。なぜなら、漁師は水界を生業の場とするが、資源が豊かな本流は彼らの活動を維持できるキャパシティを持っている。そのため、活動は本流から支流という方向に広がりを持ち、漁撈活動の手段として舟も利用する。魚を獲るやり方である漁法も網―刺網系統・袋網系統、釣り―竿釣り（主としてアユの友釣り）・延縄《はえなわ》釣り、筌漁《ウケリョウ》（マホウ筌・延縄型式のものを含む）、そして特殊な潜水漁・鵜飼い漁など多様である。また、対応する魚によって漁具もきめ細かい。

漁師が魚を獲る場合、本流に棲息する商品価値の高い魚を狙う。上流域・中流域におけるアユ、下流域におけるエツ・スズキ、ウナギなどはその代表で漁獲量は少ないが値が張る魚を獲っているのも特徴だ。

流域には本流を中心として法的には漁業権が設定され、漁業組合もある。組合の組織を構成する組合員が即ち漁師ということになるであろうが、それ以前に川漁を中心として生業をしてきたという人々の歴史が存在している。

アユ

日本に生息する淡水魚では最大の漁獲高を誇る。和名ではアユ、鮎、年魚とも呼ぶアユ科の魚で、この科に属する魚はアユ一種のみだ。姿形は優美で美しく、香りも高く日本特産として知られる。川魚の女王ともされる由縁である。幕末に来日した医師シーボルトは、『日本動物誌』で美しいアユの図絵と共に世界に紹介した。

アユは古代から愛され、その記録は古い。奈良時代に編纂された『万葉集』には「鮎」「年魚」「安由」「阿由」と多くの漢字をあてているし、平安時代に宮中の諸事・書式を編纂した『延喜式』には「押年魚」「煮○魚」「清○魚」としてアユ加工品が数種見られ、保存食として利用されていたのをうかがうことができる。

その生態をかいつまむと、孵化した稚魚は川を降り河口近くの海で冬を過ごす。春に六～八㎝ほどになり、桜の咲く頃川を遡上し、川底にある石に付いた珪藻類を食べて成長する。

この時期のアユは習性として縄張りを持つことで知られ、自分の縄張りに侵入したアユに対して激しい闘争心を持つ。川魚ではないがアイナメという魚がいる。アユと同じように縄張りを持ち春から初夏にかけて美味しい魚だが、その語源として「アユ並み」からアイナメと名づけられたと聞く。

また、夏の時期のアユは香ばしく、別名、香魚と呼ばれる。天然ものは苔を食べて育ち川ごとに味が違うが、地域に育った人は地元のものを愛る。秋口になると再び中・下流域に向かい、産卵をして一生を終えることから年魚の字も当てられた。年魚とした奈良時代の人は、知識としてアユの生態を知っていたことになる。

考古学的な発掘資料では、奈良県平城宮跡出土の荷札としての木簡があり、筑後国からアユが「煮塩年魚」として貢進されていたのが知られる。延喜式に記されていたアユはこれであったかもしれない。木簡により、少なくとも筑後川では奈良時代より漁が行われ、保存食品化されて都に運ばれたと考えられる。

アユ

二〇〇三年奈良県明日香村の石神遺跡では、天皇への貢ぎものの贄《にえ》を記録する最古の木簡が出土した。記録によれば、鳥取市野坂付近から納めたアユの干し物である。時期は行政区画の表記から、六八一年～六八三年以前ということが分かる。これより古くは考古学的な直接の証拠はないが、漁の起源はもっと遡るはずだ。

アユは古代の日本では魚占いにも用いられ、魚編に占いという字が当てられ鮎になったのだが、中国ではこの字は地震を起こすナマズを指す。アユとナマズでは姿形も明らかに違うのだが、文化の差であろうか。日本、中国と魚種は違うものの、未来を予兆する魚として同じように考えているのは面白い。

日本では魚占いの例として、『記紀』の神功皇后による九州遠征の逸話が登場する。

肥前松浦（福岡市の西五〇㎞ほどの今日の唐津市を含む地域）で釣鉤に飯粒をつけ、「新羅に勝つことができるなら魚が釣れますように」と念じ川に糸を垂れたら、アユがかかったという記載がでてくる。この故事を記念して、祭事として女性がアユを釣る風習が続いていた。万葉集の中に「松浦川　川の瀬ひかり　あゆ釣ると立たせるいも（女子）が裳のすそ濡れぬ」と、唐津市街の西を流れる松浦川で読んだ歌が知られる。

天皇即位の時使用する万歳旗は、戦いに臨んで魚占いをおこない、そのとき獲れた魚がアユだったことに由来する。アユが吉を呼び込み、勝利を記念して出来た旗が万歳旗なのだ。また、天皇の即位儀礼である大嘗祭にもアユを使う。

玉島川とアユレリーフ

こうして万歳旗の故事にあるように、アユは天皇の統治権に関わり象徴化される。また、岐阜県を流れる長良川の鵜飼者は、一八九〇年から宮内庁の式部職鵜匠に属し、アユを献上し続けている。

石神遺跡の木簡に記載された贄も、献上品として納められたものである。権力者の儀式、パフォーマンスの象徴であり、ハレの場に必要な魚であった。

単なる魚であるアユが、どうして象徴的で重要な意味を持つようになったのか。

まず、この魚が一年生の魚であって、春に川を遡り、夏に成長し、秋に川を降る習性が上げられる。むろん、アユの生態的な習性は、農耕以前から知っていたのに違いないが、水稲農耕が広がるにつれて、稲の成長サイクルと合うような習性とあいまって、新たな意味づけがなされたのではなかろうか。

確かに、アユは比較的大きい川の中流域・上流域にしか生息しない魚である。この点だけ考えても、農民にとって水稲灌漑の基本となる本流の魚で漁獲も中流域が最も多い。中流域は水稲農耕の主要地帯である。魚占いも、水の中に釣り糸を投じ、実入りのあるものを釣り上げることの行動が、「今年も豊作でありますように」という、一種の農耕儀礼の予兆としての意味合いを強くもつものと考える。

それと共に、香魚というように香りをもつ魚であること、つまり、珪藻の香りが清浄性と結びつくことも上げられよう。珪藻は苔生《む》す香りで、年中瑞々しく青々として枯れない。そのような不死である苔の放つ香りは日本人の基層をなす安らぎが季節感や環境に対する思いに一致するのであろうか。

筑後川流域でアユが棲息するのは中流域の筑後川本流、それに合流する宝満川、小石原川など。また、上流域では日田盆地の筑後川本流である三隈川、上流の玖珠川、大山川などで、小さな中小河川には入ってこないのも特徴である。

人工的な堰がなかった時代には、アユは自然の造ったバリアである滝などによって棲息域は限定され、自然状態での上限には「鮎返し」の地名、あるいは「鮎返しの滝」が見られる。佐賀県の唐津湾に注ぐ玉島川上流にも「鮎返し」なる地名が残っている。

筑後川本流では、昭和二八年の洪水がきっかけで設置された夜明ダムがあり、水系の中で大きな境となっているることが知られる。つまり、これより下の中流域では卵から孵化して遡上する天然アユがいるが、ダムより上流では漁協が放流した稚アユはダムを仮想の海とし、育っていくアユは海を知らないということになる。

実は日本各地で養殖されているアユ、放流される稚アユはすべて滋賀県琵琶湖産のものだ。湖という事情がそうさせたのか、琵琶湖産は海に降らずに小型なのが特徴となっている。しかし、一旦放流されれば海に降り一般的な大きさに成長する。だから筑後川で生まれ育ったアユは少ない。だが、琵琶湖産でも放流されれば筑後川で成長するから、「育ちが大事」ということで、地域色を帯びることにはなろうか。

アユの中には、俗に「一尺アユ」と呼ばれる大型の魚体もいる。ダム建設で紛争している、熊本県を流れる球磨川の支流の川辺川も「一尺アユ」の棲息する地だ。川辺川は「五木の子守歌」として知られる五木村を流れる清流だが、当時の状況と違い、いまさら洪水対策のダムでもあるまいにと思っていたが、政権交代によってひとまず中止となった。これはもう少し見守っていかなければならない。

一九五三年（昭和二八）の北部九州大水害は流域にも未曾有の被害を出し、これを契機としてダム建設が進んだ。

一九五七年、筑後川上流の大山川支流、津江川に松原・下筌の二大ダム建設が持ち上がった。このとき、地元、熊本県小国町の室原知幸さんは「蜂の巣城」を築き、最後まで籠城して抵抗したが、国は強制執行してダムを建設した。しかし、生前の彼が指摘していたように、上流からの大量の土砂により、ダム機能の半分も使えない。

古代文明が栄えたエジプトのナイル川は、近代になって国の威信をかけアスワンダム、アスワンハイダムと巨大なダムを造った結果、季節的な洪水はなくなったものの肥沃な土が運ばれなくなり、土地も海も痩せ、海岸線も後退した。地中からの塩が水によって除去できないという塩害も深刻である。かつて人と洪水とは共存していた。文明は川の辺で始まった。ゆめゆめ忘れてはいけない。

同様に、有明海が貧しくなったのも豊かな山の栄養が川によって運ばれなくなったことにも起因する。洪水対策という点でもダムを造ればよいというものではなく、上流の山林の整備、植林にもかかっている。下草も刈らないといけない。

筑後川でアユの主な漁獲があるのは中流域、及び日田盆地を中心とする上流域である。毎年、五月二〇日が漁の解禁日だ。鵜飼、友釣り、刺網を用いて漁がおこなわれている。

なかでも、友釣りは漁師、アマチュアの遊漁者にも広く知られた漁で、これはまず生きた囮のアユを鉤に引っかけて水面に降ろす。すると、縄張りを持つアユは「侵入者か」と考えて、囮のアユに対して攻撃をする内に引っかかってしまうもので、アユの習性を利用した巧妙な釣りである。

それから、最近ではもっぱら観光用になってしまったが、鵜飼も知られる。

鵜飼には舟を使わない徒鵜《かちう》と舟を使う舟鵜《ふなう》とがある。徒鵜は鵜匠自身が川に足を進め、鵜を操るもので、今日では和歌山県を流れる有田川のみだけだ。江戸時代に編纂された『筑前国続風土記』によると、筑後川流域も徒鵜だったようだが、今はすべて舟上から鵜匠が鵜を操る舟鵜による漁だけで、徒鵜は見られない。

漁に従事する鵜匠は中流域の福岡県久留米市田主丸町、上流域の大分県日田市に住む。それぞれ筑後川沿いの原鶴温泉、筑後川温泉、上流域の三隈川沿いの日田温泉の観光客相手に六月から九月いっぱいまで、夜、松明を焚きながら漁をおこない、「夏の風物詩」の地位を得ている。飼い慣らした数羽の海鵜の首に縄をつけ、それぞれの鵜が絡まないように舟上で巧みに操りながら、鵜を川に潜らせてアユを獲る。

鵜は「鵜呑み」という言葉が知られるように、魚を飲み込む。飲み込んでしまったら人が取り出せないので、縄で調製。絞めすぎず、緩すぎず上手にしなければならない。こうした鵜にアユを獲らせ、舟上に上げては吐かせる。アユは「活き締め」になって鮮度が保たれて美味しく、鵜飼い漁で獲った証となる鵜の嘴の痕がついたアユは商品価値がとても高かった。

鵜飼は、鵜という鳥が大量の魚を獲り、かつ丸飲みする特性を人が利用したのであろうが、食べようと思って飲み込んだ魚を吐き出させて利用するのだから、考えようによっては、なんとまあ壮絶な漁のスタイルではないか。

鵜飼と鷹狩りは鳥類を用いて獲物を捕らせる代表的なものだが、いずれも人が飼ったら卵を生まず繁殖しないのだ。それで、常に必要に応じて野生のものを飼い慣らす。

動物を利用する漁を見ると、中国では魚を追い集める川漁に魚獲りの名人として知られるカワウソを訓練して使っているし、東南アジアのミャンマーでは野生の河イルカに魚を追い込ませ、漁に役立てている。同じような例は、南アメリカのブラジルでも見られる。投網で獲るのに野生のイルカを利用し、ボラを追い込ませる。漁師は数多くいるのだが、人とイルカもお互いに相性もあってカップルが成立する。魚を獲るにあたって人は様々に知恵を働かしている。

こうした他の動物の習性を利用して漁をおこなうという技術が、猟の世界では鷹狩りと鷹匠、あるいは猟犬と猟師との関係というように、パラレルなものがあって興味深い。いずれも訓練して獲物を獲らせ、人が横取りする。

さて鵜飼に使用する鵜だが、私の知る鵜飼漁師に聞くと、玄界灘の神《こう》の湊《みなと》沖で捕獲するとのことであった。玄界灘側には数カ所の海鵜の生息地が見られる。

鵜飼の歴史は古く、弥生時代に稲作と同時に伝来したという説もあるが、実際にどこまで遡るか確証はない。鵜の生息地の一つ山口県の日本海側長門沖、近くにある弥生時代の土井が浜遺跡より鵜を胸に抱いた女性が発掘されており、出土した人骨は渡来系の特徴を示し、考古学的にも貴重な遺跡だ。鵜を抱いたのは祭祀的な意味合いかもしれないが、少なくとも人と鵜の接触をうかがうことができる。

考古学的には、岡山県瀬戸内市（旧邑久郡国府）の古墳より発見された遺物に鵜飼らしきものを張りつけて表現している須恵器が出土しているが、はっきりはしない。ただ文献上では、『日本書紀』の中に鵜飼の話が記載されており、少なくとも奈良時代には漁がおこなわれていたことを知ることができる。

他の漁法では「鵜縄」と呼ばれるものがある。これは本物の鵜を使うのではなく、縄に黒い布きれのようなものを数カ所つけて、アユを脅して追い込む。黒い布きれが鵜のようだからこの名がついた。この漁は筑後川では見られないが、柳川市の南部を流れる矢部川でおこなわれ、もちろんアユを対象とする。

また、夜間松明を燃やして「アユ網」と呼ぶ刺網にアユを追い込み、網に絡めて獲る「火振り漁」も筑後川中流域では盛んである。同じ漁だが、島根県の江の川では「タタキ」と呼ぶ。漁の名前は地域によって様々だ。

漁の規模としては、大量に獲ることのできる大規模な梁漁がある。梁は河川の流れに沿って魚を導き、最終的には下に敷いた簀の子状のものに水を漉して獲物を落としこむ漁具である。人工的な堰といってもよい。一般に梁は川を上る魚をねらう「上り梁」と、降る魚、通称「落ちアユ」を狙う「下り梁」がある。それぞれの方向に向かって、仕掛けを拡げる。

宮崎県の太平洋側に注ぐ五ヶ瀬川では今も合計三ヵ所、上流より川水流《かわづる》、矢野、岡元に川を横断した大規模

大分県日田市のヤナ

岩手県盛岡市萪内遺跡のエリ状遺構復原図
（岩手県立博物館『岩手の貝塚』より）

アユの塩焼き風景

アユの塩焼き

アユの姿鮨

な梁が見られる。いずれも「下り梁」だが、中でも岡元梁は「日本最大の長さの梁」として知られる。これらの簗には、時期になるとアユ料理を売り物とする季節の小屋が設けられ人を呼び寄せている。

筑後川でも、かつてはもっぱらアユを獲るための梁が筑後川上流域、中流域に数カ所設けられていたのだが、今日では日田市内の竹田公園側の筑後川の上流、この一帯では三隈川と呼ぶが、その右岸に「下り梁」が観光用として唯一設けられているのみとなっている。

特殊な漁として、「アイ押し」と呼ばれる素獲り漁が日田周辺でおこなわれていた。手づかみの素獲り漁は、漁の性質から最も古く遡るであろう。それに対し、紀州和歌山熊野の修験者があみ出したとされる友釣り漁の起源は、古くは遡らないようである。

他の漁法として、鵜飼は別とすると、歴史的に古く遡るものと思われる漁は刺網、あるいは大規模な梁漁で、これらの漁は、主に西日本では弥生時代以降に行われるようになったのではなかろうかと考えられる。

文献では六七五年、琵琶湖の梁がアユ遡上の期間は資源保護のため禁止されている、と『日本書紀』に記載されており、梁が設置され、公的に資源保護の制度があったことが分かる。

考古学的には筑後川流域では梁の出土例はないが、全国的に見ればサケ用と考えられる下り梁が、縄文時代晩期の岩手県盛岡市にある萪内《しだない》遺跡から見つかっている。弥生時代の例では、後期の愛知県春日井郡朝日遺跡で上り梁が発掘されている。梁漁でアユを狙う場合、アユの生態から考えて充分に成長した魚体を狙う下り梁も存在すると思われるが、未だ発見されていない。考古学の常で明日の発見に期することにしたい。

アユは香りを活かした塩焼きとするのが一般的だが、保存食を含めて多様な料理があり、今日まで伝えられているものもある。保存食としての代表は、身をほぐして塩をかけて漬けたウルカで、身だけを用いた身ウルカ、オスの精子を入れた真子ウルカ、内臓を使用した内臓ウルカと多彩だ。文献からも奈良時代の『播磨国風土記』にウルカの記載がありこれらの料理は古く遡る。もちろん、アユ自身の料理もアユの姿鮨、アユの塩焼き、アユ飯、アユの背ごし、アユの天ぷらと多種多様だ。

流域では農家の食としてフナ、ナマズなどを焼きハヤとして加工し保存していた。煮つけ、味噌汁の出汁に使ったりしたが、中流域の漁師のいる一帯ではアユも使う。焼きハヤも、魚と同様に漁民、農民とそれぞれの生業に応じた魚のランクが考えられ、興味深い。

確かにアユは夏のうっとうしさを消す爽やかな香り、身はサクサクとして品が良い。川魚特有の臭さがない。世界で一番というほどの日本の高温多湿の中、うっとうしくてジメジメとした夏の嫌らしさを払う。アユはビタミンBとカルシウムが豊富な魚で夏を乗り切るのにもピッタリと適合する。

このように漁の種類と共に多くの料理が古くからあるのは、暮らしの中で重要な位置を占めている証だ。アユを中心として多様な文化的バリエーションが存在するということだ。様々な問題についてアユを検討したが、どれにしても日常的なものではなく、ハレのモノとしての位置づけであり、極めてプレゼンスが高い魚である。

それぞれの地域性はあるかもしれないが、アユは季節の香り高く、優美な魚なのである。

コイ

コイは中央アジア原産で世界中に分布をしており、人の寿命に匹敵するような長寿な魚として知られる。また、コイは重さで一〇kg以上、太さは大人の太股ほどの大きさにも成長する。

最近日本の河川では、一mを越すような超巨大なコイが釣れて話題になっている。成長すると大型になるコイだが、それにしてもあまりに巨大なので、環境ホルモンの影響ではないかと心配されている。

それも単に巨大化に留まらず、つい最近の新聞に、イギリスの河川に生息しているコイ科の魚のうち、オスの五〇%がメスの生殖器を持っているという恐ろしい調査報告が出た。原因として、経口避妊薬の女性ホルモ

コイ

ンが河川に流れ込んだ結果、それをコイが取り入れたのではなかろうかということも考えられている。

二〇〇三年から二〇〇四年にかけて、茨城県の霞ヶ浦でコイヘルペスによるコイの大量死が発生し、霞ヶ浦の養殖コイはすべて廃棄し、養殖業者も全員廃業に追い込まれた。ここの養殖コイは、日本で生産される養殖コイの五〇%も占めるのだが、一挙に消滅してしまった。二〇〇四年の夏には筑後川流域でもコイヘルペスが確認されたが、幸いに大事には至らなかったようである。

コイも悠然として暮らしていると言いたいが、今日の環境問題からは避けがたく、受難な時代に生きている。

ところでコイは、ヨーロッパでもかつての日本と同じようにハレの行事には欠かせない食材となっている地域も見られる。

場所が飛ぶが、ユーラシア大陸の西、東ヨーロッパの旧チェコスロバキアでは、クリスマスのメイン料理として、コイを食べる習慣がある。

一二月二四日のイブの夜にコイのフライである「ゲバッケルカン」を食し、イエスの誕生を祝う。アメリカの七面鳥のような立場をもつ。コイはハレの行事には欠かせない食材なため、天然ものだけでは需要をまかなえず、養魚が盛んである。ハンガリー、ルーマニアでもコイが重要な魚で、食に大きなウエイトを占めている。

ドイツ語圏であるオーストリア、ドイツでもコイを食用にする。これらの国々は内陸に位置する地域が多いので、内陸河川に棲息する大型の淡水魚が、タンパク質の補給源として食生活上重要視されたのであろう。

肉食禁止の中世の修道院では、魚が肉の代償となった。フランスのシトー会に所属するヴァルドーセン修道院ではコイ、マス、スズキを養殖するための養魚池を一五九も所有していたという。すべて魚体が大きくて利用価値が高いのが特徴である。

フランスではロマネコンティなどのワインをはじめ、様々な産物は修道院ブランドのものが多い。フランス革命は王政を打ち倒した市民革命だが、既に実質的な王権はかなり衰退をしており、その本質はキリスト教権力の打倒であった。揺りかごから墓場に至るまで宗教界は実に様々な分野を独占しており、修道院は巨大企業、総合商社的な性格を強くもっていた側面がある。

コイなどの養魚もそのひとつであったことが知られる。これほどの養魚池を維持しているのだから、絶大な富を所有していたのをうかがい知ることができる。

フランス　マルセイユの魚屋のコイなど

東ヨーロッパの食文化の影響を受けた東欧系のユダヤ人も、コイを団子状にした「ギフィルター・フイッシユ」を食べる。コイはとても脂肪分が多く、豚食をタブーとするユダヤ人はその代償として利用したともいう。

ヨーロッパにはドイツゴイと呼ばれる、鱗が少ない品種のコイが養殖されている。鱗を取る手間を減らすために鱗を減らした改良種だ。まばらに残った鱗はとても大きく、日本では残った鱗が大きいことからカガミ（鏡）ゴイと呼ばれる。明治三七年、輸入され養殖もされていたが、今は見かけない。日本では鱗の取りにくさより、見た目の方が大事で、疎らな鱗は何やらとても貧弱で、これではとてもハレの魚としての地位は築きがたいようだ。

イギリスでは「コイはすべての川魚の女王」とされ、風格・鋭敏・狡猾な魚として歌い上げられている。ただし、貴族が釣りの対象とする魚ではない。貴族はあくまで、サケ・マスを対象とした。

コイはむろん、日本でも最大クラスの淡水魚である。姿形から見ても、精神世界から考えても、海魚の王者がタイならば、内陸の川魚の王者はやはりコイだろう。

コイが主に棲息する場所は本流で、子供にとっては家を中心とした身近の小川や用水路にいるメダカ、フナは馴染みがあっても、大人の世界とも呼ぶべき川にいるコイは遙かに遠く、隔絶した世界のものだ。

魚も人との関係から、それぞれの段階で子供の魚、大人の魚といった魚種が積み上げられて階層性を示す。

福岡県は、山形、福島、群馬、新潟、長野、宮崎と並び日本でも有数のコイを食する県として知られる。天然コイの産地としては上位入りをしていないが、養殖では福岡県は福島県、群馬県、茨城県、長野県と共にベストファイブに入るコイの産地である。福岡県では魚類養殖の八四%を占め、筑後川流域は大きな産地である。江戸時代の諸国名産にも、久留米市宮ノ陣のコイの美味しさが記載されている。需要があるのは、コイ食の伝統が強いからであろう。この五県で全国のコイ消費の実に七五%も占める。

ところで筑後川中流域の久留米市田主丸町は、火野葦平の小説に登場する河童の町として知られる。ここには生きる河童さながらの「コイとりマーシャン」が活躍していた。身も凍るような厳寒の時期に素潜りで、コイを獲るのを得意技としていた。口に一匹、両脇に二匹、都合三匹も一度の潜りで獲ったと本人から聞いたことがある。

漁としては、水中に潜って獲る「コイの抱きどり」と呼ばれ、関東の利根川、近畿の三重県員弁《いなべ》川など各地で名物として知られていた。コイは魚体が大きいので、訓練さえすれば潜って獲るにはさほどの技術的な困難はないようだ。

筑後川では厳寒の時期、素潜り漁師が漁をおこなうが、一般的には「コイ網」「カシ網」と呼ばれる刺網を用いて漁をする。この網は断面が三重構造になり、外側二枚の網は網目が広いのに対し、内側の網目は狭い。網に掛かった鰭を持つコイを絡め獲っている。網の外側を通過しても、中に入ったら抜けられない罠状の網だ。その他、夜に仕掛けて朝引き上げる「ヨマカシ」と呼ばれる延縄漁によっても、獲られている。

先に述べたように、室町時代の頃までは海の魚よりも川魚が珍重され、コイは栄えある第一の魚だった。コイは純粋な淡水魚だが、棲息域は本流が主体、直接に農業がおこなわれるような水田ではない。

諺に、「コイが踊ればドジョウも踊る」というのが知られる。この意味は自分の力も考えずに人まねしても成果は望めないということを意味している。ドジョウには不本意かもしれないが、やや嘲笑っていわれる。だがこの主旨は、ドジョウをバカにしたのではなく、それぞれの場の違いを言いたかったのであろう。良い意味で、自分を知るべきだということ。コイとドジョウは対極的に描かれている。地に生きる農民にとって、ドジョウは日常のケであるのに対し、コイはハレのものなのだ。

中国ではコイは重んじられている。魚は中国語では「余」と同音の「ｕｉ」と発音するが、「魚はお金が余る」と意味づけられ、縁起良いものとされた。中でもコイは別格で魚の中の王であった。コイの悠々とした姿と黒々とした色が大人のように見えるからか、あるいは髭を持つということが竜との共通性になるのか、はっきりとはしないが、いずれにしても中国において、コイは「目出度い魚」の代表となっているのは間違いない。

伝説では尭《ぎょう》の時代に「禹《う》」が黄河の水路を作り、夏の国を興した。ここを昇ったコイが竜に成ったという。中国にはコイは「竜門を上がれば化して竜になる」という諺のように、竜伝説に縁取られている。この竜が即ち登竜門という言葉を生んだ。

こうして縁起が良い出世魚とされ、端午の節句にはコイのぼりを立て、祝いごとの宴席には必ずコイを用いた。また、皿の見込みにも対で、掛け軸には威勢よく竜門を駆け上がる姿を描いている。

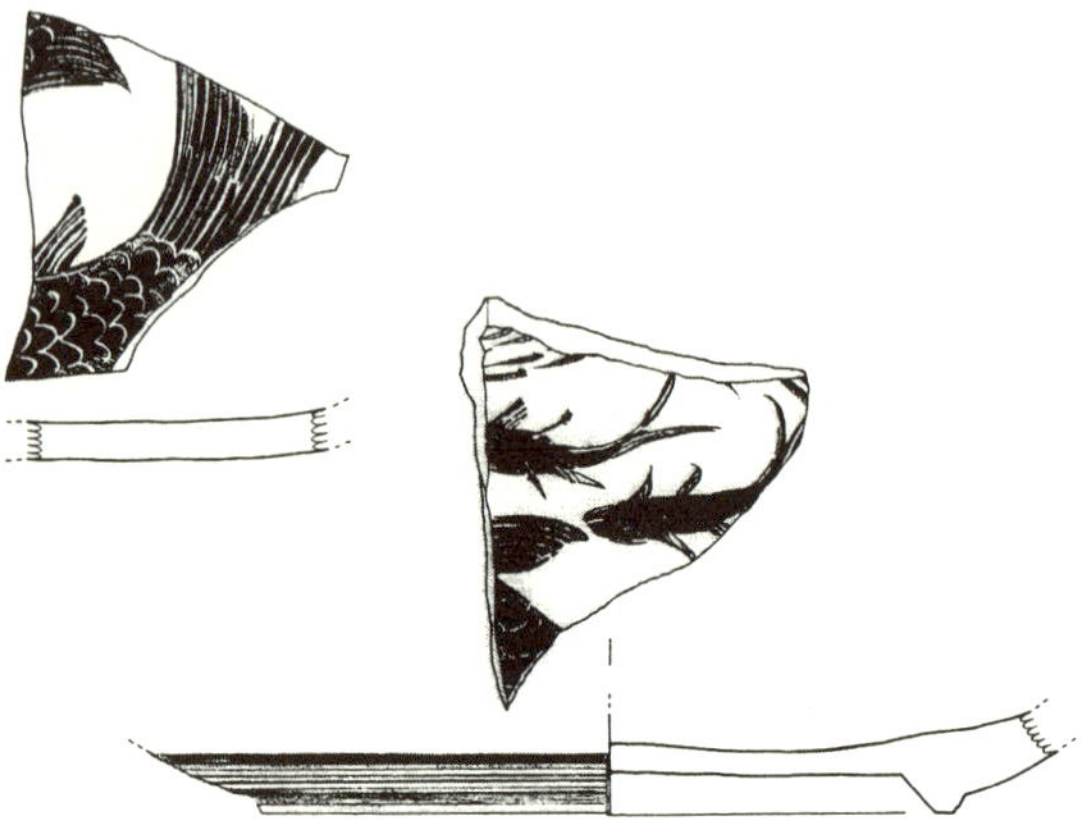

博多出土の鉄絵陶器（福岡市教委『博多』より）

実はサケ・マス科の魚のように泳力の大きな魚と違い、コイのような純淡水魚は滝上りするどころか、ちょっとした流れでも上れないのだ。どうして勢い良く滝を上るというようなことが出てくるのだろうか。

陶磁器の生産地として知られる佐賀県伊万里市近くの西有田町に、その名も竜門峡という、大陸の山水画にでも出てくるような景色を持つ所がある。ここもコイ料理が名物で数軒の店があって賑わっている。

中国では海の魚を食べる人は海の側に住む一部の人のみで、魚食と言えば淡水魚を指すのが一般的である。例えば「コイのあんかけ料理」に代表されるように、淡水魚の料理が圧倒的に多い。

何も中国に限ったことではなく、水稲農業地帯の東アジア、東南アジアでも魚といえば淡水魚で、これまた同様である。水稲が展開される水の世界の生き物として、川魚はもっとも身近なものだからだ。

コイが歴史的にある意味をもっていたことを、考古学的に考えさせられるものが出土している。

博多湾に流れ込む福岡市早良《さわら》平野を流れる室見川流域に位置する羽根戸古墳群から、死者に供献される副葬品である須恵器の杯からコイと考えられる魚骨が検出され、その他、各地域からもしばしば副葬品の中にコイが検出される例がみられる。

文献の残る時代では川魚の第一位はコイで、次に位置するのがスズキであるのはよく知られている。私は、この位置づけは、大形の魚が棲息する本流を支配下に組み入れたことを反映していると考える。

水田経営では水利灌漑の整備、システムとしての統括は絶対的な力をもつ。水は命を制する。本流から支流、そして水路、各個別の水田へと細かく制御され、水田からその根幹となる本流に向かってより大きなグループにまとまっていく。だから、とくに大河川の右岸と左岸は県境となる場合も多く、灌漑系統も違ってくるのだ。右岸・左岸は河川の大小、流域の集団のまとまり方によっても違うが、利害を異にする場合も多い。政治的な境になり、歴史的な地域の境を決めてもいる。実際、筑後川下流では福岡県と佐賀県の県境になっている。最も基本となる本流を中心として棲息するコイに対して、何らかの感情を抱くのは、そこから構築する灌漑系統を支配するという力のパフォーマンスとしての意味あいも含めていると考えられる。

二〇一一年、奈良県桜井市にある邪馬台国の有力候補地である纒向《まきむく》遺跡の祭祀用に使用された穴から、桃の種、獣骨、魚では海産のタイなどと共にコイが検出された。コイは権力の儀式には、やはり欠かせないものなのだ。

力の象徴として「ハレ」の部分を担っており、権力の象徴性を持っていたと私は考える。政治は祀りごと、まさしく政であって祀り＝祭り、すなわち政治権力自体ハレのものなのだが、そのハレの象徴的地位を、本流に棲息する魚が占めていたと考えられる。

筑後川とは水分峠を境として水系は異なるが、大分県の湯布院では伝統的に正月の膳にコイがのぼり、ハレの魚としての地位を占めている。また、名所金鱗湖はコイが良く育つことから金の鱗のコイ、金鱗湖と名付けられたという。

コイは中国でも古くから人によって養殖されてきた魚である。その歴史は古く、「水田養鯉《すいでんようり》」は漢の時代頃から行われていたことが、明器からも知られる。内陸部の多い中国では、河川・湖沼に棲息する川魚は蛋白源

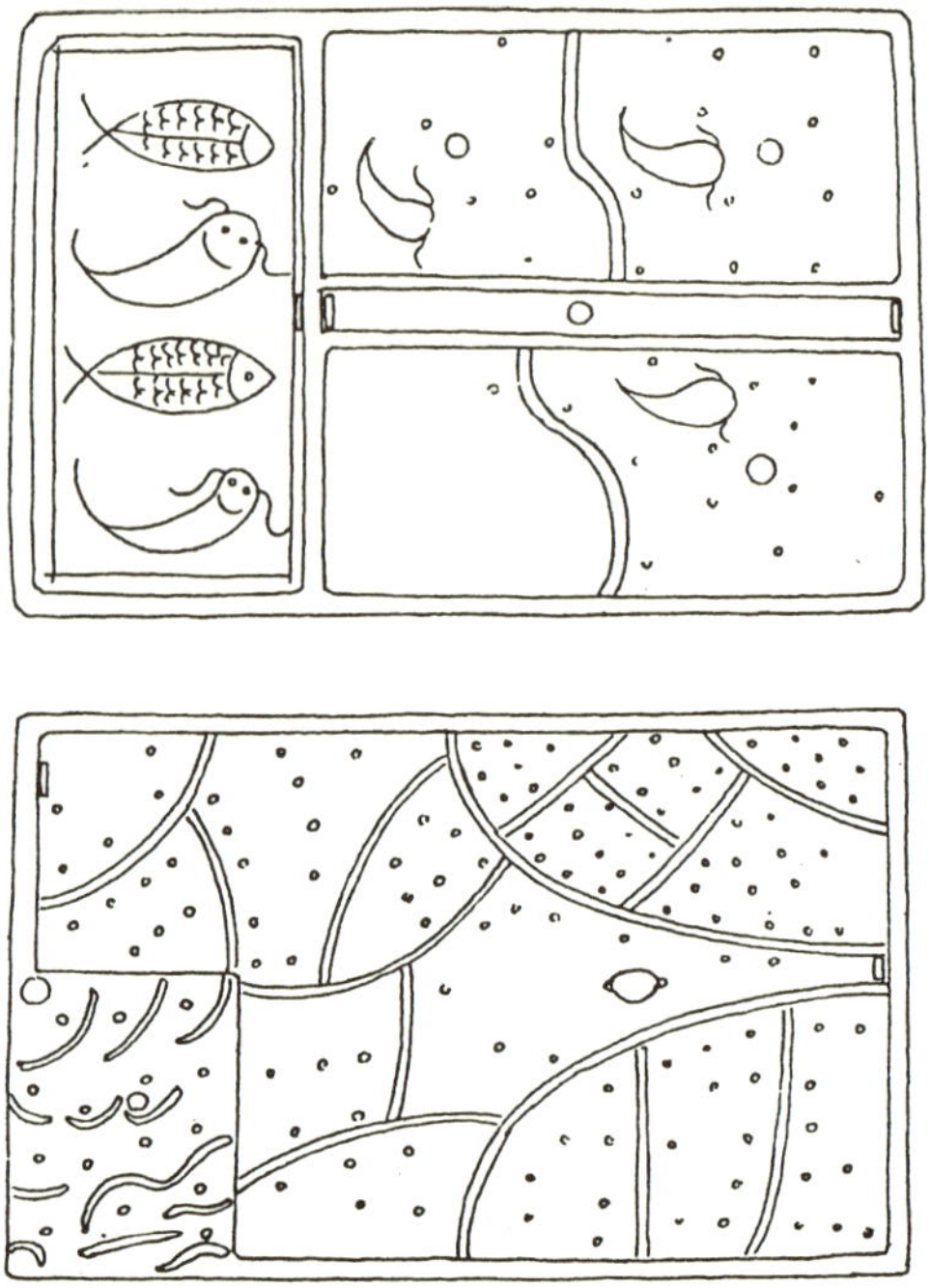

四川省彭山出土の陶製水田・魚池（南京博物院所見）

（岡崎敬「漢代明器泥像にあらわれた水田　魚池について」より）

としても重用視されてきた。水田の中で養魚したことは物的な証拠がないと難しいが、稲作のシステムの中で利用したことは考えられる。日本でも、水田跡の遺跡からコイなどの川魚の骨が検出されることを期待したい。

日本で養鯉が盛んになったのは江戸時代以降のことだ。海岸から遠く離れた内陸の長野県の佐久地方では、「水田養鯉」が発達し、今日でも鯉料理が名物となっている。養殖といえば海水魚というイメージだが、淡水魚養殖の歴史は古い。筑後川流域の久留米市田主丸町船越にも昭和二八年孵化場が建設され、養鯉が盛んになった。その頃、餌として大量に使用されたのは絹を取った後の蛹であり、養蚕と養鯉がお互いに関係を持っていた。熊本県の産山村では、養魚ではないが田にコイを放って除草に役立てているという。

かつては滋味豊かな魚とされ、「コイの洗い」や味噌汁である「コイコク」などにした。鱗は風味があり美味しいので、鱗まで柔らかくなるように煮込んだ。コイコクは産婦の乳の出が良くなり、生き血は病に効くからと、徹底的に利用された。

コイが病人に良いのは、身が柔らかいこともあり、フナとかなり違う点だ。柔らかいので「コイの洗い」にし、冷水で身をしめて食べるのだろう。だが、コイの身の舌にまとわる柔らかい味覚は、今風ではないようだ。

残念ながら今日では川魚の中で最も安い魚である。

江戸時代にはコイはウシに代わるものでもあった。いわゆる丑の日とされるものだ。この日、コイはウナギと共に食されて夏の活力源とされた。コイは牛肉のように身は赤くて皮は黒く、川魚特有の臭さはあるものの、味も滋味深くて腹にドップリと溜まるものであり、人々は貴重な蛋白源とした。

今日では安い魚になったかもしれないが、淡水魚養殖の中でウナギに次いで生産量の多い魚であるのは、コイがハレの食として利用されてきた歴史的証拠であろう。

〈上〉コイのあらい〈下〉コイこく

コイの地位が下がったのは養鯉の発達だけが原因ではなく、生息する本流にまで井堰が造られ、本流が農業水利の中に組み込まれてしまったことが大きく影響していると考える。しかし、今でもコイがフナと違って一定の地位を占めているのは、こうした農民活動の長い歴史を反映していることからきているのではなかろうか。

シンボルとしてのコイは、五月近くになると「元気印」の象徴として、かつてより盛大にカラフルなコイノボリが川の上で集団となって泳いでいる姿を、各地で目にすることができよう。本物である生き物としてのコイをさしおいて、象徴でしかない

杖立川の鯉のぼり

コイノボリが泳いでいる姿は違和感もあるが、時代によって変容しつつも精神のつながりを深く感じる。

エツ

有明海にはここにしかいない貴重な魚が多いが、エツもそのひとつである。筑後川の下流域を代表する珍魚エツは、有明海の深奥部とそれに注ぐ川のみに分布をし、弘法伝説と共に地元の人に知られている魚だ。

その伝説とは「ある時、弘法大師が粗末な格好をしてこの地を訪れたとき、大師を対岸まで舟で渡しをしてくれた、貧しい漁師がいた。大師はこの漁師の親切に深く感謝し、『これから生活に困ることがないようにしてあげよう』と言われた。そして岸辺のアシの葉を取って川に浮かべると、その葉はまたたくまに魚になり泳いだ」という。

筑後川に沿った久留米市城島町青木は一〇数年程前までは渡し舟が行き来していた。そこにエツの記念碑が建つ。

伝説がいうように、アシの葉と良く似た、スリムでシャープな姿をしている魚である。確かにこの一帯は岸辺に背の高いアシが繁っており、特徴的な雰囲気を醸し出す。獲れたばかりのときは、黄金色に輝いており、まるで刀のようだ。中国では「刀魚」と呼ばれるのも納得できる。

また、伝説にはもう一つの例があって、それは徐福伝説である。

中国の秦の時代、始皇帝が不老不死の仙薬を求めて徐福を東方に使いに出し、当時の我が国にやってきて中国の文化を広げた、という伝説があり、主に佐賀県側で広く知られる。

この伝説は日本では和歌山県熊野など数カ所知られるが、そのうちのひとつが筑後川河口の佐賀県側諸富町である。その話では、徐福が筑後川で弘法大師の話のようにアシをエツに変え、また、弥生時代の稲作も彼が大陸から持ち込んだということになっている。この両者の民間伝承は農と漁の世界に新しいものを伝えたことを語る。

そのエツが本来自然状態ではいるはずのない、諫早湾埋め立てに伴う調整池で増えているという報告がされている。諫早湾に流入する本明川を、エツは遡上することはなかった。有明海に面していても潮のさす地域の長い筑後川を中心とした湾奥部だけのはず。調整池が筑後川の下流域のような状態になり、棲息するようになったようだ。これは自然を破壊した結果の似非環境の出現で、それをもって自然が復活したと喜んでばかりはいられない。しかし、増えた魚がエツというのはなにか変である。困った漁師を助けようと思ったのであろうか。

ところでエツは伝説とは裏腹に、戦前までは地元では重要な魚ではなく、まったく見向きもされなかった。これではありがたい伝説も浮かばれない。所詮、伝説とは人にとって都合の良い自己中心的なものであり何かことがあると伝説が浮かび上がる。歴史もまたしかり。

どうしてダメかというと、小骨が多いという理由からだ。料理するのも煩わしく、エツは肥料となった。食

エツ漁——筑後川下流、対岸は大川市

用になったのは昭和三六年頃に調理法が考案されてからのことで、それも、本当に知られるようになったのは昭和四〇年前後だ。季節的な限定性が合い、しだいに初夏の風物詩となった。マスメディアによる宣伝も大きい。

エツ漁解禁の五月一日、弘法大師伝説に倣って、アシの葉を川に放流する儀式が催され、エツ漁はこの日から七月二〇日までおこなわれる。

生物としてのエツは、外国では朝鮮半島、中国沿海の東シナ海にかけて分布をするカタクチイワシ科の魚で、日本ではここ有明海、及びそれに注ぐ筑後川などの下流域にのみ棲息する。ちなみに、中国でも産卵のため遡ってきた魚を食し、その歴史は古く、記載によれば宋の時代の蘇東坡が食しているという。

今日では筑後川本流のエツは全国的に知られ、この一帯の特産となっている。六月から七月にかけて、体長二〇〜三〇㎝ほどになったエツが、筑後川を遡って下流域の佐賀県三養基郡みやき町付近の川で産卵をする。この時期がエツ漁のシーズンで七月が最盛期となるが、漁ることができるのは、下流域の漁民に限定される。

漁は高さ二m、長さ二〇〇mほどの刺網の一種である流し網を用いて三〇分～一時間ほど潮の流れに任せて流す。流し網と呼ばれる所以だ。流す時期は満潮で潮が上ってくる前後で、潮が止まったら引き上げる。エツは網にかかってもほとんど動かないため、網を引き上げてみないと分からない。また、網から上げたら一〇分も経たずに死んでしまう儚い魚で、さすがにカタクチイワシの仲間、弱くてデリケートな魚なのである。

初夏のエツ料理は風物詩でもあり、大川から城島にかけての筑後川に屋形舟を浮かべ、漁師が刺網で漁ったエツを舟上で味わう料理は大人気である。季節のピークには、屋形船が何隻も川にひしめき合うほどだ。戦国時代に伝わったマリネの日本版である南蛮漬けも美味しいが、エツの刺身はまさに初夏の味を感じさせる。

エツ料理の善し悪しは料理人の腕であり、口に入れても小骨を感じないように料理をするのがコツだという。骨が多いということでは、関西で夏の風物詩となっているハモの料理と似ている。ハモも骨を切るのが難しい。「骨切り」と称され、包丁の冴えを必要とする。このハモも夏のものである。夏にはジトジトを感じさせない「サワサワ」としたような清涼感のあるものを必要とする。エツはその点、季節の先走りをはたしている。

地元の漁師は、他の魚の水揚げ量が減り減収を余儀なくされる中で、エツに対し、観光客以上に期待をしている。漁協のエツに対する期待は並々ならぬものがあった。

その一貫として、佐賀県側の漁師が船上で人工授精をさせているともいう。自らの糧は自ら守るということではないが、漁師も生計を立てていくために必死の努力をしている。

漁が終わりを告げる八月上旬には、下筑後川漁協が、孵化させた稚魚三万匹を筑後川に放流しているという。二〇〇二年に完成した組合の敷地内には養殖センターが設置され、水槽の中で期待を一身に集めた稚魚が泳いでいる。センター内に「道の駅」ならぬ「川の駅」を作ろうと漁師は模索している。

エツ料理の屋台舟

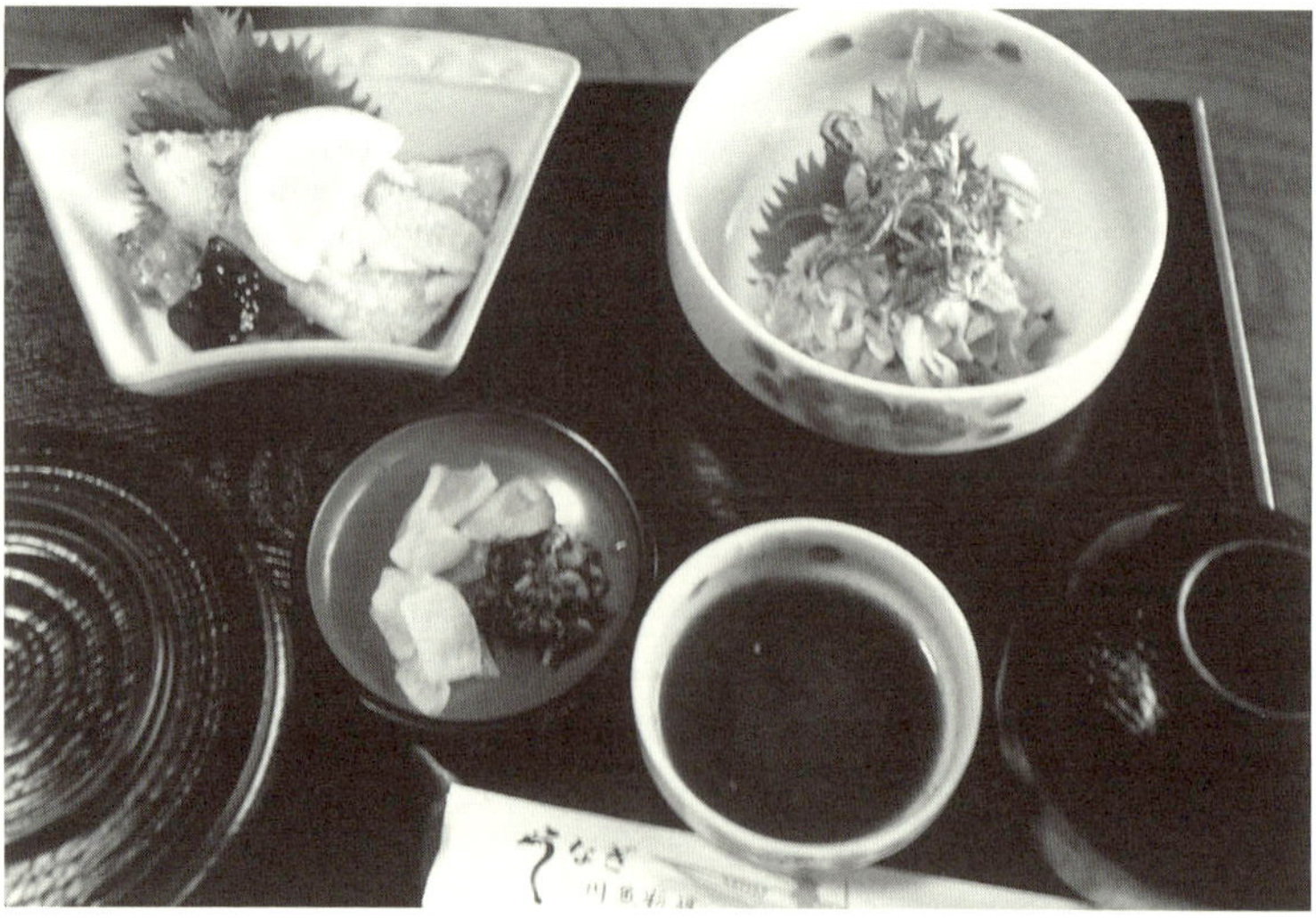

エツ料理

エツは漁民の努力の結果か、最近はどうにか漁獲量も上向いてきているようだ。

ただエツは有名になったことが災いしてか、団体客用に廻され、個人客では断られることが多い。会席しか受けつけない店も多く、庶民を救済して下さるはずの弘法伝説と違い、敷居の高い魚となってしまった。しかし、これも人工孵化の成功によって、誰でも食べたくなったら気兼ねなく口にすることが出来るようになることに期待をしたい。

エツはカタクチイワシ科の魚だが、本来カタクチイワシは日常性のケの魚であって、とてもハレの魚とはいえないはずだ。にもかかわらず、エツは姿・形がスタイリッシュでシャープな硬質感、メタリック感のある銀色をしている。また、ベトベト、ヌルヌルとし、黒い感じを持つ筑後川下流域では珍しい質感と味を持ち、季節感を持っており、そこがハレと成り得た。

このように、エツは下流域の人か、あるいはここに出掛けてしか食することができない、季節限定の魚である。まさに、この地域では土着の地域性と異なる客人的なハレの魚なのである。この違いが、有り難いエツの弘法伝説になったのではあるまいか。

ウナギ

日本は年間一〇万t以上、つまり世界の消費量の七〇%ものウナギを胃袋に納める世界一のウナギ国である。ただし、残念ながら今日では養殖物が九九・五%以上を占め、それも八〇%以上が輸入品なのが現状なのだ。貴重な天然ウナギだが、筑後川流域でも上流から下流域まで棲息している。ウナギが有名な柳川、筑後川の岸辺にある久留米の黒田天建寺をはじめ、流域では名産として知られる。

とくに下流域でも筑後川を満潮によって海から潮が遡ってくる、私が「周海地域」と呼んでいる地域の内陸端部は美味しいウナギが獲れ、地元では「アオ」と呼ばれる醸造用の澄んだ水が採れる場所となる。

アオは、満潮時にふつうは海に向かって流れる川の水が、比重の重い海水が下に潜り込むことによって押し戻された淡水をいう。逆潮を利用してクリークに取り込むということもおこなわれる。

規模の大小はあっても海に注ぐ川では世界各地で起きる現象であるが、日本では最大の干満差をもつ有明海沿岸ではかなり内陸に入り込む。潮の影響を受ける地域という意味の「感潮域」と言う言葉がこれをさすわけだが、私は文化的観念を含めて海ではないが、海の延長として周海地域と呼ぶことを提唱している。

〈上〉天健寺のウナギ屋 〈下〉ウナギのせいろ蒸し

　福岡の酒造りのメッカである城島は海と陸との境界線上にあり、先ほどの天健寺も同じ位置に立地をする。ウナギの産地と酒の産地はセットだ。だから、醸造元の蔵を利用したウナギ屋も営業している。

　筑後川下流域では、全国的にも一般に「柳川ウナギ」と呼ばれ、「せいろ蒸し」という特徴的なウナギ料理を出す。せいろは柳川で店を開いたという。この店（本吉屋）は蒸しは柳川出身の本吉が江戸で考案し、文久三年（一八六三）に柳川で店を開いたという。この店（本吉屋）は今日も老舗として営業し、多くの客が訪れている。

今では天然ものだけでは足りず、韓国産、中国産などのウナギも輸入する。シラスを捕獲し、育てた養殖が盛んだ。中国も日本向けには日本ウナギのシラスを利用するが、フランスからもシラスを仕入れる。日本では一九六〇〜一九七〇年代にかけてフランス産を入れていたが、うまくいかずに捨てられ、それが繁殖して各地に住みついている。鹿児島県の池田湖では、九割を占めるという。人が介在した結果、自然のものも変化する。

天然産のウナギも筑後川流域では漁獲があるが、天然ものは養殖ものに比べて値段が安いこともある。天然ものが何ごとにつけ高いと思っている人には、信じられない話だろう。なぜならば天然ものは大きさが一定ではなく、捌くのが大変で手間が掛かるからだ。近代の大量生産・効率第一主義が生んだ価値観であろうか。

今日、ウナギは夏ばて防止として、土用の丑の日にとくに食され、ウナギ受難の日となっている。だが、土用の日のウナギは古い話ではなく、俗説によると江戸時代エレキテルの発明者として、また奇人としても知られる平賀源内の発案によるものとされている。

丑とは四足獣である「ウシ」を意味する。だが、四足獣は一般的には大っぴらに食べられないこの時代、ウシと同様な色の黒いものであるシジミ、フナ、コイ、ナマズを食べて滋味強壮に役立てようということから始まった。色の黒いものは体に効くというのである。殺生禁断ではあっても、肉は体に良いという意識はあった。つまり、ウシの代償の日である。

だからウナギとの関係はとくにない。梅雨が明けて日差しが強くなると夏ばてする人が増えるのは昔からのことだ。そんなときには、油っ濃いものは食べたくないのが人情であろう。ウナギが売れず困ったウナギ屋から相談を受け、源内先生、頭をひねってひらめいた案が、「土用の丑の日のウナギ」であった。これが馬鹿受けして大ヒットした。

いわばコマーシャルの先駆けであろうか。

ただ、ウナギは夏ばて防止に効果がある、とは万葉集の頃から人々は考えていたようで、大伴家持《おおとものやかもち》の詠んだ歌、「石麿にわれ物申す夏痩に良しといふ物そ鰻取り食せ」とあるように、古くからウナギの効果は知られていたようだ。

確かに栄養学的にもウナギは夏ばて防止に大いに効果をもつ。食品標準分析表によれば、ウナギは一〇〇gあたりエネルギー一一三〇kj、脂質二一・三gで脂身無しの和牛と同じ値をもつ。高栄養食である。

ウナギはパッと見には、細くて長くヘビのような形をしている。日本人はウナギを好んで食べる人が多い。しかし中にはヘビのようだと嫌う人もいる。不思議とウナギは日本だけではなく、あまり変わった魚には手を出そうとしないヨーロッパ北部の人々も好んで食している魚のひとつである。却って、同じアジアの台湾の南東、蘭嶼の住民であるヤミ族は、ウナギをヘビと称して食べようとはしない。食とはやはり不思議なものだ。

古代のギリシャ・ローマ人はウナギが大好物だったし、今日でもそれを引き継いでいる。イタリアの北部、米作地帯のポー川流域はウナギ養殖が盛んで、起源はローマ時代に遡る。ウナギは滋養に効能があるらしく、盛んにウナギを食べている。

中世のヨーロッパの修道院は会派によって多少は違うが、肉食禁止の修道院では魚食が重要で、ボラ、サケ、サメなどと共にウナギも好まれたという。だがあまりウナギは食べないようにと、カトリックの司祭達に頻繁に御触書が出ていた。精力絶倫になり、食べ過ぎると罪深いことになったようだ。

だが、教皇マルティノ四世はウナギ好きの教皇として知られ、白ワインに漬け込んだウナギを始終食べていた。宗教界のトップがこれでは当時の禁令効果もあったとは言い難い。なんの世界であれ、自分に都合の良い方に解釈する人はいる。宗教界もまたしかり。イギリスのヘンリー一世は一一三五年、ウナギの食べ過ぎで死去したという。何事も「過ぎたるはなお及ばざるがごとし」であろうか。

オランダ、アムステルダムのウナギの燻製品など

ウナギの食べ方としては、スペインは稚魚であるシラスも食べる。日本では貴重なシラスを食べるとは、とんでもないことになろう。イタリアのナポリでは、新年に不可欠なのがウナギで季節性のある食べ方をする。ウナギを包丁でぶつ切りにし、小麦粉をつけて油で揚げた単純な料理だが、新年にはなくてはならないものだ。

オランダ、ドイツなどの北方ヨーロッパでは真っ直ぐに棒状に伸ばして燻製にし、ビールのツマミにしたり、パンにはさんで食べ、市場でよく見かける代表的な品だ。また、イギリス人のウナギ好きはとくに知られ、「ウナギパイ」は伝統食である。

ヨーロッパでは、棒状にした燻製品は別として、ウナギは開いたものを調理するのではなく、ぶつ切りにして食べるものなのである。背割り、腹割りの違いもない。ウナギの食べ方は実に違う。

日本産ウナギの産卵場は長い間謎とされていた。これはヨーロッパのウナギでも同様で、ヨーロッパでは泥から生まれてくるものと思われているほどだ。事実、ウナギは陸上をはって動き、内陸の池に住みつくこともしばしばある。

日本のウナギも研究が進みフィリピン東海域のマリアナ海溝付近の深海と考えられていたが、二〇一一年二月、日本の調査チームが予想より浅いマリアナ諸島沖で孵化一日目の卵を発見し、謎解明に一歩迫るという快挙を成し遂げた。

ウナギは孵化すると柳の葉のような形状をした「レプトセファルス」になって黒潮に乗り、春先に全長七㎝ほどのいかにも稚魚らしい形をしたシラスウナギになって川を遡る。北方の日本列島に向けて、三〇〇〇㎞の旅をするわけだ。

日本ではウナギの養殖は、明治一二年、東京の深川で始まったが、今では広くおこなわれている。しかし、卵から孵化させるのではなく、春先のシラスウナギを獲って養殖して育てる。

養殖用のシラスウナギは高価であり、それを狙って筑後川でも密漁が頻雑に起き、密漁防止に漁協組合員が夜間パトロールするが、注意すると逆に脅されることも多いと困惑気味に語る。このような話は海でも聞く。ハマチ養殖のため稚魚であるモジャコが高い値段で取引され、密漁が絶えない。これにも暴力団が絡んでいるという。当世の暴力団は経済観念が発達し、なかなか目先が効いている。

二〇一〇年に水産庁の研究所でウナギを孵化させて育てることに成功し、今回卵を発見したことによりウナギの生態解明が進んでこれがうまくいけば、昨今のウナギを巡る黒い霧も、たちどころに晴れていくであろうことを期待したい。自然のものを人工的環境で育てると、難しい問題も噴出してくるかもしれないが、レプトセファルスになってから、シラスウナギ、そして食用となって育ってくれると解決するだろう。

ウナギの稚魚シラスは淡水に入って一～二週間も経つと体色が黒ずみ、ウナギらしくなり、一年後には四〇～六〇gに成長する。こうして三～一二年くらい経つ初秋の時期、成熟して繁殖可能を示す婚姻色を帯びて今度は産卵のために川を下る。

天然ものは養殖ものに圧倒されているが、今日でも関東では千葉県の手賀沼、利根川、四国の四万十川と並び、九州では筑後川、球磨川で漁は盛んである。

漁は下流域の筑後川本流ではウナギ掻きなど、中流域では竹を編んで作った細長い円錐形の筌を複数下げた延縄形式、塩化ビニール製で同じく編んだ筌のコピー製品もある。中小河川・クリークでは籠状の形をした籠飼、クモデ網など、中流域・上流域では単発的な筌などで漁をおこなう。

なお、川の岸辺近くに河原石を積み上げ、中に入ったウナギなどを狙う石積み漁は「石グロ」などと呼ばれ、球磨川などでは盛んだ。二〇kgくらいの石を三〇個ほど積み上げ、引き潮時、石積みを網で囲んで捕獲する。各地で知られるが、福岡市の室見川河口、北九州市の曽根干潟、球磨川、長崎県の大村湾に面した川棚町でおこなわれている。ねぐらに入ったウナギを一網打尽にするのだが、最近は数匹も掛かれば良い方だという。

ウナギ掻きは、四〜五mの竹竿の先に、鉄製の湾曲して内側に指状になった鉤が三本ほど付く。舟を利用して、舟上から直接見えない泥の中のウナギを引っかけるもので、下流域だけの漁である。

下筑後川漁協には、このウナギ掻きで引っ掛けた三kgにもなる巨大なウナギが保存されている。これほどまでいかずとも一・五kgくらいのウナギは毎年上がる。養殖物は経済的なバランスで出荷されるが、天然物は実に巨大に成長する。

タコ糸を利用したウナギ獲りは、流域に住む子供の楽しみだった。「カケバリ」とも呼ぶものでタコ糸の先にドジョウ、ザリガニなどの餌をつけた釣鉤を結び、一〇本前後用意して、竹に取り付けてウナギのいそうな岸辺に差し込んで置く。翌朝、夜間餌を獲りに活動するウナギが引っ掛かる。

その他違法行為で禁漁だが、電線を引っぱって川に入れると、ウナギが面白いように上がったという話もある。

ところで、中流域の鵜飼漁師が言うには、「ウは貪欲に魚をとる鳥で時々ウナギをも飲み込もうとする。ウナギは長くて暴れるため、飲み込めずに目を白黒させて難儀をする。「鵜が難儀をする魚であることからウナギとなった」と、ウナギの語源について面白い話を聞いた。本当のようだが実はいささか違うようであるが、生活の中から出てきた言葉は真理のある一面を突いている。

食用となるウナギは淡水域に棲息するものであるが、魚は身近なものほど細かく分類して呼ぶことが多い。ウナギもそれに値し、

アオ＝背中が青〜暗緑色、側面はうす色、腹は白で川の淡水と海の海水が入り交じる河口に生息する。最も良質なウナギである。

サジ＝背中が茶褐色、側面はややうす色、腹は白色〜淡黄色。

ゴマ＝ホシとも呼ぶ。背中が黒褐色、腹は白色〜淡黄色、背や側面に斑点がある。

ゲイタ＝背中が黄褐色〜暗褐色。

カニクイ＝頭部が三角形でサワガニをよく食べる。

というような分類がある。

だが、今日では養殖ものが圧倒的なので最上とされる天然もののアオを賞味できる機会は少ない。

ウナギを料理するにあたって日本の場合は捌くのだが、東西で異なる。大阪は腹から、東京は背から開く。江戸の昔、腹を裂くのは武士の腹切りに通じるとされ、ウナギ裂きは背からということになったようだ。

柳川ではせいろ蒸しの技法は江戸から伝わったとされ、大阪の腹裂きではなく、江戸と同様に背から裂く。

ウナギを調理するにあたっての問題として、ウナギの血液には溶血作用があるので、捌く人の口に入らないように気をつけるという。このことがたいていのものは刺身にするこの国で、ウナギの刺身がない理由となっている。もちろん加熱すると無毒となり何ら問題にならないので、刺身ではなく湯引きにして食することはできる。

川魚店の主人が私に語ってくれたことには、最近の旅館の板前さんは魚もそのままでは嫌がり、切り身の魚を好む。遠い海から運ばれてきた切り身の魚を好み、地元で獲れた川魚を嫌う。そのためウナギも川魚店で捌いて串を打ち、蒲焼きにまで処理してから旅館の板場に納めていると聞いた。

これが内陸の静かな佇まいの鄙びた山里の温泉で、夕食の膳に載っているタイ・マグロ・ヒラメの刺身を目にすることの文化的背景である。

地域外のものを食してなにも感じないのは、季節を愛し、自然を愛している日本人だといえようか。本物というものも、地域文化の総体の上で成り立っているものだとしみじみとウナギを見て感じた。

スッポン

スッポン、学名 Trionyx sinensis japonicus といい、スッポン科スッポン属でカメの仲間である。また、俗称で「マル」とも呼ばれる。小魚、巻き貝などを食する肉食であり、歯はナイフのようで鋭く、間違って指を入れたら食いちぎられてしまう。スッポンはびっくりして食いついたのであって、通常はスッポンに食いつくのが人である。

それから「月とスッポン」という諺も知られている。スッポンが満月に似ているのでマルと呼ばれるが、同じマルでもずいぶん違うという例えだ。

かつて一般のカメをも食用としたことは縄文時代の貝塚からも知られるし、ウミガメも小笠原など一部地域では食用としているが、通常、食用とされるのはスッポンであろう。

スッポンは爬虫類に属する。つまり、言わずと知れたヘビ・トカゲの仲間だ。一般に爬虫類は食材としては利用しないというか、忌み嫌われるものの筆頭であろう。実際、スッポンも下世話なあまり良い食べ物ではな

スッポン

かった。これが江戸時代に入ってステータスが少し上がり、明治になるとグーンと上昇した。今日スッポンはまぎれもなく高級品としての地位をもつ。

ウナギ、スッポンは精力のつく食べ物とされる。スッポンのエキスを入れた…などの商品も販売される。中には「亀飴」と商品名がついたあめ玉もある。スッポンのエキスが入れてあるようだ。

いずれもカメの長寿にあやかろうとしたものであろうか。

とある街で、スッポンと並んでイシガメを販売していた。食用にするのではなく、子供の遊び相手として売っている。イシガメはヌマガメ類に属し、カメは水田にも適応して生活していた。水が入る時期には食べ物を求めて水田で生活していた。水利灌漑の中で広がってきた農民に身近なカメである。

スッポンは、淡水に棲息するイシガメ・クサガメと違い、見た感じも淡く全体的に柔らかそうで、色も淡いミドリっぽい色をしている。

筑後川流域の一茎を食用とするミズイモのズイキではないが、一般のカメがサトイモの茎のように濃い色をしてとても食べられそうにもないと思うのに対し、スッポンは色も淡く、何となく食用になれそうな気持ちを抱くのがおかしい。食感の共通性を強く感じるのである。

冬の時期、泥の中に潜って冬眠しているスッポンを、先が二股になった、漁師達が「ホコ」と呼ぶヤスで突いて獲る人達が、筑後川流域でも下流のクリーク地帯に数多く住んでいた。今日でも中流域の甘木市周辺にスッポン突きの漁師がいると噂に聞くが、私は残念ながら話を聞いたことはない。ほとんど漁はなくなった。

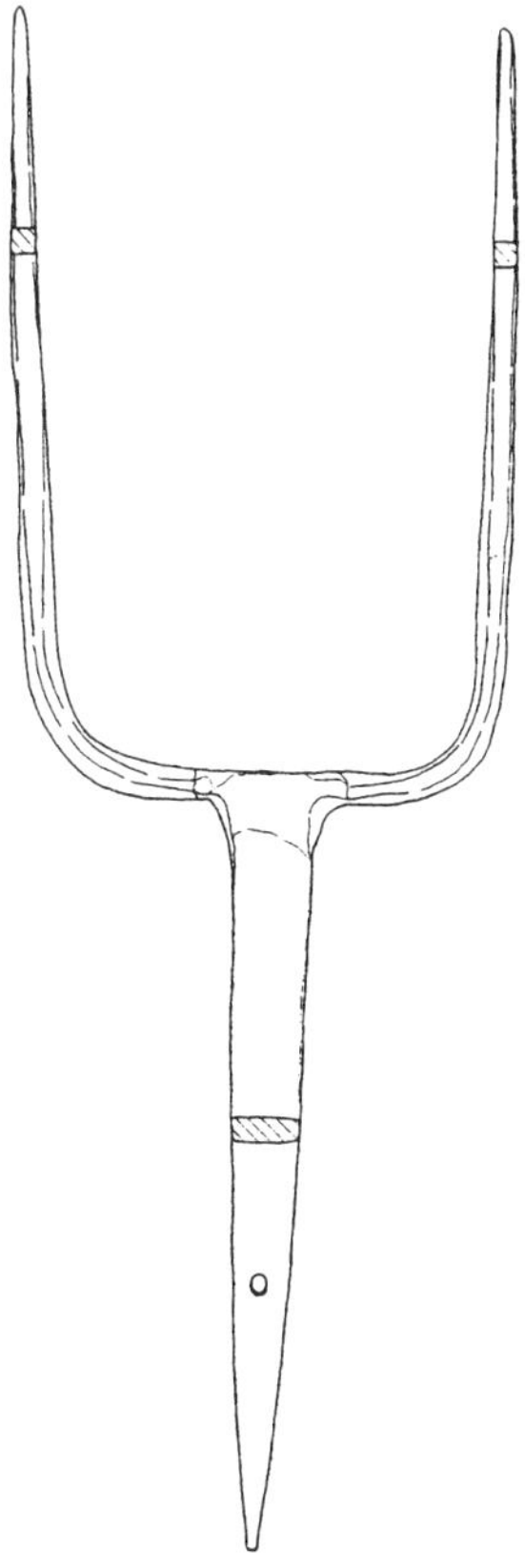

スッポン獲り用のヤス

とくに佐賀の辺りはスッポン獲りで有名であった。佐賀、肥前国の人はスッポンを好んで食用にしていたことが、江戸時代の本『和漢三才図会』にも記載されている。考古学的にも、下流域に点在する弥生時代の貝塚からスッポンが検出され、当時の人々が利用していたことがわかる。

佐賀県の田手川の近くに住む、ある川漁師の義兄は、スッポン獲りの名手として知られていたそうだ。流域だけでなく、鹿児島の指宿辺りまで出かけていた。彼は冬眠している所を熟知し、岸辺の泥の盛り上がり具合を見て、スッポンがいるのを見分けた。自然を相手にしている人は観察眼が研かれるというが、まさにその目、匠の技だ。スッポンはとくに糞袋、腎臓を破ると苦くて食べられない。これを破らないように、慎重に突いた。

中流域に位置する福岡県うきは市浮羽町の塚堂古墳より出土のヤスがある。漁師が一般的にいう鉾ともいうが、伝ということではっきりしない。スッポンを突く場合、突き刺す先が一本では抜けやすく、複数ならば獲物を傷めてしまう。結果、二本の先をもつ。これは間違いなくスッポン獲りに使用した道具と思われるが、出土状況は不明で時期は新しいようである。

今日、佐賀では、残念ながらこういうヤス一本でスッポンを獲るような人はいない。天然ものは夏の時期にカシ網（刺網）、あるいは秋口にモクズガニ用に仕掛けたカニ網に引っかかる程度である。

川魚屋にも天然のスッポンが入っていたが、この網に偶然入って漁獲されたものだった。天然ものの季節性も変わった。これはなにもスッポンだけではないが、季節性も永遠のものではないということであろう。かつてスッポンの天然物は冬のものが代表だったが、今日では冬は養殖ものだ。天然ものは夏なのである。

養殖はクリークで天然ものを獲っていた伝統からか、佐賀県で盛んである。先日訪れたミズイモ栽培地にも大きな「ガメ池」があった。スッポンは今日の需要に合わせ、冬にかけて鍋の需要が多いときに出荷している。私の知り合いの川漁師も養殖場で、産卵場のアドバイスをしている。スッポン養殖は三〇年ほど前から始まり、今では全国でも一、二位の生産量を占め、養殖業者も二〇以上ある。養殖のトップ争いは長崎県であるので、旧国名の肥前国は一大産地だ。

九州では、他に大分県の安心院《あじむ》のスッポン養殖はよく知られる。スッポンと言えば安心院というイメージ戦略が浸透しているが、ここもかつては稚ガメを佐賀から購入して成育させていた。

また、産卵場を設けず、中国で孵化したスッポンを輸入し、成長させて出荷する業者も福岡市近郊にいる。スッポンも大きいものは驚くほど巨大になり、これがスッポンかと思うほど成長する。

今でもスッポンはとても高価だが、養殖される以前はより高価で、滋味豊かで精をつけるものとして、血、身とも流域に住む人々に好まれた。とくにコンソメスープは、外国の賓客を招いての宮中晩餐会のメニューにもしばしば載るような逸品だが、一般的には料亭などで食べることになるわけで、家庭料理向きではない。

場所は中国、季節は日本の旧盆の時期になる八月中旬の頃、上海市の西にある抗州市で開催された「百越研究会」に出席をする機会を得た。江南の地だが、遺跡見学の途中、歓迎の昼食会の料理の一品にスッポンが饗された。

江南の地はクリークが縦横に走り、川岸にはクワズイモとして知られるサトイモ科の植物が生え、なんとなく筑後川の下流域を連想するような場所だ。そういえばクリークという言葉自体もここから来たという。第二次世界大戦で、この地に進行した兵士が故郷と似ている風景を見て、言葉を持ち帰ったと確か聞いた。日本語では、堀である。いずれにしても、ここはいかにもスッポンが棲息している風である。

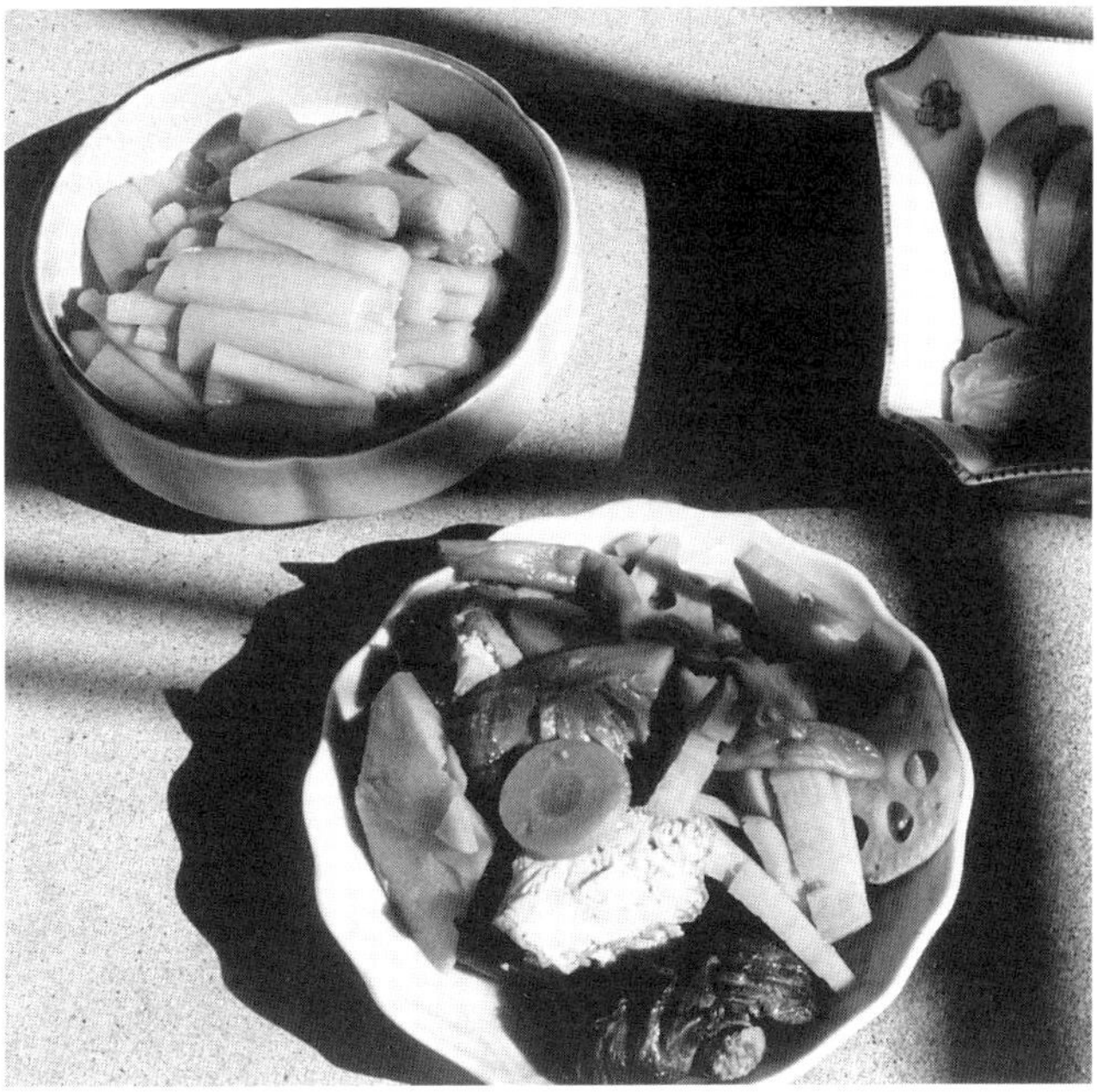

ガメ煮など（手前）

福岡県には「ガメ煮」と呼ばれる煮物がある。元来は博多の料理と言われ、「筑前煮」として、全国的に知られる。起源として諸説があるが、そのひとつにスッポンを使用したことから「ガメ煮」が生まれたともいう。

スッポンの養殖池を「ガメ池」というように、スッポンを一般に「ガメ」と呼ぶ。スッポンが手に入れにくいため、代わりに使用したのが鶏肉らしい。

筑後川流域では、真相はさておいて川沿いではスッポンを用いたという。まさに「ガメ煮」の名の通りの料理だ。この地域ではハレの行事には元来、これを欠くことはできない。肉の他にはサトイモ、コンニャク、レンコン、ニンジンなどの根菜類を使う。ニンジンを除くと、本来湿地性の植物であることはとても興味深い。

奈良市平城宮跡の最近の発掘調査で、井戸の中からスッポンがほぼ丸ごと検出されている。井戸の中だから落ちたのではなく、人為的に置かれた可能性が高い。どのような祭祀がおこなわれたのであろうか。

また、弥生時代の代表的な遺物に、青銅器で出来た銅鐸《どうたく》という梵鐘に似たものがある。銅鐸は祭祀用の青銅器と考えられ、外面には様々の紋様を鋳出したものがあるが、中には、銅鐸の外面にキャンバス風に絵画的に鋳出されているものが見られ、様々の動物と共にスッポンが描かれているものが数点ある。

スッポンが描かれた理由として、単に水稲に欠かせない水の豊かさを示すという解釈がなされている。スッポンは沼沢地に棲息する生物であり、弥生時代の水稲農耕活動と占有する空間も重なる。人とスッポンの共通する世界であるのだが、利害関係がない共時性を考えることができよう。

スッポンは全てのものが枯れている冬は泥土の中で過ごし、春に地上に這い出てくる。そこは、不死の象徴である植物の蓮の茂る地。頭を上にしてスッポンをタテに持つと、長い首を上に伸ばした必死の姿は、稲の籾が発芽をして茎を伸ばす姿にも類似する。また、色も芽と同じ緑色をしている。じっと見ると、稲とスッポンを結ぶものが確かに存在する。スッポンは水のものだし、水稲と共通性が確かにある。

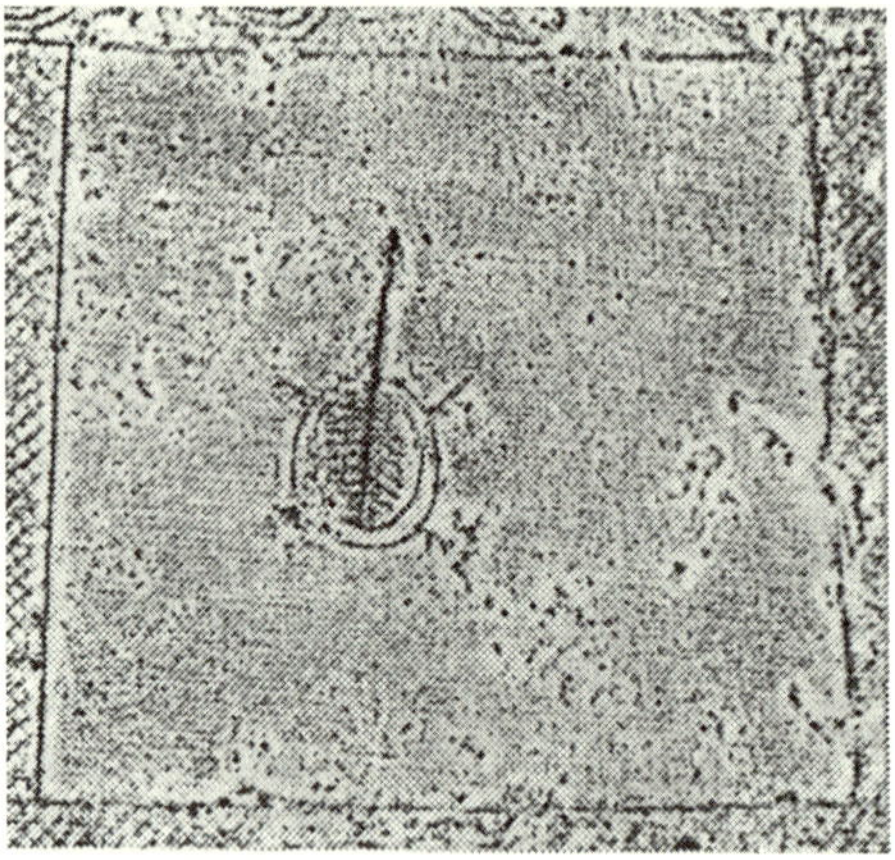

神戸市桜ヶ丘出土の銅鐸上のスッポン
（佐原眞「三十四のキャンバス」より）

人との共通性も仮託されたのであろう。自分達の世界観との共通性を人は何かしら求め、それを反映させるようだ。

オイカワ

オイカワは流域では「ハヤ」として知られ、小型だがコイ科に属する魚だ。地域によっては「ハエ」とも呼ばれ、流域ではオイカワという標準名は一般的ではない。冬に美味しくなる魚で「寒バエ」という季節の言葉が知られる川魚だ。川の近くに住む人に、「川魚で何が美味しいか」と聞くと、たいてい「ハエ」という答えが返ってくる。

オイカワは「雑魚」に含まれているが、アユは別格としても、川魚としては最も値がはる魚であり、漁師にとって金が稼げる魚であった。「雑木林」という名もだが、雑木、雑魚とも経済的な面から名づけられたもので、人の生活にとっては逆に身近なものが実際には多い。「ケ」に比定される。商品価値の高いものは当然「ハレ」なものであるのだが、「ハレ」と「ケ」があって人の生活は成り立つ。ケによって人は生きる。

近年はアユ、ヤマメなど高額の魚に需要がいくが、昔からオイカワは金になる代表的な川魚だった。川魚といったら、ハヤを思い浮かべる人は多い。フナと違ってオイカワは日常レベルではあるが、より高級な魚としての地位をもつ。

筑後川流域でも同様で、オイカワを狙って刺網を用いて専門に漁をする川漁師も現に数多くいる。中流域の筑後川漁業協同組合で見た資料では、今日でもオイカワはコイの二倍以上、ほとんどアユと同じ位の漁獲量を誇る。小型の魚で一匹単位では量をかせげないのだから、圧倒的な量をあげていることになり、いかにオイカワが好まれる魚であるかを示している。下流域にある福岡県側の下筑後川漁協でも、オイカワ専門で生計を立てて、加工業者に卸している漁師が二名ほどいる。

釣りを趣味とする人にとって絶好の川釣りの対象、地域に暮らす人からも美味しい魚とされる。川魚といったら、ハヤとすぐに答えが返ってくることが多い。川魚＝ハヤの図式も成り立つほどである。日本各地の中でもこの魚を最も多く獲り、よく食べるのは筑後川流域である。それほど筑後川流域では馴染みの魚である。

筑後川の上流域、日田市の有田川に沿った岩美町は美しい山里が広がり、そこに暮らす古老に毒流しの技法を聞いたことがある。

この川にはオイカワなどの魚がいて、かつてはサンショウの皮を剝いで煮て灰と一緒に川に流し、魚を獲ったという。獲り方も魚と共に味わいがある。言わば山里の秘伝の技法である。

小型のオイカワの四～五㎝ほどのものを使い、醤油とザラメを用いて甘辛く炊いた「ハヤの甘露煮」などは

〈上〉オイカワを獲る川漁師
〈下〉大山川のオイカワ釣り

有田川

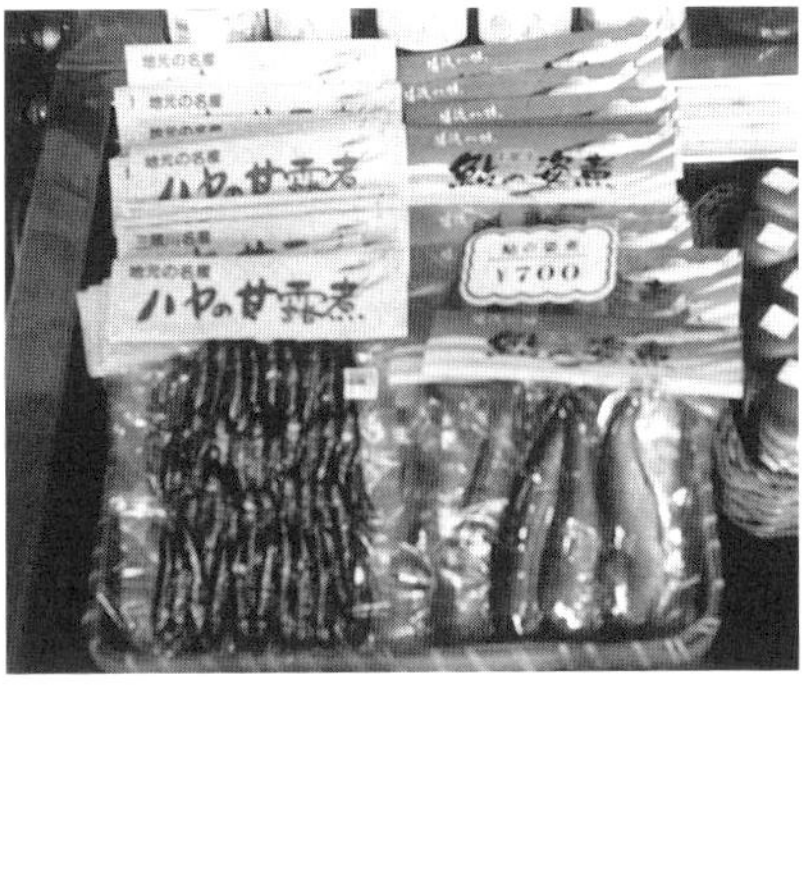

甘露煮など（大分県日田市大山町）

家庭でもおこなう代表的な料理で、味も良く、好物としていた人も多かった。

私の知り合いの家では、ハヤ甘露煮に、これも下流域の名物である「乳の出が良くなる」という地元特産の米の粉を練って作られる自然食品の甘い蒲鉾板状の「アメガタ」を包丁で切って入れていた。こうすると、とても甘露煮がしっとりとして美味しい。

筑後市ではハヤを昆布巻にした「ハヤの昆布巻」が、名物料理として古くから知られている。フナの代わりにハヤを用いたものだ。ハヤも昆布を使用するとよりハレに変身する。人が着物を着るようなものであろうか。最近はどんな田舎に行っても、全国的に標準化され変わり映えしない店がとても多いが、先日訪れた三連水車で有名な朝倉町菱野の店は、珍しく、地元の生活の匂いがした。

その店内の食材の中にハヤの甘露煮もあり、「ハヤの甘露煮」とわざわざ店のドアに張り紙を出して掲示をしてあり、需要の程が知られる。ハヤの甘露煮は家庭では作らなくなったようだが、土産物屋に売っているのではなく地域に根づく店で売っていることは、まだ食の文化が地域で生き続けている証明になるであろう。

ウグイ

ウグイは、筑後川流域では一般的に「イダ」とも呼ばれ、立春を過ぎると婚姻色として腹部に赤い三本の帯が現れるので、「アカハラ」ともいう。分布は東日本に多いが、筑後川流域では中流域から上流域にかけて比較的多く棲息し、とくに中流域を代表する魚である。

四国の清流として知られる高知県の四万十川では、ウグイを獲るのにイタチの皮を使って脅し、逃げ出したウグイを網に掛けて獲る「イタチ追い込み漁」がおこなわれている。

ウグイの名はウナギの冗談話と違って、本当に鵜が好んで食べる魚ということで、鵜食いからきている。

一生を淡水域で過ごす地イダという河川型と、海に下って内湾あるいは沿岸域に棲息し、産卵期に河川を遡る海産イダの二つのタイプがあり、海産イダは大きく成長する。むろん、今では海産イダは見ることはできない。

魚は季節性も表すが、海産イダは梅の咲く頃、桃の咲く頃、桜の咲く頃をそれぞれ一番、二番、三番イダ、河川型のイダは少し遅れて桜の咲く頃、藤の咲く頃をそれぞれ「桜ずり」「藤ずり」と呼び、この時期に産卵する。折々の季節とウグイの産卵期を合わせて細かく呼ぶ。淡水産と海水産のウグイを違った形で呼称していることは、差を認めているからなのであろう。

一九九八年、立春を過ぎた二月、長野オリンピック開会式の日に筑後川の漁を見学した。

この年も春の訪れが実に早く、筑後川の河原、土手には菜の花が咲きだし、春の香りが立ちこめていた。川上の漁師は岸辺から中洲にかけて二張りの刺網を仕掛け、下流側から竿で岸辺にガサガサと探りを入れ、時には竿で勢い良く水面をバシバシと叩いて上流側の網に魚を追い込んでいた。

竿とは万能具である。竿一本で舟も漕いでいた。万能具は実は一番生活に密着しているもの。こういう道具が発掘で発見されたとすると、解釈が一番困るものだろう。

漁の本来の目的は、冬に高価になるオイカワことハヤだったが、オイカワは一匹も網に掛からなかった。獲れたのは、オイカワに比べると数段は大きいフナとウグイ数匹だけであった。漁師は苦渋の顔をしていた。ウグイは、二〇㎝前後の大きさを持つものが、二匹も掛かった。

漁師に聞くと、大きいのは長さ四〇㎝で一㎏ほどの重さになるともいう。大きく成長する魚であるが、身に小骨が多いからということが今風ではないらしく、漁獲量が多いわりには流域では好まれなくなった。

地域は変わってイタリア北部、アルプスに近いコモ湖周辺は六世紀半ばから養蚕が盛んになり、絹織物の生産地としても名高い。湖には淡水魚が棲息し、漁師もこれを獲る。一番重要な魚はトローテと呼ぶマスだが、漁師鍋には「カベーダン」と呼ばれるウグイも盛んに利用され、食として好まれている。

筑後川流域では、ウグイと立場が同様なのがコイ科の魚であるニゴイで、この魚も小骨が多くてこの地域ではまったく食用としては考えられていない。しかし、中華料理の材料としては、本場中国ではニゴイも積極的に利用されている魚の一つなのだ。

ウグイは食として大いに利用されてきた魚だが、小骨の多さが嫌われるなら利用の仕方も時代によって変え

川漁師——ウグイが掛かった

舟上のウグイ

なければならないであろう。これは何も流域だけではなく、各地でも同様なことが起きている。かつてはケにも意識されていなかったエツが料理の仕方によって、また、季節性、貴重さ、伝説性のパッケージによって、文字通り晴れてハレの魚となり、ウグイよりはるかに高価となった。ウグイは季節性と産卵期を合わせる言い方をするが、これはけっして一般的に知れ渡った言葉ではない。いつでも獲れる魚であるということは、一年中食することができる魚で、食としては貴重で重要なものであるはずなのだが。

魚体は大きいが、ハヤに比べて金にならないフナとウグイでは商品価値はないにも等しい。通年の魚というのは食としては貴重であるが、ハレのものとしては重要視されないのであろう。

手長エビ

エビというと、伊勢エビ、車エビなどの海産の高級品を思い浮かべ、日本人が好む海産物のひとつである。車エビに似た東南アジアのブラックタイガーなどを含め、大消費地である日本に向かって世界から押し寄せる。有明海では夏、高級品であるクルマエビが漁獲されるのだが、近年は水揚げがすっかり少なくなってしまった。

さてエビは海産の他に淡水産のテナガエビ科に属し、広く食用として利用されている手長エビも知られる。このエビはその名の通り、手長、正確にいえば、第二胸脚が第一胸脚より遥かに長いエビで、体長九cm前後まで成長する。ちなみに手長なのはオスのみの特徴でメスには見られない。河口域から中流域に棲息している。料理すると、殻はカラカラ、パサパサとしているが、身は噛みしめるとジュッと口中に広がり、滋味溢れ、なかなか美味である。「山椒は小粒でもピリリと辛い」という諺がまさにピッタリのものである。

筑後川流域に暮らす人は大いにこのエビを好み、海のものより味がよいと言う。だがこのエビもすっかり減

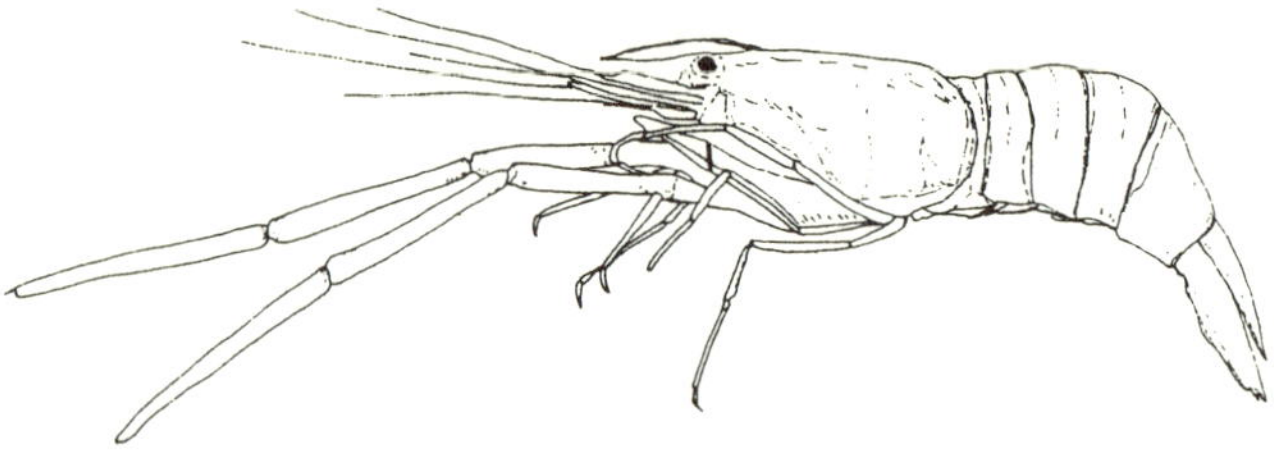

〈上・下〉手長エビ

（福岡県脇田温泉楠水閣）

ってしまい、筑後川の漁師でも川に仕掛けた刺網に掛かったら獲る程度で、専用の道具は持っていない。

漁期は麦刈りの頃、五月から七夕の頃までの初夏を代表するもので、遅くとも七月一杯であった。七夕を過ぎると、小河川から筑後川へと降っていったようだが、そのまま残留する手長エビもいる。

だが、最近この手長エビが増えつつあるようだ。それも本流ではなく、下流域のクリーク地帯にこのエビがしばしば見られるようになった。この地域は土地改良の名のもとで基盤整備事業がおこなわれ、クリーク統廃合があって水路網も整備され、本流から大掛かりな幹線水路が引かれている。ここから手長エビが入ってくるのだろう。人の改変によって、手長エビの生態も変わっていくようだ。果たしてどうなっていくのであろうか。

地域を取り巻く環境も変わり、生態系も変化しつつあるようだ。筑後川中流域のうきは市吉井町に調査に出かけた際、近年、春は雛祭りで賑わう古い家が立ち並ぶ街角の一画の鮮魚店で、店の木戸の上に「手長エビの煮つけあり」の紙が張ってあり、とても懐かしかった。

ところで吉井町というと、古くから筑後川流域でも裕福な町として知られていた。この地には大庄屋が数多くいて、江戸時代、水が足りないため、寛文四年（一六六四）に着工された筑後川の大石堰を建設した五庄屋の話が伝えられている。

中流域の吉井町を含む耳納山山麓一帯は、今日でも小規模な河川が筑後川本流に向かって南から北へと数多く流れ込み、それに沿った谷間に谷地水田と呼ばれるものが発達している。急峻な山麓に発達した水田を列車や道路から見るとなかなか壮観である。

当時は本流の筑後川に沿った地域の開発はなかなか進まず、小河川に沿ったこの谷地水田に伴う灌漑システムが高度に発達し、これが基本的には古墳時代の水稲農耕の発達と、豪族の存在を裏づけさせる。

水量が多い大規模な河川は、流域平野がいかに広かろうと開発はなかなか大変な作業であった。これは筑後川だけでなく、日本の大河川も同様。これらの河川は水運と淡水漁撈の面が発達していたのであり、水稲農耕にこれらの河川の水を利用できるような技術が発達したのは後代のことになる。

筑後川流域でも中小河川に沿っての新田開発は進んだが、筑後川に沿った本流地域の中流平野の本格的な開発こそが、最後に残った問題であった。本流沿いにある集落は漁撈活動をしていた人々が住んでいた。これは下流域でも同様だ。

かつて、私は下流域の平野に立地する有明海に面した弥生時代の集落は、その立地状況を諸世界と比較して、農耕活動もおこなっているが漁撈的性格を持っていると指摘した。「あの広大な平野があるではないか」と尋ねた人がいた。

もちろん、農耕活動を否定するものではない。単純な生業で生活したのでなく、もう少し複合的な立地を活かして様々な活動を積極的にしていたはずだ。人々の生活は環境を活かして弾力性を持ち複合的なのが実態であろう。中流域にある本流に沿った遺跡も、漁撈活動をおこなっていた村もある。農耕世界のみから、世界を

うきは市吉井町の魚屋

筑後川に設置された山田堰

耳納山麓

吉井魚市場

見てはいけない。

中流平野の開発も大変な難事業だった。今日のような豊かな稲が育つ水田となったのは、江戸時代における袋野堰、大石堰、山田堰などの本流堰設置による水利灌漑の整備によってのことだった。磔刑も覚悟でおこなった吉井の庄屋の功績は、筑後川流域の農業史の中に燦然と輝いている。

筑後川は水量豊かな川だが河床が低いため、その地区の本流から直接取水することはできず、上流側に堰を設置し延々と水路によって水を引っぱることによって、中流域は大規模な新田開発ができたのである。それまでは、目の前の川がいかに水量豊かな大河であっても、水稲に使うための灌漑水に利用することはできなかった。

本流井堰設置の意義は大きい。井堰の設置によって本流が農業活動の場に組み込まれたことによりコイをはじめとして多くの魚の意味が変容したことは説明した通りだ。大きく環境を変えると、人の生活感、あるいは価値観も変化するのが世の常なのだ。

吉井町が豊かであったことをうかがわせるに十分な町並みが、久留米から大分へと走る国道沿いに立ち並ぶ。かつて中流域で暮らす川漁師は、魚の中で最も値の張るものは真っ先にこの町に持って来た。ここでは高い魚もさばける、筑後川中流域の耳納山山麓地帯の中心地だった。そのような背景からか、今日でも吉井町には魚市場がある。

最近、川魚というと、本来主体であったドジョウ、フナ、あるいはこのエビなどの土臭く土地の色と香りがするものはめっきりと減り、その代わり高価で、淡泊な味の白身の魚であるアユ、ヤマメなどが持てはやされ、それも本来の棲息地でもない所で食べられ、観光化している現状はやはり不思議であろう。

度々繰り返すが観光地になった場合、均一化・イメージ化が進み、往々にしてつくられ過ぎた秘境、昔懐かしい田舎のイメージがあって、演出過剰気味であまりにも人工的なのがいぶかしい。追憶の再現は難しい。

スズキ

スズキは初夏を代表する魚で、身は白身で淡泊ですっきりしており、この季節に食する「スズキのあらい」は、絶品である。また、「土用スズキ」という季節感のある言葉も知られている。

夏、時おり市場で見かけるスズキは「クログロ」して金属質、野性味たっぷりの男性的な魚である。

筑後川では魚体を目にすることが少なくなったスズキなのだが、福岡県と大分県の県境にある夜明ダムが造られる以前は、現在ダムの設置されている夜明狭窄部まで遡る大型のスズキを狙った漁師は多く、今でもそのことを興奮気味に語ってくれる。

スズキは出世魚として知られる。稚魚を「コッパ」、その年生まれの二五cmくらいのものを「セイゴ」、二、三年経った六〇cm未満のものを「フッコ」、それ以上の成魚を晴れて「スズキ」と呼ぶのが習いだ。『平家物語』の中に平清盛が熊野詣での途中、船上にスズキが飛び込み、それが吉祥として愛でられたことが知られる。

食卓に並ぶスズキの塩焼きなどはセイゴを使う。なかなか成長したスズキにはお目にかかれないが、成長段階でもスズキはスズキで、やはり美味しい。中には一mにも達するような巨大なスズキもいるそうだ。そのような大魚はオオタロウなどと呼ばれている。

スズキは沿岸域から内湾性の魚で、冬、沿岸の岩礁域で産卵し、コッパの時期に大河川の河口・汽水域に棲

スズキ

息し河川に進入する。もちろん筑後川でも見られる。有明海沿岸地域では、干潟の上に「エゴシキ網」なるものを設置してスズキを狙って獲る。

成魚のスズキになると、大好物のアユなどを追いかけて初夏から秋にかけて河川を遡上し、かつては筑後川では中流域と上流域の境にある夜明狭窄部まではるかに遡って見ることができた。だから、アユの名所はスズキの名所でもある。

海の魚というイメージの強いスズキだが、夜明ダム付近までだと、河口から五〇㎞ほど内陸に入る。ここは中流と上流の境であるからずいぶんと川を上る。アユが棲息できる場所までは遡上は見られるが、筑後大堰を越してまでは上には遡れない。結果、大堰付近は遡上して行き止まったスズキの穴場となっている、とは長年川釣りをやっている釣り人の知人から聞いた。

筑後川ではスズキに特定した漁はないが、紀伊半島、太平洋側に流れ出る熊野川では、河口から二〇㎞ほど遡った地点で、「モドリ」と呼ぶ大型の筌に、川一杯に張った網でスズキを追い込む「スズキ追い」漁がおこなわれる。

琵琶湖湖岸にある縄文時代晩期の滋賀里遺跡からはスズキの骨が検出されている。文献からは戦国時代までは確実にスズキが琵琶湖まで遡上したことが知られる。好物であるアユを求めてここまで入ったのであろうか。

関東の利根川では二〇〇二年、河口から一六五㎞も遡った地点でスズキを釣ったことが報告されている。地元では「山スズキ」という言葉もある。上流に堰もしくはダムがない場合、山に分け入っていく。

スズキは、もちろん基本的に本流域しか遡上しないが、コイと同様に成長したら魚体は大きく目立つ魚である。その大きさ、風格からも淡水域のスーパースターであると言えよう。また、闘争心がひじょうに強く、釣っても、ファイティングスピリットのある魚として知られ、釣り人を楽しませる。

英語ではスズキのことを「シー・バス」つまり海のバスともいう。バスが基本の言い方である。

一般的に「ブラックバス」と呼ばれるバスは、「オオクチバス」が正式の名なのだが、在来の固有魚を食べる悪名高い魚として知られる。この魚は一九二五年、アメリカから箱根の芦ノ湖に放流されたとある。放流目的は食用ではなく遊漁、即ち釣りのためだ。純淡水魚であるが、バスの名に違わず猛烈なファイトをする肉食魚で釣り人にはこたえられない魚だ。釣り人がそのために琵琶湖にも放流したのだが、これが湖全域に広がってしまった。アメリカ原産の、ブルーギルも同様だ。

これらの魚はまたたくまに日本各地に広がり、結果、固有の魚が食べられて問題になっている。ニュースを見ていると、玄界灘に浮かぶ壱岐にあるダムにまで棲息が確認されたと報道されていた。

筑後大堰

スズキも他の魚を食べる肉食魚で、とくにアユは時期的にも獲物となる。上流・中流の最大商品はアユだから、増えすぎるとアユの漁獲も減る。下流域はアユの漁獲はないので、スズキを増やそうとしている。ここでも人の利害が交錯する。

繰り返すが、人にとって利にしようと導入したものの、最終的には環境を破壊する結果となってしまうものも多い。環境というのはその場限りの事ではなく、常に総合的に考えなければならないもの。ハブ被害根絶のため、ハブ駆除として導入した沖縄のマングースもまたしかり。マングースだけではなく、沖縄在来種の生存を脅かしている

また、同じスズキ亜目のアカメ科に入るナイルパーチは、ナイル川、ニジェール川に棲息するが、中には二mにも達するものもいる巨大な魚で、地元では食用として重要で、養殖もおこなわれている。私もしばしば食するが、白身でけっこう美味しい魚だと思う。日本でもしばしばスズキとして切り身で売られている魚で、食べた方も多いのではなかろうか。

だが、これを棲息地ではない内陸のヴィクトリア湖に放流した結果、在来魚が壊滅してしまったという問題が起きた。琵琶湖どころではなかった。ところが、この魚も欧米の魚食指向によって需要が増して漁師が乱獲した結果、ヴィクトリア湖でもすっかり小型化して少なくなったという報告がされている。

こうしたスズキだが、エラブタの端は金属のように鋭く、うっかりと手で触ると切れてしまう。まるでナイフのようだ。果敢に暴れまくる。鋭いエラで折角引っ掛かったスズキではあるが、目の前まで手繰り寄せても釣り糸を切られてしまうことも多い。

ところがこのスズキ、一匹でも大変なのに、二匹も網に入ったら手繰るだけでも大変であろうと聞くと、案に反し、投網で獲ると二匹位入ってもおとなしくて静かだ、と全く違った感想が川漁師から返ってきた。

他の川漁師はモクズガニを狙ってガニ筌を仕掛け、それにスズキが入ることもあるが、入ったら網に頭を突

っ込んでは直ぐに死んでしまう、弱い魚だという。漁の仕方によってまったく違った姿を見せる。魚も固有の性質をもっており、それを活かしたのが漁法である、と改めて考えさせられる。

釣り漁でスズキを狙う場合、餌に対しては猛烈にアタックしてファイトをするのだが、身を押さえられたらまったく暴れることなく観念するのであろうか。確かに絡まってしまったら、動きを封じられ、水中から引き上げでもされたら、まったくどうしようもない。

刺網の発明は、魚を無抵抗状態に追い込んでしまう。魚と人との個人の関係を断ち切ってしまう発明かもしれない。確かにそれだけ過大な労力が必要なくなるわけだから、単に糧を得るためだけであったら楽であるには違いない。これは日常性をもった漁具としてはケとしての地位なのであろう。

それからいうと、ヤス等を使用して突き刺す刺突、釣り、網はそれを使う人のファイティグスタイルの違いがあろう。確かに、一匹狙いの刺突、釣りは漁をする側となる人にとっては醍醐味があるようだ。より積極的で勇猛果敢が要求される。失敗も多い代わりに成功した喜びもまた大きい。

この対比と同じように考えることが、日本より遥か遠くの古代エジプトに見いだされ、人の認識の共通性が発見されてとても興味深い。

古代エジプトでは、スズキ亜目で同じように闘争心の強い魚であるラテス・ニロティクスを聖魚としてミイラにして神格化していたことが知られている。この魚の性格ゆえに、日常的糧を求める漁である地曳き網と違い、狩猟との共通性を持つ刺突漁で行うことによって、ファラオの力の象徴として「ハレ」の部分を持っていたと考える。魚に対する人の対応の差が、それぞれのもつ象徴としてしっかりと意味づけられているのではなかろうか。

日本の古墳時代において、古墳に埋葬された死者に対する明器として供献される副葬品である須恵器から魚骨が検出されている例がしばしば知られる。同定の結果、コイと共にスズキも供献されている例がある。

古代から川魚の第一位はコイで、次ぎに位置するのがスズキであることはよく知られている。本流に棲息する大形の魚を組み入れることが、水田稲作の灌漑系統を支配するという力のパフォーマンスとしての意味あいも含めて、日本においても力の象徴として「ハレ」の部分を担っており、権力の象徴性を持っていたと考える。

力の象徴ということでは、一五～一六世紀のイタリア・ルネッサンス真っ直中のローマにいたインペリアルと呼ばれた美女の残した逸話がある。当時のローマで最も美味の一つとされるスズキの頭を巡っての話が伝わっている。

ローマは言わずと知れた聖職者の街だが、女性は唯でさえ少ない。彼女はクルテジアーナの一人、つまり「宮廷の女」、平たくいえば「コールガール」だった。画家ラファエロのパトロン、アゴスティニ・キージという銀行家の恋人として、絶大な力を持っていた。

その話とは、ある日とても大きなスズキが魚市場に入荷し、権力者、美食家が争って買い求めようとしたが手に入らなかった。どこに消えたのか追うと、最終的な行き先がインペリアルの宅であった。

つまり彼女がそれほどの権力をもっていたというのが、スズキを巡って展開するわけで、ここでもスズキの日本風にいえば、「カブト焼き」の料理が最高のものであったことが知られるし、スズキという魚のステータスがわかる。

日本海側の山陰、島根県松江にある宍道湖は七珍で知られ、その一つとして数えられるのがスズキであり、「奉書焼き」が知られる。スズキは一般的には夏を代表する魚だが、この料理だけは冬のものである。

確かに何かしら、スズキは華がある。スターのスターたるところであろうか。

さて、筑後川下流域の弥生時代に銅剣が出土し、貝塚も持つ有力な遺跡で後期の標識遺跡として知られる高三潴遺跡からも発掘調査によってスズキの骨が発見され、少なくともこの時代より流域でスズキを食していた

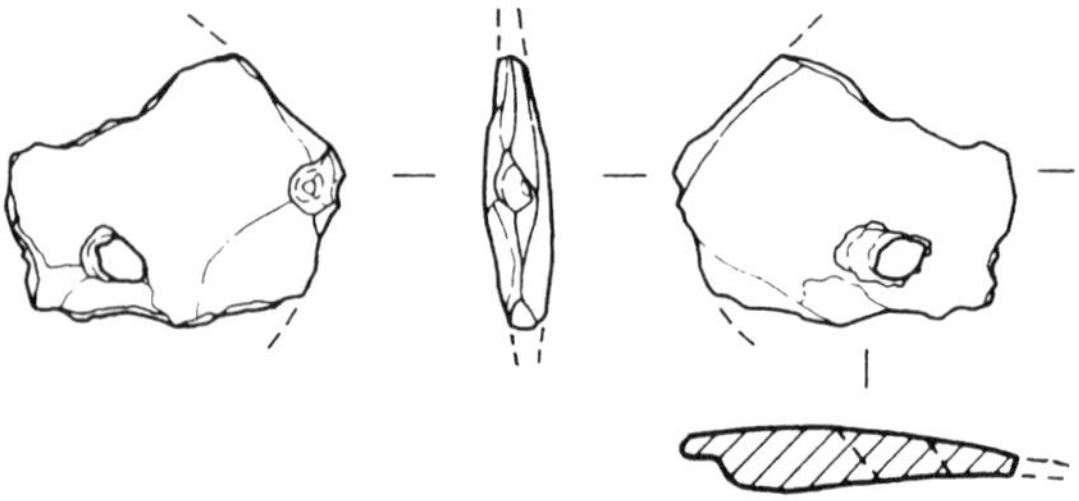

ヤスによる刺突痕のあるスズキ主鰓蓋骨
（熊本県教育委員会『黒橋貝塚』より）

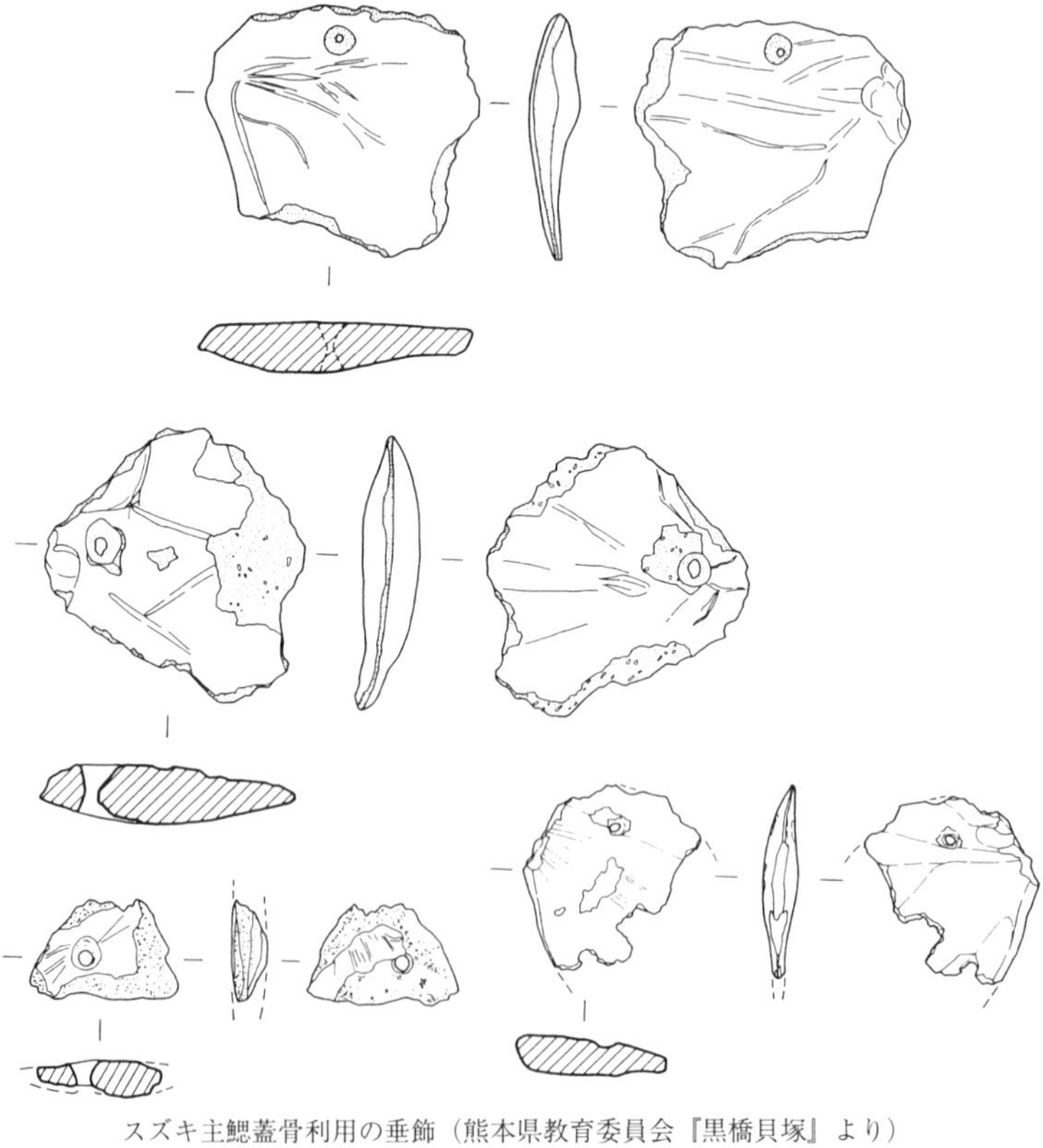

スズキ主鰓蓋骨利用の垂飾（熊本県教育委員会『黒橋貝塚』より）

ことがうかがえる。

縄文時代でもスズキはポピュラーな魚で、検出例も多い。地域を越えて見ると、東京湾に臨んでいた千葉県新田野《しんでんの》貝塚では、最大一m、平均して五〇cmにもなる三〇〇匹近い大量の大型のスズキが見つかっている。

有明海湾口の熊本県の例だが、縄文時代中期から後期にかけて形成された熊本県下益城郡城南町黒橋貝塚では、スズキの魚骨が多く出土している。中には主鰓蓋骨《しゅえらぶたほね》に刺突具が突き刺さった痕跡も見られる。ヤスを利用して獲っていたのであろう。この遺跡では、スズキの骨を垂飾《すいしょく》として利用しているものも出土している。この飾りは同様にサメの飾りと相似しているものもある。サメの飾りは各地でしばしば出土する遺物の一つだが、スズキ利用の飾りもサメと同様に、ひとつのパフォーマンスの象徴としての意味合いを強くもっていたと考えられる。

スズキの意味合いが、縄文時代の時期にまで遡ることができて面白い。ファイティングスピリットを持つ縄文時代的な積極漁撈の性格が、男性性を発揮するパフォーマンスの歴史的な源泉になるとも考えられる。

筑後川の漁師に話を聞くと、コイは大きさを讃えて誇らしげな話なのに対し、スズキはより男性的で、神秘のベールを被っているかのように、凛と一瞬緊張して背筋を伸ばし、「スズキ！」と誇らしげに話す人が多い。

人と接触のある川魚は多いが、スズキとコイは魚体の大きさと強さのシンボルとして、その存在はやはり別格である。

シジミ、アサリ、カキなど

シジミは地元で「シジミゲー」とよばれる汽水性・淡水性の貝である。この貝は季節の言葉として、「土用シジミは腹ぐすり」ともいわれ、夏場には夏ばて防止など、滋味豊かでとくに虚弱体質の人に重宝されてきた。

シジミ

一般に「シジミ汁」として食されるのはマシジミである。淡水に棲息するマシジミは殻も黄色くて小形だが食用にするのに対し、河口近くのヤマトシジミは黒くて大形、しかし食用にせずに肥料になることも多い。シジミは日本各地で食されている貝であるが、シジミは関東と関西では少し違う。関東ではシジミは汁だけで身は食べないのに対し、関西では身も食べる。

筑後川の下流域で最も漁獲量の高いのは魚と考えがちなのだが、これが案に相違して、とくに福岡県側では漁獲量の二〇%以上はシジミが占める。貝の漁獲量が第一位であり、そのほとんどを下流域の城島、青木で獲っている。漁具は、熊手のような形をして手前に鉄製の回収する袋が付いた漁具のジョレンで河床を掻く。漁は通年コンスタントにおこわれる。

筑後川流域の漁をあえて概観すれば、上流域・中流域の魚に対して、下流域は貝という対比の構図が描き出される。漁撈活動でも上流側は、魚をもっぱら獲る世界が展開される。
川が流れ込む有明海は流入する土砂により広大な干潟が発達し、かつての東京湾と共に日本屈指の貝の宝庫として知られており、アサリ、アゲマキ、アカガイ、サルボウ、スミノエガキなどが棲息する。しかし、今日では不漁が続く。

アサリはシジミと並び最も一般的に食される貝だ。シジミと同じく味噌汁仕立てとして、また、バター焼きなどにする。潮干狩りで獲ることのできる最も一般的な貝だ。そのアサリでさえとみに減少した。一九九九年は三五〇六tもの漁獲量だったが、二〇〇一年は二八五tと十分の一以下に激減してしまった。そのような状況なのにアサリの稚貝を密漁した漁師が摘発された。資源の枯渇は海の貧しさが原因ではあるが、漁師側にも資源を守るという義務はある。人の責任も重い。

そのような人為的な原因の他に、二、三年前の新聞に放流したアサリの稚貝をエイが食べてしまうという記事が載っていた。エイにとっては好物の登場だが、それだけが原因ではあるまい。

縄文時代の有明海沿岸では、近年湾奥部にも埋まった深い遺跡が発掘されているが、湾口部には大規模な貝塚がたくさん見られる。そのひとつ、熊本県宇土市にある轟《とどろき》貝塚から発見され名付けられた縄文時代早期〜前期にかけての轟式土器のように、古い縄文土器に貝殻の上に放射状の凸凹をもつアナダラ属の貝殻で紋様を施した特徴ある土器も出土している。それ以降も、貝殻で紋様、調整を施した土器は多い。

縄文時代の海岸にある集落は、貝塚を構成していることが多い。自分たちの身近で生活感のある貝は、アイデンティティの表現に絶好だったのであろう。

一般的にハイガイ、アカガイ、サルボウなどの貝がアナダラ属の貝として知られるが、ハイガイは貝塚などでは多く発見されるが、今日では絶滅状態だ。アカガイはとても美味しい貝で、ヘモグロビンをタップリと含んでいるので、赤いことからアカガイと名付けられた貝である。だが高級品でなかなか口に入らない。味が落ちるサルボウが最もよく獲れ、「アカガイ」と称していることも多い。

貝も確かに歴史の変化がある。環境も大いに変わっていく。

海の干潟側と下流域はとくに貝の利用が多い世界ということになろう。ある意味で同じ貝の文化が展開されている。それに対して海では干潟の先、川では中流域より上は魚を中心とした世界ということになる。視点を変えれば、実に様々なものが見えてくる。

沖合では冬、タイラギ貝を狙って潜水漁法がおこなわれる。シジミは一cmにも満たない小さい貝だが、タイラギは四〇㎝にもなる薄いプラスチック状の貝殻をもつ三角形状の貝で、中に五〜六㎝ほどに発達した大きな貝柱をもつ。この貝柱は刺身、バター焼き、粕漬けにされて食される。また、地元では味噌汁に入れると絶品の「ヒモ」と呼ばれる貝柱以外の身も食するが、これは地域の味だ。

タイラギ貝漁は真冬の時期、有明海特産の海苔養殖と重なり、湾岸漁村は海苔不漁時にはタイラギ貝を狙う。近年、両者とも不漁になり、タイラギも伝説の味になっていくのかと思ったのだが、二〇〇七年の師走には、数量限定ではあるが解禁され、二〇〇九年は前年の八倍もの大漁となった地域もあった。これが本物になるかしばし見守りたい。

タイラギ貝漁では、湾岸において長崎県の県境近くに位置する佐賀県東高来郡道越《みちこし》が名高い。ここの漁師は、これも「竹崎カニ」として知られるワタリガニ漁もおこなうが、タイラギ貝漁に従事する人も多い。漁はウェットスーツなどを着用して素潜りでおこなう一般的なアワビなどの潜水漁と違い、重装備の潜函《せんかん》スタイルで漁をするのだが、これを活かして、日本各地の潜函作業に従事している。本州と四国を結ぶ本四架橋の基礎工事も彼らの仕事だった。従事者の八割以上は道越の出身者と私は聞いた。貝文化の上に近代技術の花が咲いているのだ。

貝というと、地元で「ケージャクシ」を思い出す。標準語に訳すと「貝杓子」という言葉だ。いわゆる「おたま」で、汁物を入れるときに使う。かつてはその名のとおり、竹の柄にイタヤガイの片側の貝殻をつけ、杓とした。貝殻を食器に使用したのだ。言葉というのは起源を残す。つまり、モノとは人の意識の産物に他ならず、日頃モノばかりにとらわれている私に新鮮なことを問いかける。

中世ヨーロッパで巡礼地として名高いスペインのサンチャゴ・デ・コンポステーラには、巡礼者は食器としてホタテ貝を持って旅に出た。今日でも、ホタテ貝はフランス語で「サンジャック・コキュール」（＝聖ヤコブの貝）と呼ばれる。ヨーロッパでも貝は食器としての利用があった。

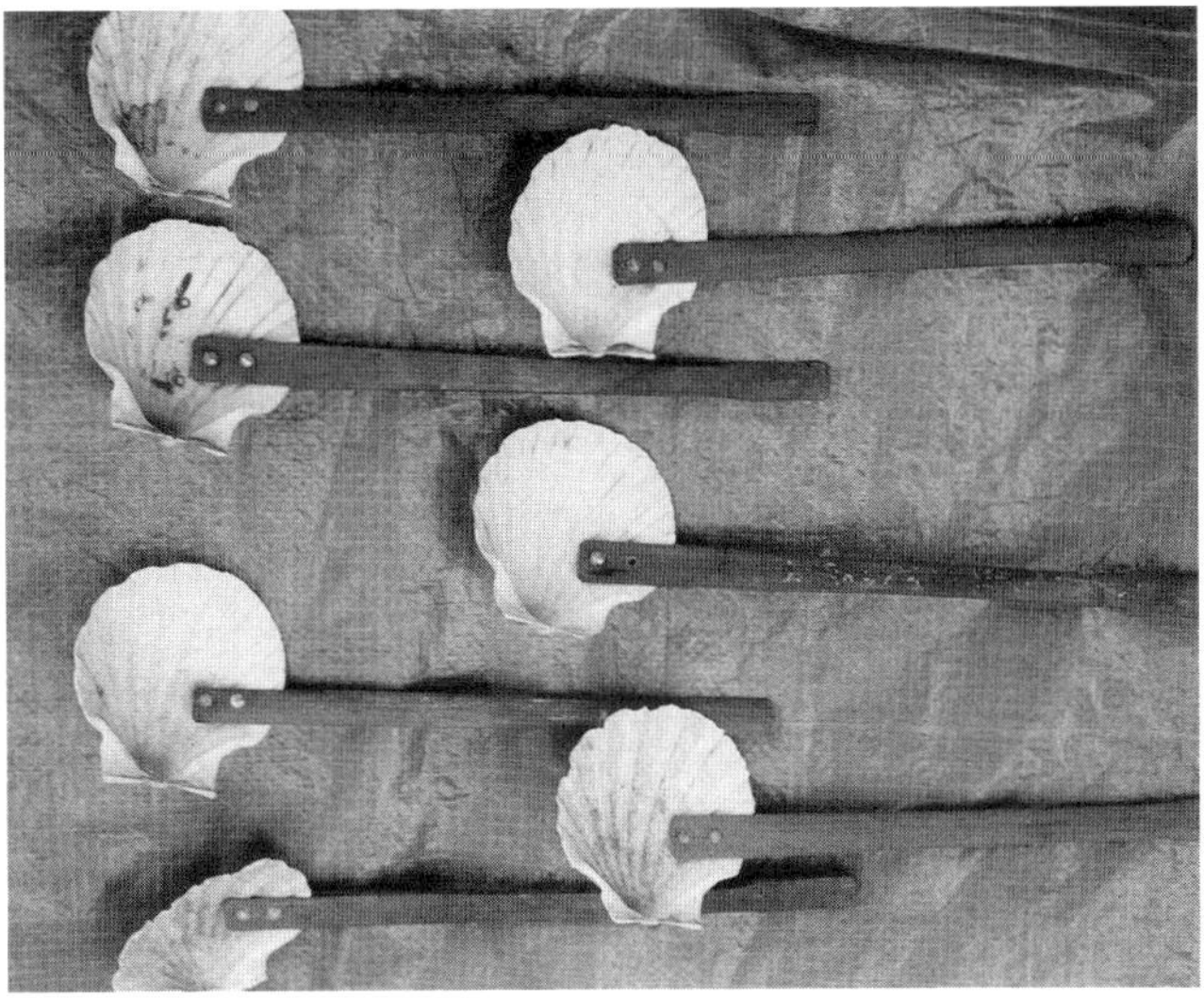

貝杓子

スペインでサンジャックが特別なように、スペインのホテルの評価はフランスが星なのに対し、貝を印として使う。貝文化の歴史を感じる。

日本でも、東北の秋田県の名物料理に「しょっつる鍋」なるものがある。しょっつる鍋にもヒオウギカイと同じ仲間のホタテ貝の貝殻を使う。手近なものを利用したのであろう。

筑後川流域における魚と貝の対比、とくに下流域の貝が代表されることは、これも歴史的には弥生時代にまで遡ることができるだろうし、当然ながら縄文時代も類推できる。

湾奥部でも深い位置に貝塚は形成されているようだが、とくに水稲農耕の開始された弥生時代以降、筑後川の下流域には貝塚が数多く出現し、弥生時代の生業の多様性を知ることができる。

弥生時代の当時は現在と自然環境も違い、貝塚の貝は汽水・淡水性のシジミではなく、地元では「セッカ」と呼ぶスミノエガキが主体だ。スミノエガキは、広島などで養殖される岩礁性のマガキと違い、内湾に棲息する。環境が似ているためにアメリカワシントンのチェサピーク湾で、有明海産のスミノエガキを養殖しようと試みている。

カキと言えば、フランスのカキはよく知られているが、かつて赤潮でカキが全滅し、急遽日本からマガキの稚貝を取り寄せた。であるからフランスのカキのご先祖は日本ということになろう。カキも早くから、日本文化の国際化にしっかりと貢献している。

〈上〉高三潴《たかみずま》遺跡（うず高く堆積したスミノエガキなど）
〈下〉カキなどの生鮮品（フランス　マルセイユ）

ただ、有名なフランスのカキだが、古来よりフランスの宮廷でもスコットランド産のカキが第一と考えられていた。スコットランド産のカキを空港ではあったが実際に味わった人間の感想として、とても美味しいのは確かだ。美食家としても知られた古代ローマ人のスコットランドに残した砦跡から、カキの殻が大量に出土するのが理解できる。

日本でも縄文時代からカキは食用とされており、縄文人による養殖の可能性も論議されているが、ヨーロッパではとくに好まれた。古代ローマ人は盛んにカキを養殖していた。

カキはフランス、日本でも愛されているが、フランスでムール貝と呼ぶムラサキイガイは日本では食として見向きもされない代表であろう。スペインの本場パエリヤにもこの貝は入っている。フランスでは一三世紀以降、養殖もされていたが、文化による好みの差はある。本来はブドウの葉を食べる害虫エスカルゴもしかり。

日本では「でんでん虫」と呼ばれ、虫の仲間とされる。確かにフランスでもエスカルゴは飢餓が生んだ食材ではあったのだが、食されるようになった。

有明海名産の養殖海苔はカキ殻を苗床として海中に下げ、海苔網に付着させて成長させる。カキも海苔養殖に一役買っている。名産の影にカキありだ。堤防締め切りの諫早湾などにはスミノエガキが多く棲息していたが、今も海岸近くに設置されている焼きカキの店は冬の風物詩だ。

〈上〉カキの里の看板 〈下〉焼キガキ

このスミノエガキだが、遺跡から発見されるカキ殻には三〇cmを越すような巨大な殻も見られ、中身の大きさが推し量られる。当時貝が大きくなるような海の条件があったのであろうか。

巨大なカキが出土する貝塚が有明海沿岸に二〇ヵ所以上もあり、有明海沿岸の弥生時代以降の一大貝塚地帯を構成し、干潟を中心とした漁撈活動をおこなった漁村であったのだろう。右岸の佐賀市から縄文時代早期の東名《とうみょう》貝塚が発見されている。これで湾口部だけではなく、湾奥部における貝塚文化の起源がぐっと遡る。

干潟が広く発達した有明海はかつての東京湾と同様に、貝塚文化が発達する条件をもっていた。貝塚を持つ村は単に自家消費するだけでなく、剝き身にして乾燥させ、運ばれていった可能性も考えなければならない。

今日、この下流域の当時の遺跡があった一帯にはスミノエガキを獲る集落はない。そうした集落は徐々に有明海に近い海岸部へと移動していったが、内陸に残った集落は自然環境も変わったため、海産のカキではなく、筑後川に棲息している淡水性のシジミを獲るようになっていったと考えられる。

カキではないが、興味深い遺物が貝塚から出土している。筑後川左岸、佐賀県の詫田西分《たくたにしぶん》貝塚より、アカニシの体層部に孔を穿ったもの、ハイガイの殻頂部に同様に孔をあけたものが出土した。

貝は移入されたものではなく地先の海で獲れたものであろうが、利用の仕方、傷から考えて、単に廃棄されたのではなく、有明海で今日でも漁がおこなわれているイイダコ壺として、再利用されたと考えられる。再利用というのは、考古学的にもっと考えなければならない問題のひとつではなかろうか。

アカニシは染色材としての貝紫の原料となる。貝紫はオリエントのフェニキアの特産品で、今日のレバノンにあるシドンの貝塚には、大量の悪鬼貝《あっきがい》の殻が積もっている。悪鬼貝から抽出した染料によって染められた衣は高価だった。古代ローマでも、最高の衣は貝紫によって染色された。つまり、貝紫は皇帝の色なのである。

日本ではアカニシから抽出される。吉野ヶ里遺跡出土の布は、貝紫による染色ということが科学的分析により判明した。とすると、アカニシは身を食用とし、染料を抽出し、貝殻はイイダコ壺として再利用されていたと考えられる。古代のローマとほぼ同時期が弥生時代なのだが、同様のものが東西にあってこれまた面白い。

古代人も自然にあるものを食、服飾、道具というように一面的ではなく様々に利用してきたのだろうが、多面的な利用という点では、現代人より上かもしれない。

有明海の広大な干潟に棲息にするアゲマキ、サルボウ、アカガイなどの貝を獲り、剝き身を加工した缶詰会

アカガイの缶詰

社、それからアサリなどを干し貝に加工して珍味を作る会社が河口近くの柳川市内に点在する。これらの工場は大量に身を採った残りの貝殻を廃棄し、今日の貝塚を形成している。

しかしながらこの近代の貝塚を見ていると、有明海の下流域にかつて立地をした村落の具体的な姿を私に彷彿とさせる。

今日貝の剥き身の加工をおこなう工場も最近は貝が少なくなった結果、韓国産のものを輸入して加工している。ただし、これらの貝を獲る漁村の位置が、海での漁業と川での漁業の境になっているのは、こういう歴史的背景が存在しているのではなかろうか。

また、佐賀からお菓子の大メーカーとなった江崎グリコは、カキから抽出されたグリコーゲンから名づけられたものだが、これまた文化を考えさせられる。

貝としては小さいシジミではあるが、筑後川流域の歴史をひしひしと感じ取ることができよう。

Ⅱ

里

——農民と魚

農民は、水稲農耕をおこなうために水利灌漑システムを構築するが、その本流利用は比較的に新しい。まずはじめに支流沿いに居住したことが歴史的にも判断される。

生業の場を生業集団から水系の中に位置づけると、本流・支流＝漁師、水田・水口・支流＝農民といった平面的な区分ができ、方向性をもつ。水田→水口→水路→支流→本流という方向に、農民の側からは広がる。漁師が線的であるのに対し、面的な広がりを持つ。

こうした中で、水田・水口・水路は人工的な水系であり、完全に水利灌漑システムに属するもので、水系ではありながら漁師の世界ではなく、やはり農民の活動の場なのである。

農民の使用する漁具は比較的に単純で、最も一般的なものが、ドジョウ・フナなどを獲るのに使用する筌類である。その他に、魚伏籠《うおふしかご》、中に日常使用するザルそのものによって、水田・水口でフナ・ドジョウを漁る。生活の延長上の道具なのが特徴だ。

このような農民の使う漁具で獲る農民の魚は、水稲農耕のシステムの中で棲息し、日常的に自給される、いわゆる「おかず獲りの魚」である。

フナ

「ウサギ追いし彼の山、小ブナ釣りし彼の川」と歌われるように、フナは故郷に馴染みのある魚だ。一般的には、フナも小型のものがすぐに思い浮かびがちなのだが、大きいものになると五〇cmを越すものも見られる。

最も一般的なフナとしては、ギンブナと、琵琶湖特産のゲンゴロウブナを改良した関西ではカワチブナと呼ばれ、それを改良して釣り用として各地に放流されたヘラブナが知られている。中でもギンブナは不思議な習性を持ち、他の種の精子で卵発生をおこなう。オスは極めて稀でそのほとんどはメスから成る。

フナは生活の場近くに棲息する。同じ身近な魚であるメダカが子供の遊び相手の世界以上ではないのに対し、フナ

フナ
宝満川のフナ釣り

クモデ網（福岡県大木町クリークの里）

は農家にとっては貴重な蛋白源だった。田魚とも書き、産卵場所として水田も含まれる馴染みの魚なのだ。

フナは本流、中小河川では漁師は刺網を使用して獲る。またクリーク、小河川などでは、刺網の他、クモデ網、地元では「追い込み」と呼ばれるサデ網、筌などを使って農民も漁をする。

「クモデ網」と地元で呼ばれる網は、網を構えた格好が蜘蛛の脚のように見えるからで、これは一般に「四つ手網」といわれる。シーズンは魚に動きのある夏である。

四つ手網は有明海西岸地域にもあるが、柳川一帯のクリークなどに広く見られる漁で、陸地側からと舟からおこなうものがある。筑後川流域では知らないが、岡山県の高梁《たかはし》川では、舟からこの網を使用している。

柳川一帯では、四つ手網を引き上げるためにクリークに番小屋を作り、交差した竹に網を張って水中に沈め、水の流れに乗ってくる魚をすくい上げる。

鎌倉時代の『石山寺縁起絵巻』に、舟から小型の四つ手網を用いている人が描かれている。考古学的には奈良時代から平安時代にかけて静岡県可美村（現浜松市）の城山遺跡、あるいは浜松市の伊場遺跡などで四つ手網の取っ手の部分と考えられる木製品が出土している。網の起源はもう少し遡る可能性も高い。

世界的に見ると、東南アジア一帯に広くこの種の網が使われ、インドの最南端では「チャイニーズ・フィッシングネット」と呼ばれ、中国人が広めたとされる。アジアに広く使用されている漁具のひとつである。

サデ網は入口を半円形になる様に袋状の網を竹で固定し、五〜六mほどの竿を取りつけて使う。また、先端に威し用の布を取りつけた同じくらいの長さの竿を用意する。そうしてフナがいそうな岸辺にサデ網を伸ばして置き、距離をおいて竿などでガサガサと、フナを追い立て網に追い込むもので、別名「追い込み」と呼ばれる。ふつう二人で漁をし、冬、クリークの水が少ない時期におこなう。

刺網は海では一般的に漁に使用する漁具だが、フナを狙って少し大きなクリーク、河川などでも仕掛ける。横切るように直角に網を張り、一定距離を置いて、竿でバタバタとやりながらフナを網の方に追い込み、網に引っかける。しかし刺網は基本的には、やはりプロの漁師の漁なのだ。一般の農民はよほど「好き者」でないとこの漁をすることはない。

雨が降り続ける梅雨時などには、水田に上がろうと水口の近くにフナが何匹も固まっており、子供でも手づかみで簡単に獲ることができた。まさに拾うような感覚である。

私が体験したことだが、とあるフナが上がってきそうな梅雨真っ直中だが雨上がりの日、大きなフナがいると思ってのぞいたら、フナを飲み込んだ大きなアオダイショウであったのには肝を潰した。確かに、腹は魚のように見える。

この時期は、魚も一杯上がってきたが、それと共にカエル、ヘビなども一緒に上がってきていた。ヘビなどは、本当にたくさんいて、私の家から数百m離れた田に行くのに畦道を通ると、信じがたいが、大袈裟でなく何百匹と数えるほどであった。一歩歩く度にヘビが目の前をゾロゾロと横切っていくのである。人さまにとっては、良い迷惑かもしれないが、水が増えて餌が豊富なこの時期は、それを狙うヘビにとっても絶好の季節なのである。

水田の中では、フナを見つけると上がやや狭く下が広い底がないバケツを逆さにしたような「ウオフシ籠（魚伏し籠）」と呼ばれるものを上から被せて逃げないようにし、手を入れてつかみ獲っていた。魚伏し籠という道具は東南アジアの水田地帯に広く見られる道具で、農民がおかず目当てに魚を捕るのだ。中には農民が米を入れる時に使う、漏斗状の形をしているものもあり、逆に使えばそのように使用できる。

いずれにしても、農民にとって稲作りのための水田の場そのものが、魚を獲る場、漁場となる。

汚水の垂れ流し、あるいは農薬の使用などによって漁場も荒廃してしまったが、自然環境を考え、共生という点で様々な試みも最近では行われるようになった。

琵琶湖周辺の彦根では魚が産卵のために水田に入れるように排水路の水位を上げ、減農薬栽培も試み、「魚のゆりかご水田米」として販売している。筑後川流域においても、そんな試みをして欲しいものだ。

農家では冬の時期は、かつては「堀干し」をおこなっていた。水落しがあってクリークの水が無い時期、クリークの溝浚いと同時に、肥えたクリークの底に溜まったヘドロ状の土を田に施して肥料とする。

この泥を掻き出す道具は、スプーンを大型にしたようなものですべて木製の「かんぴょうえ」と呼ばれる。すべて木製とは不思議だが、堀の底に溜まったベットリとした湿りの多い粘土質の土を掻き出すには、鉄製では泥がベッタリと付き重すぎて扱いづらい。木製品の方がはるかに使いやすい。伝統的なものが残っていく背景には、地域における今日的な合理性もある。

堀干しはクリークを締め切り、水をポンプで出す。底が見えると水が少なくなって右往左往する魚も目立ってくる。当然、その中にいる魚は一網打尽となる。主な魚はフナで、焼きハヤとして加工した。農家にとって冬場の保存食としても重要で、冬の時期に漁ったフナは味も良く、これを「寒ブナ」と呼び、重宝した。

クリークは水利権が細かく設定されているわけだが、自分が所有する田の前のクリークはそこの所有者が堀干しをする権利を持つ。但し、クリークでもランクがあって、幹線級のものは、村全体で作業していたし、魚も比較的大型。皆で山分けとなった。こういう慣行も消えていく。

これは何もこの地域だけのものではない。埼玉県では、「かんぴょうえ」のような木製の農耕具があって、水利権を主張する村人の共同体のシンボルとして、床の間に安置されている。農村のシンボルとしての意味ももっていたのであろうか。農業は水利との関係が深い。政治の力もここに発生する。

かんぴょうえ

フナを利用した保存食としては、滋賀県の琵琶湖周辺に鮨の原型ともいうべきフナを米に漬けた保存食の「なれずし」が作られ、広く知られる。利用するフナは琵琶湖特産の「ゲンゴロウブナ(源五郎ブナ)」である。とくに養老令では、「近江フナ」として、地方名をつけて呼ばれるほどの特産品である。しかし、ハレの中でも特別に貴重な米を保存発酵させるために用いるのであるから、最高の貴重品であったに違いない。

琵琶湖周辺にある滋賀県守山市の下之郷遺跡より、大量のゲンゴロウブナの頭骨がまとまって出土した。時代は弥生時代中期と考えられている。フナでも他の部位の骨が出土しないことから、頭骨を落としたフナを保存食品として加工したと考えられよう。これはいったいどのように利用したのか。

弥生時代の土器にしばしば描かれている魚は、フナ、コイが多く、弥生時代人にとって身近な利用価値の高い魚であったことが知られる。水田稲作という生業を考えれば納得できよう。

フナは人が利用しやすい小川にもいるわけだから、フナも含めて獲るためのものと考えられる植物材料を用いるエリ状の誘導施設が数カ所から発見されている。福岡県大野城市の鎌倉時代の仲島遺跡では小水路に施設が設置され、検出されている。場所がら、対象は一般的にはフナであろう。

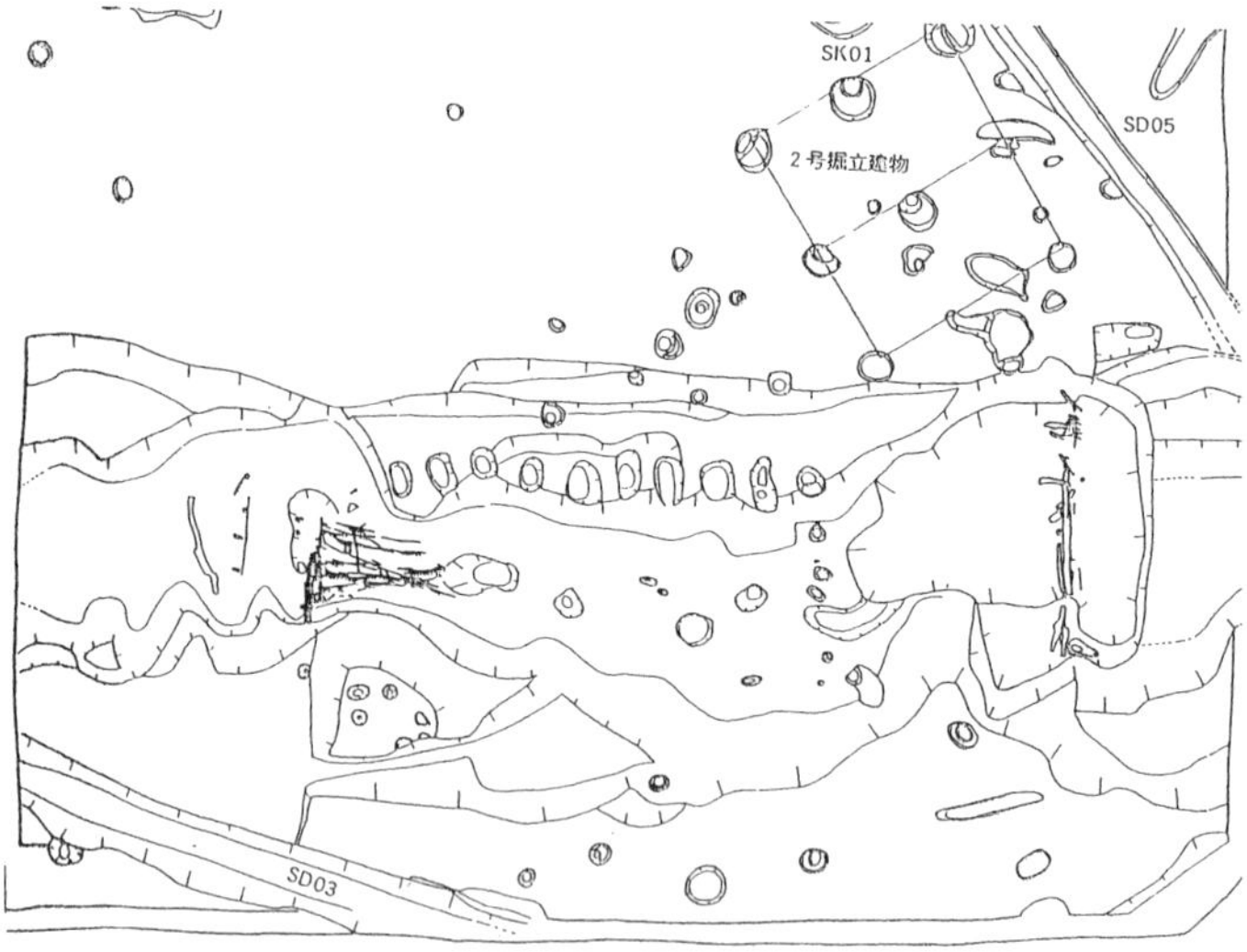

仲島遺跡出土のエリ状の誘導施設（大野城市教委・1984）より

日常の食べ方は、甘露煮が最も一般的だろう。刺身にすることもあるが、コイに比べて身が固く、好んではおこなわれない。

フナを煮るときは筑後川下流域では特産の水田に作られるサトイモであるミズイモのイモを鍋の中に入れ、その上にフナをのせて炊く農家が多かった。こうすると、ミズイモのイモが柔らかくなり、フナの味がしみてイモがいっそう美味しいという一石二鳥をねらっている。

それからフナの鱗を取り去り、内臓を出して火で炙って焼いた後、日に当てて干し、その後麦藁に刺したり、カゴに入れたりして台所の片隅に保存し、「焼きハヤ」と呼び保存食とした。

筑後川流域ではフナの焼きハヤを用いて、海岸部のイリコと同様に出汁をとった。出汁にすると、案外これが美味しいのだ。言葉で表すのは難しいが、独特な香りがする。フナは極めて日常性の強い魚である。

身近なフナだが最近は養殖したものも多い。フナは身近であるため、農薬だけではなく、民家近くの汚水でも平気で棲息するのだから、今日、フナを食べるには汚染の少ない養殖ものの登場もいたしかたないのかもしれない。

筑後川流域に暮らしたことのある人は、「ふなやき」と呼ぶものを聞いたことがあるのではなかろうか。ふなやきは水で小麦粉を溶き、卵焼きなどに使用する油をひいた平たい鉄板の上に流して薄く伸ばし、その中に黒砂糖を入れて巻いたものだ。魚のフナとはまったく関係がない。川で生活する漁師・水運関係の人が空腹をなだめるもの。「舟の上で焼いたからふなやき」と呼ばれ、川に生活の糧を求める人達のいわばおやつである。

焼きハヤ

こうすると、地域は離れるがフランスの北西部、海で暮らす人達が多いブルターニュ半島特産のそば粉を焼いたクレープと比較できる。クレープも土地が貧しくてコムギができない地域の人達のお腹をなだめるものだった。昨今の飽食時代、クレープがお洒落な今風の食べ物になったのに対し、この素朴なおやつはまったく顧みられなくなった。地域の生活に根ざしたものが残るのは、イメージチェンジでもしないかぎり大変だ。これも歴史であろうか。ただし、最近筑後市では復活の兆しがあるという。

歴史的にみると、万葉集の中に、「香り塗れる塔になよりそ　川隈の屎《くそ》フナはめるいたき女奴」というような歌があり、フナの棲息環境を揶揄したもので、卑しく愚弄された形になっている。

ところで、フナはヨーロッパでもやはり下魚として位置づけられる。フナが汚れた沼地でも平気で生活しているというのが理由だろう。ハレの儀式を司る貴族からは、フナは農民に近い日常性のモノゆえにこういう認識になったのであろう。

それに加えてフナのランクが低いのも、ギンブナのように生態的にメスだけの単性で生殖するということが影響しているかもしれない。単性生殖するのが健全なものではなく、邪な匂いを感じたのかもしれない。それは例えば、スッポンと同様に、フナも共に卑しくみられた経緯があるのではなかろうか。

古代の人の自然に対する知識をけっして侮ってはいけない。逆に現代人より深い。

ただフナに関して、すべてが日常的かといえばそうではない面もある。鮒ずしではないが、昆布を巻いて干瓢でくくって長時間かけて炊きあげた「フナの昆布巻」料理を祭日に作り、これは各地域に見られる。日常的なフナを利用したものだが、昆布という素材を用い、手間暇を掛けて加工し、ハレの料理となる。同様に、けっしてハレのものとは言えないニシンも昆布を巻くことによってステータスがあがるのと同じであろう。

また、フナのなれずしは『延喜式』によれば、筑後国からも献上されていることが知られるが、今日では残念ながら消えてしまったようだ。

フナは農民にとって日常性を主体としつつも、ときにはハレを併せ持つ、最も親しみのある魚であるといえよう。

有明海西岸に沿岸地域で古くから信仰されている、日本三大稲荷の祐徳神社が置かれている佐賀県鹿島市がある。鹿島は「二十日正月」を祝うことで知られ、そのメイン料理の食材としてフナが使われる。

その料理がフナの昆布巻で、タイならぬフナを恵比寿様に捧げる。昆布巻は、一昼夜以上かけて煮るので骨まで食べられるが、関西のニシンの昆布巻と似たような食感であった。地元では「ふなんこぐい」と呼ぶ。

「二十日正月」だが、フナが季節の中のハレである正月の膳に上るのだ。それで、前日の一九日にフナ市が開催されていたが、既に三〇〇年続いている歴史あるフナ市だ。

フナを出している店が並ぶ姿は壮観である。それでもフナが減ったというが、フナはふつうの魚屋では目に

佐賀県鹿島のフナ市

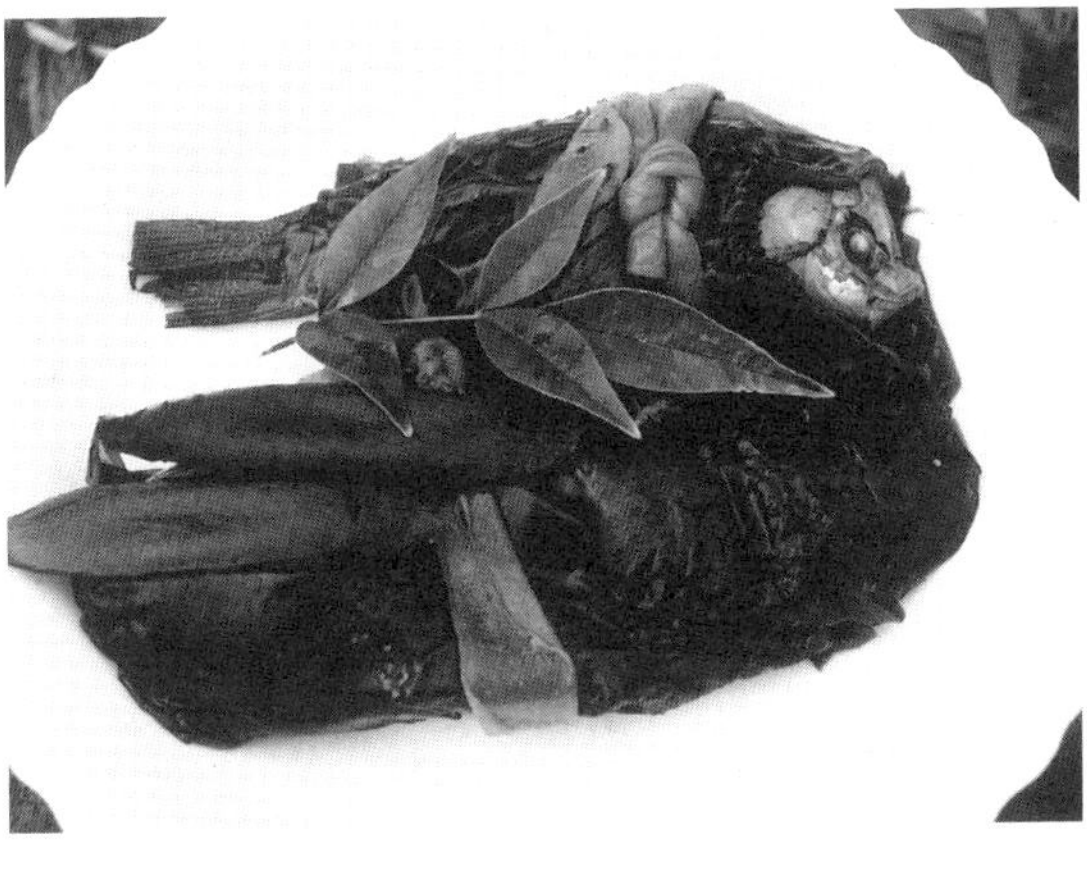

フナの昆布巻

しないものだ。フナの他にナマズ、コイ、川カニ、スッポンなどもあり、地域の川魚市といった感じである。フナは大形のヘラブナが大半を占め、マブナなどは少しだ。福岡県側を含めた有明海沿岸一円のフナ業者がやってきており、フナを必要とする人がおり、また換金できるものとして知られていることがうかがえる。

と、数年前まではそれでも活況を呈したのだが、二〇〇二年、フナを売る店も二軒ほどで寂しい状況となり、そして二〇〇四年、フナ市は一九日ではなく一八日に開催された。その日が日曜日だからで、祭事としてよりイベントということだろう。こうして、祭りは少しずつ変質していくのかもしれない。

熊本県八代市鏡町鏡村にある、建久九年（一一九八）に造営された印鑰《いんにゃく》神社の四月七日の祭礼では、褌一つの若者が池に飛び込み、手摑みでフナを獲って神前に捧げると共に、見物人に泥と共に投げ上げるという神事が今もおこなわれている。祭礼にはオルギュア、つまり狂乱が伴うということなのだろうか。

柳川近郊の農村に住む年輩の方から、招待されて運ばれてきた夕餉の膳に「フナが出ていた」とさも嫌そうな話を聞いたが、それが今日のフナの食における位置を如実に物語っているように思える。

いずれにしても日常農民が食べる農民食の中で、もっとも農作物に近いドジョウと共に、より魚らしいフナは、貴重な蛋白源として一定の重要性を背負ってきた魚であることは間違いない。

タイワンドジョウ

タイワンドジョウ科の魚で、別種だが同じ科に入るカムルーチと共にタイワンドジョウと一般に呼ばれる。別名、雷魚とも言う。両者共に移入魚だが出自を異にし、カムルーチは一九二三年に朝鮮半島から移入されている。タイワンドジョウも明治の末にその名の通り、台湾から移入されている魚で、日本固有のものではない。日本列島の置かれている位置のようにカムルーチは北から、タイワンドジョウは南から日本に入ってきた魚である。

生態は似ているが、体部の縞模様に少し違いがある。カムルーチは模様が斑点状なのに対し、タイワンドジョウは切れながらも長く伸びる。カムルーチの方がよりヘビ的だ。両者とも目としてはスズキ目に属している魚で、筑後川流域は大部分がカムルーチだが、一般的な呼称のタイワンドジョウとして、一緒に述べたい。

この魚、人相というか魚相も悪い。それは模様にもある。胴体が異様に大きくグロテスクだ。表面の模様はニシキヘビにも似ている。魚とは思えないというのが第一印象であろう。触ってもザラッとしており、まさにヘビ的感触をもつ。カムルーチの英語名が「スネークヘッド」とされるのもうなずける。

第二次大戦直後、筑後川流域の人は食糧難もあってかそれまで食べることのなかったこの魚を獲りだした。姿形には目をつむってまずは刺身にして食べた。この魚、タップリとした胴体に美しい身が付き、小骨も少ない。口に入れると案に反してとても美味しい。ところがしばらくすると、皮膚にぶつぶつと湿疹があらわれて大騒ぎとなった。

原因を調べてみると、この魚には食用カエルと同じ寄生虫である害光虫がいることがわかった。この寄生虫、身の中に白い糸のように肉眼でも見える。火を通すとまったく危険性はないのだが、本来の姿のグロテスクさが浮き上がり、食として利用しなくなってしまった。刺身にできる魚が少ないこの地域にあっては、白身の魚はまず、刺身にして食べたいという地域の人の願望が無惨にも被害を生んでしまったことになろう。

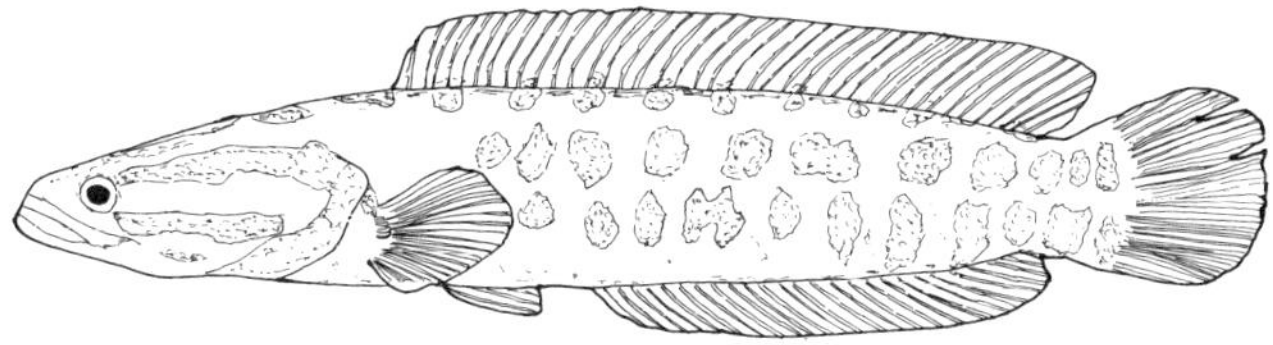

タイワンドジョウ

新鮮な魚が手に入ったら、刺身にして食べるのが日本人的発想かもしれないが、実は刺身という調理法は案外新しい。かつて「無塩物」という言葉があったように、海の魚は海岸近くの村でしか新鮮な魚が手に入らず、海から遠い地区は塩蔵品にして運び込まれていた。中でも若狭から京都へと運ばれた「鯖街道」は名高い。

民俗学の宮本常一が報告しているように、岩手県の山村の修学旅行で、太平洋岸の三陸の旅館に宿泊し、夕餉の膳に刺身が出された。引率の先生、「これこそが日本人の食だ。君たち食べたまえ」と声高く言ったらしいが、吐き戻したり、手をつけなかったりして散々だったとか。これが、ついこの前までの日本の実態だった。海の魚に対して川魚は寄生虫がいることが多い。火を通して食べるのが一般的な食べ方であろう。

かつて宮中の儀式であった活き造りが、海から遠く離れた大都会でも食べることができる。これなどまったく新しいものだ。生き造りは「包丁式」に伴った神聖なるものが、信仰からかけ離れたものに変化した。これも文化変容のひとつだ。

魚もしばらくは生きているわけだから、考えによっては活き造りという調理は残酷でグロテスクなものだろう。これは一般的な日本の魚の食べ方ではない。

実際、生活の中では淡水魚も大部分は保存食として利用したのだ。刺身が次第に広まるにつれ、淡水魚も食べだしたのではないかと私は考える。淡水魚は寄生虫の問題もあって、生食はしづらい。

こう考えると、伝統とは案外に新しいものでもある。

見た目の悪いものほど美味しいというが、タイワンドジョウは身を見る限り美しく綺麗な色をしている。中国では火を通して食材として利用し、東南アジアのタイのメナム川では「パオ」と呼ばれ、焼き魚として一匹のまま料理に供されている。

ヨーロッパの北、スカンディナヴィア半島に位置するスウェーデンでは身を潰してダンゴにして食べる。団子にしてしまえば、白身の魚であり、姿形はまったく気にはならない。すり身にすれば良いわけだ。加工すると、確かに食の範囲は広がり、味覚は少し違うが、肉団子と同じになる。調理法によってはあまり変わらない。

筑後川中流域の朝倉市朝倉町の町はずれで聞きとった男性は、タイワンドジョウを食べて病気になるのは気合いがない証拠と言って、「ワッハッハ」と笑いながら「タイワンドジョウも生を刺身で食べていた」と話をしてくれた。しかし、これはたまたま運が良くて病気にならなかっただけで、火を通した方が身のため。気合いは生きる姿勢だけで十分ではなかろうか。

食に対して、人は保守的なのもそれなりの意味があるようだ。身の回りのものすべて食として利用できるわけではない。

長い歴史の中で、試行錯誤し経験して蓄積したものが食として利用される。それが地域性という一つのまとまりを作っているのは確かであろう。これが文化だ。

海魚で猛毒を持つフグを食として利用することもそうだが、もちろんそれまでの過程ではあまたの犠牲もあったはずだ。なかなか、新しい食材を受け入れられないのもむべなるかなである。

関東の茨城県では、タイワンドジョウは産後の女性の滋養に効果があるとされる。妊婦が特殊な食べ物にしばしば手を出すということは良く知られている。お産は女性にとって人生の一大事である。産後、健康回復のため通常食べられないようなものにも手を出す。日常より逸脱することによって異次元のパワーを得るのかもしれない。強烈な面相が効くのであろうか。

この魚は流れのない止水域に棲息し、大変貪欲な魚で、カエル、あるいはフナ、ハヤなども食してしまう食害魚である。なんでも手当たり次第に食べてしまうといっても過言ではない。かの悪名高いブラックバス、ブルーギールの先輩格にあたる魚だ。水が澱んでいる下流域のクリークなどは絶好の棲息地であり、フナなどを狙って刺網を入れると、肝心のフナより網に掛かる。

タイワンドジョウは顎も強く網も簡単に破ってしまう。掛かっていると、急いで網から外し、利用することなく打ち捨てられるのが関の山である。空気呼吸ができ、捨てられてもしばらくは生きていられる魚だ。おまけに繁殖力がとても強く、網を入れるとこの魚ばかりであったが、さすがに最近は以前より影をひそめてしまっている。

タイワンドジョウは外来種だ。秋になって美しく咲くコスモスも、実は南米原産の外来種なのである。「秋桜」と漢字であらわされ、コスモス狩りに人々は喜々として出かける。それに対し、同じ時期に黄色の花が咲く、これまた北米原産のセイタカアワダチソウは、喘息アレルギーの元凶とされ嫌われ者の厄介者となっている。

タイワンドジョウの棲息するクリーク

同じ外来種なのにこうも違う。コスモスは日本人好みの桜色だからだろうか。高原のみならず、休耕田を含めて各地に移植されて秋の風物詩となっているが、在来の生態系に影響を与えるという植物学者の指摘もなされている。
好みで移入するのは良いが、後々環境に影響が出てくるのも確かである。植物でいえば、ずっと古く紀元前に日本に入った稲も本来は外から入ってきた外来のものだった。しかし、今日稲の無い日本は考えられない。日本を代表するものの一つだろう。人はいかに身勝手かという例でもあろう。
タイワンドジョウ、たとえ邪魔者扱いされても存在するということは、それだけ自然のキャパシティが大きいのであり、本当は豊かな証拠ではなかろうかと、私は思うのだが。

ドンコ

オスは卵を甲斐甲斐しく世話することで知られる魚である。夜行性で昼間は岩陰に隠れ、夜間に魚、昆虫などの餌を獲りガツガツと食べる貪欲な魚としても知られる。冬は冬眠するものも多く、顔形と合わせてこの点も魚ではなく何となくカエル、ヘビ的だ。

ドンコの煮もの

筑後川流域ではドンコは「ドンコ、ドンコ、石垣ドンコ」と呼ばれ、その顔形から愛嬌者としての地位をもつ。昼間は川岸の石垣の間などに潜み、石垣の間に指などを突っ込むと、時には指先を噛まれることもあった。

手を突っ込んで首尾良く石垣の間に潜んだドンコを摑んだら、普通の魚の「ヌルッ」とした感じと違って「ザラッ」とした手触りが印象的だ。間違えてヘビを捕まえたのかと思ってしまう。

子供とは不思議なもので、一般的なものより怖さ半分か、この様なものを遊び相手に選ぶことが多い。大人が嫌がるカエル、イモリ、ヤモリの類もそうだし、大の大人でも怖がる人の多いヘビにも手を出す。

佐賀県の背振山麓に住む七〇代の男性は、子供時代には「シユツキドンコ」、「ヨタレドンコ」などと、ドンコだけでも五種類以上に区別をしていたという。

生物学的に種が違うということだけではなく、対象となるものを細分するということはそれだけ自らの生活に密着していたからである。子供達がドンコに親しみを抱き、注目していた証拠であろう。

ドンコ舟

ドンコは不細工なことや貪欲さから間抜けの代名詞にもなり、鈍くさいという感じで接するが、形が不細工な魚は美味しいという例えの通り美味な魚だ。今は川岸の石垣は、環境整備という美名のもとコンクリートブロックの所が多く、住む場所を追われてしまった。結果、ドンコは全滅状態で愛くるしい姿を見つけることは容易なことではなくなった。

下流域の北原白秋の出身地柳川は堀割りが発達し、観光客は川下りをして楽しむが、舟は喫水の浅い底の平たい舟で、これを「ドンコ舟」と呼ぶ。形がドンコに似て、ドンコが棲息していることから名づけられたのであろう。

ところで、ドンコはハゼ類に分類される。世界ではハゼ類は一五〇〇種類を越す、汎世界的な魚である。その中で日本沿岸はハゼの宝庫として知られ七属一四七種、淡水域から海水域まで広がる。

しかし、一般にハゼと言ったら、釣り人からも親しまれている岸壁あるいは岸辺近くにいる魚で、天麩羅などにしたら美味だが、「バカでも釣れるハゼ」と言われて蔑まれ、魚としての地位は決して高いとは言えない。

日本では外国からやってきた外来魚ばかりが問題になるが、逆に日本産のマハゼ・シマハゼがアメリカのサンフランシスコ湾岸、オーストラリアのシドニー湾などで増えて生態系に影響を与えているという。

ハゼは根付きの魚であるので自力で太平洋を渡ったとは考えられず、舟が港で貨物を降ろし空荷になった後、バラストに使う海水と共に運ばれたのではないかと指摘されている。輸出されたのがハゼとはいかにも日本的だ。

日本産のハゼは実に様々で、各地域に独特な漁法として残っているのもハゼ獲り用だ。四国の清流、四万十川のゴリの漁法も「ガラビキ漁」と呼ばれ、サザエなどの貝類を縄に通して水底を擦りながらゴリを網に追い込む。

ハゼの仲間で有明海に棲息するのがムツゴロウだ。ムツゴロウ獲りには「ガタイタ（潟板）」を使う。というのは、ムツゴロウは泳いでいるのではなく、泥状の干潟上に好んで棲息するので、ぬかるんだ干潟を人がそのまま歩いたのでは、進むどころか柔らかい潟に脚をとられて沈んでしまう。

そのため、干潟を自在に動くように、幅三〇cm、長さ一八〇cm前後で先端がやや上に反った板に片膝をついて上体を乗せ、片足で蹴って進む道具だ。こうすると、体重は分散するし、スキーは幅があるから、潟地を滑りやすくもある。もちろん、ムツゴロウ獲りだけに使うものではない。場所によっては「ハネイタ」とも呼ぶ。鹿島市の干潟の上で催される競技会「ガタリンピック」などでは、洒落て「潟スキー」とも呼ばれる。五月に行われるガタリンピックは、最近けっこう賑わっている。

日本では、有明海の他にかつての岡山県児島湾でも使用されていたが、日本以外では、中国の福建省から東南アジアにかけての沿海地域で同じようなものが広く見られる。とくにタイの湾奥は、ムツゴロウなど馴染みの海の生物がいる。これを獲りに同じく「ガタイタ」を用いる。

有明海の干潟の主ムツゴロウ捕りはガタイタに桶を乗せ、「ムツかけ」なる引っかけ道具を飛ばしてムツゴロウを獲り、風物詩となっている。とても用心深い魚であるため、熟練した名人技を要する。

貝掘り用の板鍬なるものを使用し、巣の中のムツゴロウを獲る場合も多い。一般的にこの道具を使用するのは農家の人が多い。

ムツゴロウは水中では溺れるというような、海と陸の狭間に生活をする魚である。干満差の大きい有明海では海、内陸共にどちらともつかない中間的なファジーな世界が広がり、農と漁の世界が人、道具、生物を含めて微妙に交錯している。

有明海には成長したら二〇cm以上にもなる日本でも最大のハゼであるハゼクチも生息し、これも食用にしている。日本最大にもなる立派なハゼクチだが、地元ではけっして良いイメージではない。「ハゼクチんごたる」と言えば、「がつがつして鈍くさいやつ」といったマイナスイメージなのだ。

ハゼは魚というよりもカエルのようだし、色も灰色で体も「ヌメヌメ」としている。餌は泥中のものを何でも手当たり次第に食べるほどだ。また、泥にまみれている姿が農民にみえるからなのか。姿・形からも魚らしい魚とはいえず、やはりハレの魚としての地位は勝ち得ないようである。

ただ、いくつか例外はある。北部九州、とくに福岡の室《むろ》見《み》川に梁を仕掛けて獲る春の風物詩として知られる「踊り食いのシロウオ」は小型のハゼだが、季節ものとしてステータスが高い。シロウオはその他、椀もの、炊き込みご飯などにもなる。椀ものにしたら、シロウオのオスは「つ」、メスは「く」、あるいは「し」という形になり、合わせて「つくし」という字になる。

筑後川の下流域で獲れるシラウオはシロウオと間違えられるが、これはまったく別種のものである。

唐津市の玉島川では三ヵ所ほど梁を仕掛け、一つの網に一升ほどのシラウオが獲れる。梁にはヨシを使った伝統的なものと網を使ったものがある。ヨシは潮の流れを遮断するのに対し、網の方が効率的という。近代的な技術は進んでいるが、効率が良いのが資源保護に良いとは限らない。うっかりすると、またたく間に資源が枯渇してしまう。バランスは重要であろう。

シロウオは、姿は白くてほっそりして透明感があり、ハゼの魚という感じがしない。ハゼは灰色で鈍くさくなくてはならない。シロウオがハゼとは誰も思わないであろう。春を告げるシロウオはシロウオであって、やはりハゼにはあらずと言うことだろう。

人の認識とは、生物学的分類から考えると納得できないものが様々（そもそも生物学的分類といえど、絶対的なものではない）で、これが文化というものである。

少なくともシロウオは、季節性と色のシロさが尊ばれ、福岡市近郊ではハゼとは考えられてはいない。

魚のブランドとしての地位は、所変われば品変わるの例えのように、日本で高級魚としての地位が不動のタイは、けっして万国共通なものではない。

シラウオ漁のヤナ（福岡市室見川）

日本のタイが「目出度い」に引っかけた語呂合わせを別とすると、本来最もハレの魚としての地位を勝ち取ったのは、姿形、それから「桜ダイ」と呼ばれるような鮮やかな色が重要であったからだ。

地中海地域では同じ色だが、タイではなく日本でヒメジとして知られる魚を同様に愛でる。フランスではルージュと呼ばれ、口紅の色の魚である。

フランスの地中海に面したプロヴァンス地方、マルセイユ名物の魚のごった煮ともいえるブイヤベースには、必ずルージュを入れるのを基本とした。同じハレとしての色の点でも、違う種の魚に見出している。

その地中海地域で、値が張ったヒメジと同様にというか、むしろ高かった魚は実はハゼなのである。

イスタンブールを首都とし、先進的で強大な帝国を維持したオスマン・トルコ帝国の魚のランク第一の地位を占めていた。「カヤ・バルウ」というハゼは、魚の中で最も高価で羊肉より遙かに高かった高級魚だった。

ポリネシアのハワイでは海で生まれ、河川で成長した「オオプ」と呼ばれるハゼを珍重する。川の土手に繁茂する植物の花を食べて成長するから、とても味が良いという。身に花の香りがつくのを人が愛で、日本の香魚であるアユをうがわせる。こうしたハゼは、ハワイでカツオとともに儀礼に欠かすことのできない魚でもあり、内陸の養魚池で養殖もした。ハワイにおいて、養殖池は単に経済的なことで造るのではなく、王権力を象徴するものであった。

このようなハゼのステータスとはまったく関係なく、日本のドンコは石垣の間に潜み、愛嬌者としての地位を得ていた。再び、子どもの遊び相手の地位を復活させることを祈りたいものである。

〈上〉イスタンブールの岸壁の魚屋
〈下〉イスタンブールのヒメジ

アメリカザリガニ

アメリカザリガニは、子供の遊び相手として知られているが、これは食用ガエルの餌として一九三〇年、アメリカのメキシコ湾に面するニューオリンズから輸入されたもので、やはり外来のものだ。この子孫がほぼ全国的に広がった。

今日では一般的にザリガニと言ったら、アメリカザリガニを指している。日本古来のニホンザリガニは、北海道と本州北辺に細々と生息しているだけだ。ニホンザリガニは小型で七cmほど、茶褐色の色をしているのに対し、アメリカザリガニは一〇cmを越す大型で色も赤色が鮮やかである。

渡来してきた外来種は、それまでの在来種に比べてなかなか強くて大型で生活力旺盛なのが特徴である。イタチもまたしかり。本土イタチは朝鮮イタチに追いやられてしまい、本州北辺で同様に生き残っているだけとなっている。

ただイタチと違いニホンザリガニは水田ではなく、夏でも水温が一〇度を超えない冷たい清水にしか棲息しないので、九州の真っ直中の広い水田地帯で暮らしていた私は、ザリガニは見ることもなかったかもしれない。

本家、南アメリカのペルー北部、二〇〇〜六〇〇年頃に栄えたモチーカ文化には力の象徴であるジャガーの顔をして手がザリガニのハサミをした神像、ザリガニ模様をした「あぶみ型注口土器」が出土し、単なる飾りではなく、儀式に使用されたのではないかと考えられる。

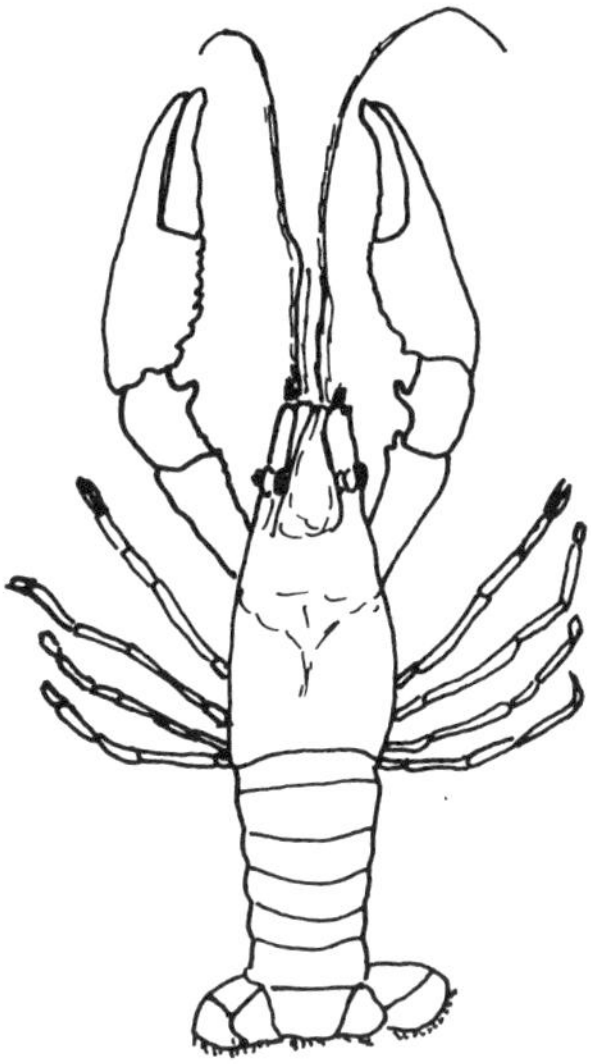
アメリカザリガニ

メソアメリカを中心に栄えたマヤ文明でも、同じく六〇〇〜八〇〇年の王位継承の祝賀を描いた絵画に、ザリガニの仮装した人が見られ神聖化されていることがうかがえる。

またヨーロッパでは、ビザンティン様式の世界遺産として知られるイタリアのラヴェンナにある聖堂のモザイク画には、イエスの洗礼を祝福している川の神の頭上にザリガニがシンボル化して描かれている。

愛嬌もののザリガニだが、農家の人にとっては大きなハサミで水田の畦に穴を開ける嫌われ者だ。畦は農家の命だ。水田に張った水が漏水しないように、畦を丁寧に鍬で舐めるように撫でつけたのを、簡単に穴を開けてしまう。ザリガニは畦の重要さを知るよしもなく、絶好の住処を見つけたつもりであろうが、それぞれの立場で利害が対立する。ザリガニの尾の部分は、白身で味はなかなかのものだが、口に入れることなくニワトリの餌としか考えなかった人も実は多い。

ザリガニ獲りの子供たち

しかし、アメリカ・ヨーロッパでは同じ仲間であるロブスター、ヨーロッパザリガニのエクルヴィスが高級食材として利用されている。北ヨーロッパではザリガニ獲りは秋八月に解禁され、ザリガニを食するのがこの国に住む人達にとって秋を感じる一つのサインなのだ。解禁日まで設定されている。季節性をともなっているのはそれだけの意味がある。日本におけるアユ、ヤマメなみの季節性を表すステータスを持つ地位にある。

この仲間はかの地では食用としての地位がしっかりとあり、日本ではレストラン、あるいはホテルでしか食べられない高級然としたものなのに、ザリガニが見向きをされないのは、どうしてなのであろうか。

生物学的分類ということではなく、似たものを見渡すと食用にされている海にいる穴シャコ、それから江戸前の鮨のネタにもなり有明海名物でもあるシャコがある。とくに色の問題を除けば、穴シャコと形の上では大した違いはないように見受けられる。また、食感も、アメリカザリガニの方が身もしまっており、穴シャコよりずっと美味なくらいなのである。

本来、食用カエルの餌として入ったものだから忌避されているのか、棲息域が水田を中心とした場所が多いからなのか。日本産ザリガニも食用とされていたかどうかわからないが、外来種は本来食用であっても忌避されるケースが多い。とくに、ふつうのカテゴリーの中に入らない馴染みのないものは、忌避される傾向がより強まるようだ。

ザリガニ釣りは、凧糸の先にカエル、煮干し、あるいはザリガニの身をくくりつけて堀岸に垂らすが、掛かったら、糸が切れてしまうような猛烈な引きがある。ザリガニに限らずファイティングする魚は、漁師なども含めて生物としての歓喜をしっかりと鼓舞する。ハンティングの醍醐味で、これこそ究極のハレかもしれない。そうすると、子供のザリガニ釣りというのは、未来にむけてこの予行演習をやっていることになろう。

ザリガニ釣りの方法を発展させていくと、ハリを使い、複数本使用するとナマズ釣り、それからウナギ釣りと応用できる。そしてウナギ釣りまでいくと、小さい堀割から脱し、子供の遊びから二歩ほど前に進み、次第に大人の世界へと入っていくことになろう。こうして子供は大人に成長していくのかもしれない。

ウシガエルなど

一般に水田地帯にカエルは欠かせない。田に水が入る田植えの時期となる六月頃は、カエルの繁殖の時期でもある。

私が子供の頃、家の周り一面水田であった。春、田が耕され、水が張られて梅雨間近になってくると、カエルの産卵期ともなり、メスを求めてオスガエルの合唱が盛んとなる。一匹が鳴き出すと次々に連呼しカエルの大合唱となる。

草の上にはアマガエル、土の上には土色したツチガエル、そして水田にはトノサマガエルと様々にいた。カエルは子供にとっても身近な相手で、水田に釣り糸を垂らしてカエル釣りを楽しんだ。カエルは目の前を動くものならなんでも飛びつくのだ。

そのカエルを好物とするのがヘビである。これも沢山いて、ヘビに飲み込まれつつある悲愴なカエルの声がしばし響き渡ることも多かった。

こうしたヘビに飲み込まれるカエルは古代人にとっても関心があったのか、弥生時代の兵庫県神戸市の桜ヶ丘から出土した銅鐸に、カエルの足に食らいつこうとするとするヘビが描かれている。当時の人にとって目に付いた光景なのであろう。

トノサマガエル

声を響き渡らせ見事求愛が成立し、田には寒天状の卵がいっぱい、そして孵化したオタマジャクシがチョロチョロと駆けめぐっていた。それを、狙うザリガニ、あるいはタガメなどの水生昆虫など生き物が溢れる世界が展開される。

これらは田を巡る生態系の一つである。日本では、今日「田の亀」という名を持つ昆虫のタガメは食用にはしない。稲の葉を食べてしまう同じく「稲の子」イナゴは、害虫のせいもあって農民はせっせと取り除いていた。食用という点では、佃煮にしていた内陸の一部の地域を除き、ほとんど利用せず捨てたり、ニワトリの餌としての利用しかなかった。

今日では害虫であったイナゴの姿もない。すっかり減ってしまったタガメなど、オオクワガタ同様に高価でペットショップなどで販売されているが、東南アジアでは今でも食用にしている。

水田地域の人々は、カエルを食用としたのは当然であろう。東南アジアの水田地帯もカエル食は一般的なものである。タイの山岳地帯に生活するカレン族も水田のカエルを獲って食べるし、オタマジャクシのスープも食している。

カエルの中には巨大なヒキガエル、ガマもいた。ヒキガエルは大きく色は黒々として油っぽい。本当はまったく関係ないのだが、『ガマの油』の口上にピッタリ。大きすぎてピョンピョンとも跳ねず、のそのそと動く。初めて見た私は、カエルには申し訳ないが、あまりの醜さにしばし呆然とした。

しかし、醜さとは裏腹にヒキガエルは中国思想の上で重要な位置を占めている。日本では月にウサギが一般的であるが、中国ではそれと共に月にヒキガエルがいるという説も広く流布している。

今から約二〇〇〇年前、当時葬られたままの状態の女性が発見されたことで知られる、後漢時代の馬王堆墓では、棺を覆う絹に月、ヒキガエル、ウサギが描かれていた。

なぜヒキガエルが月と関係あるのかというと、カエルの成長していく姿が月の満ち欠けと同じ、あるいは冬眠して復活する現象を同一化したと言われるが、ヒキガエルそのものが次第に月の象徴と見なされるようになっていく。

筑後川の中流域は古墳時代、人を葬った石室の中に装飾が描かれる装飾古墳が分布する一帯だ。舟の絵が描かれた古墳も多く興味深い。この装飾古墳の一つにうきは市浮羽町の「珍敷塚《めずらしづか》」古墳なるものがあるが、装飾にヒキガエルが描かれている。中国の思想の影響であろうか。

古代エジプトでは、カエルは「繰り返す命」という意味をもつ。来世の再生を祈ったものであろうか。確かに、カエルは冬には姿を消すが、春の訪れと共に再び甦る。

さて周りで目にするカエルは、生物学的にはアマガエル・ヒキガエルはヒキガエル亜目に、トノサマガエル・ウシガエルはアカガエル亜目に分類されている。

ウシガエルは、日本には食用研究のために、一九一八年当時の農商務省の肝いりで一四匹が導入され、アメ

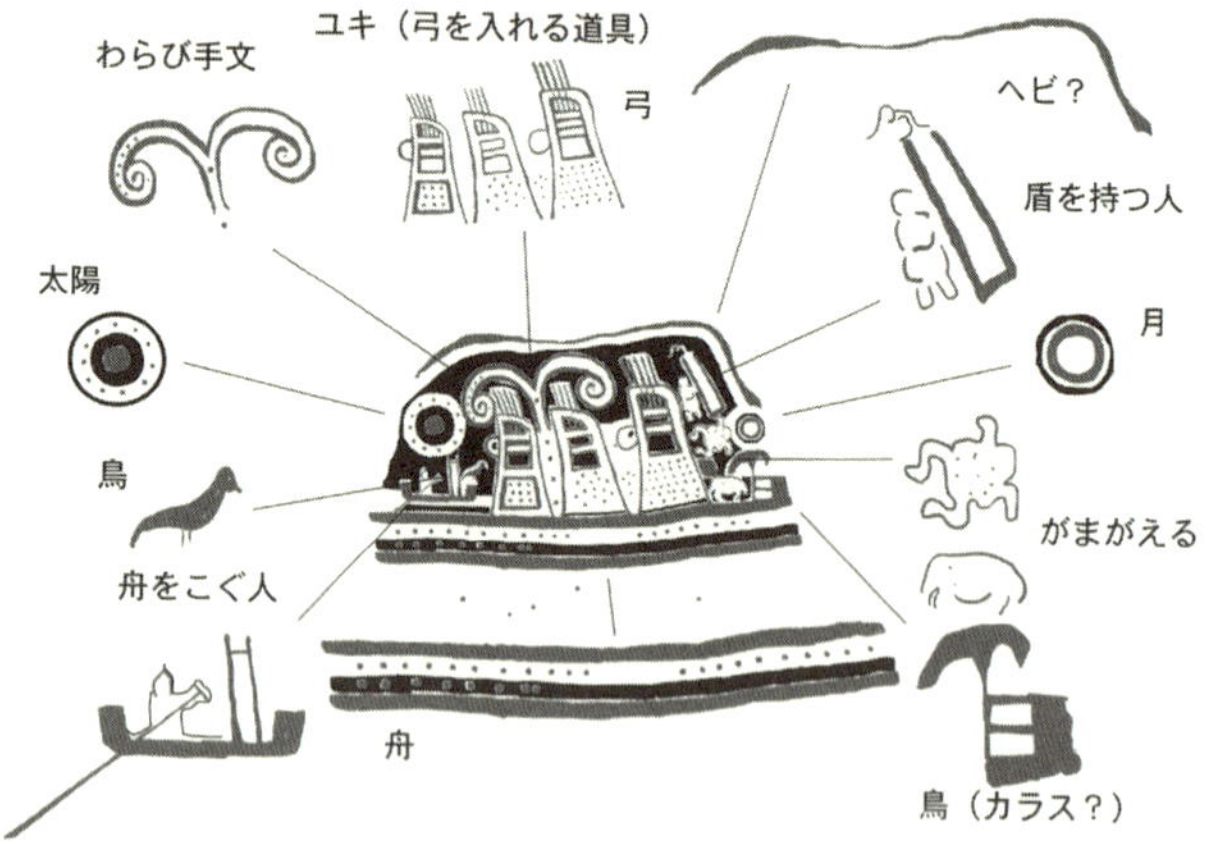

〈上〉うきは市　珍敷塚古墳（覆い屋の中にある）
〈下〉珍敷塚古墳内部の装飾画説明文（うきは市教育委員会）

リカザリガニはこのカエルの餌として輸入された。本来アメリカ原産のものであり、その名は「ブルフロッグ」と呼ばれる。それをそのまま訳して牛蛙、すなわちウシガエルなのだ。

ウシガエルは別名食用ガエルという呼び名で知られるが、これも食用として従来の日本産と一線を引くため当時の役所によって命名され、政府直々、栄えあるスターとしての地位が約束されていた。しかし、食用としては残念ながら普遍的に普及することはなかった。肝いりものは得てしてこうなるものも多い。

その声がウシに似ていることから命名されたのがウシガエルで、声を聞けばかなり大きなサイズを連想するが、実際に見たら思ったよりは大きくはないというのが私の印象だった。黒々としたガマガエルの方がはるかに大きい。

ウシガエルのいるクリークとトノサマガエルのいる水田

ウシガエルの住みかは水田ではなく、四方八方に巡らされた柳川名物のクリークだ。バスの音質で牛の鳴き声に似た「モーウモーウ」と鳴き声がとてつもなく大きい。いつ頃からかこのカエルが増え、夜うるさくて眠れないという苦情が続いたことがある。

苦情の多さに市役所が重い腰をやっと上げて考えたのが買い取り制度で、このカエルを持っていったら一匹単位で買い取っていた。

私が子供の頃、このカエルは中華料理店も買ってくれるということで、夜、懐中電気をかたわらにもって堀岸に近寄り、カエルにあてて目をくらませ、鉄釘などを加工して作ったヤスで突き刺して獲ることが流行っていた。

声から名づけられたはずのウシガエルであるが、「名は体を表す」の例え通り、ウシと同様に食用となるカエルだ。ただし、その身は白く、ウシではなくトリのようである。

カエルを食用とすることは日本ではあまりないようだが、中国は違う。水田地帯ではカエルを食材として利用する。ただしウシガエルではなく、「田鶏」と呼ぶトノサマガエルだ。水の世界を稲とカエルは共有している。台湾南部の古都として知られる台南一帯も田鶏料理が名物だ。足は唐揚げにすることが多いが、スープにも利用される。

田の鶏とはよくいったもので、筋肉質の白身、味はもっときめ細かくてまろやかだ。ちなみにこの田鶏は魚屋で売っている。むろん、カエルは魚ではない。皮を剝がれた状態でお腹を見せながら売場に並んでいる。魚ではないが、やはり水界のものを扱うのは魚屋ということだろう。

ヨーロッパでもフランス人はカエルを食べることで知られるが、やはりウシガエルではなく、ヨーロッパトノサマガエルで中国の田鶏に近い種である。

このようにトノサマガエルを食する地域は多いが、ウシガエルの原産国のアメリカでは、アメリカザリガニと同様、メキシコ湾岸のミシシッピー川流域で食されている。「ケジャン」と呼ばれるフランス系の移民文化が見られ、新大陸化した文化混合が認められる。ナマズ、アメリカザリガニなども食されている。

だが日本ではカエルはヘビ、あるいは水田に舞い降りるサギなどの鳥の獲物にはなるものの、食としての地位を占めるものではないようだ。

日本人の国民食といえば、老若男女問わずラーメンなどと並びカレーライスを筆頭に上げることができよう。子供に限らず、カレーを嫌いな人はなかなかいるまい。カレーはインド起源といわれているが、イギリス流から日本流になり、今では日本食といっても過言ではなかろう。カレー・ルーに限らず、レトルト・カレーの種類も多い。

そのカレー料理を日本で最初に紹介した料理書には、カレーの材料としてアカガエルを入れるとある。江戸時代末期であるので、肉はそう簡単には手に入らない。その代用としてのカエルの利用であったのであろうか。今よりカエルが食として近かったのか、あるいはカレーの存在が異国のものであるので。カエルを入れるということなのであろうか。

いずれにしても、当時はカエル、あるいはウシであっても肉としての意味合いは同じであったということだ。今聞いたらビックリものだが、なにごとも本物を極めなければ、と思っている人は挑戦したら良いのではなかろうか。

日本ではカエルはやはり下手物であって、これを食べるのはイカモノ好きのそしりを免れ得ない。焼鳥屋に興味本位に並べられていても、どうも一般には食べ物という感覚では見られていないようだ。

タニシ

かつては水田の中にいくらでもいたのがタニシだ。タニシは田の螺《ニシ》と命名されている。すなわち、水田の螺であることから田のニシ、即ちタニシと名つけられた。ドジョウと共に水田の代表だ。水田の中は、ドジョウとタニシだらけ。春先になると田に敷き詰めた状態になるほど大繁殖した。殻が薄いのが特徴的で、色も黒く、食べるものであるという気はあまりしなかった。

タニシは当然貝類に属し、マルタニシ、ヒメタニシ、オオタニシなどが生息する。しかし、一般にあまり貝というイメージはなく、タニシは、やはりタニシ以外の何ものでもないといった感じであった。

とくに四月初旬、旧暦の雛祭りの季節になるとよく水田などで獲れた。それで、この時期に急に寒くなる日のことを「タニシ寒」と呼んでいた。季節感を感じさせるものは、それだけ身近で親しみのある証しだ。スペインではカタツムリのことを「カルコロス」と呼ぶ。キリスト教徒にとって最大の行事である春先の復活祭の時期に、アンダルシアの人々は幸福になると信じて食べ、復活の象徴となっている。甘露煮として料理されたものは味がきめ細かく、滋味豊かで、美味しいものであったが、農薬などの使用によって激減してしまった。

他の淡水魚も同様だが、田に農薬を散布することで、タニシのイメージがより悪化した。

ところで従来のタニシは少なくなったが、近来爆発的に増えたのが日本固有のタニシに比べて二回りほど大きい南米原産のスクミリンゴガイ、通称「ジャンボタニシ」と呼ばれるものである。ジャンボタニシはタニシと名が付くがまったく違い、タイのイメージを利用した「・・タイ」と同様の発想となろう。

オオタニシ

ジャンボタニシは、食用として業者が輸入したものだが、失敗してしまったものの代表だ。会社倒産後、養殖池で放置されていたものが、逃げ出して繁殖した。ジャンボタニシも生存のために必死に場を求める。繁殖力が旺盛で、稲の茎を囓ってしまう食害がひどく、駆除に農民は躍起になっている。

稲の茎というが、田植え直後の一カ月ほどは食害が酷く、その後は稲に関する限りほとんど実害はなく、田に生えている雑草などを食べる。若くて柔らかい茎を好む。スズメが稲穂の実る時期にお米を食べるが、他の時期には虫を食べるというのと同じ状況であろう。

クリーク側壁のジャンボタニシの卵

ジャンボタニシの卵は、水中から伸びた茎、石垣、稲の茎にピンク色も生々しく産みつけられている。まさにドクドクしいといった感じだ。日本のタニシが、卵生ではなく胎生で子貝を生むのと大きく違う。
これを取り除くにも農薬の使用もままならず、人海戦術ではそれこそ大変な労力を要する。そこで目をつけたのが、アイガモを水田に離すことで、ジャンボタニシを退治してしまおうというプランである。「アイガモ作戦」とでもいえよう。
アイガモは草も食べるので除草の役目も果たし、ジャンボタニシも食べてもらおうというプランだ。人にとってもありがたい。ただありがたいのは人にとってだけであり、多少骨が多いのが欠点とされているが、仕事が終了した後は哀れ食用と化す。農民にとっては一石二鳥、いや農薬を使わなくてもいいから一石三鳥にもなる優れものだ。
ジャンボタニシ以下、帰化動物も人の都合で入れられたものが多い。ジャンボタニシはタイワンドジョウ、食用カエルと同じ経緯を辿っている。食用として移入されたのに顧みられなくなり、捨てられたものは多い。飽食だけではなく、日本には向かなかったのであろう。入ってくるものすべてが受け入れられるわけではない。

このタニシ、農民の必死の努力により、あるいは自然状態で適量を確保したのかは分からないが、以前よりは減ってきたと思っていたが、二〇〇二年は異常発生している地域もあった。しかし、時の経過と共に落ち着いたものになってくるのではなかろうか。

日本固有の物が外圧に晒されることなく、日本の環境の中で次第に過保護になっているのかどうかはわからないが、外国から入ったものは、最初はいずれも爆発的に増加するが、次第に自然の中で一定の量を占めて安定するようである。その時点で日本化、ある意味で土着化するのであろうか。

人がまったく遠い世界から持ち込んだものは別としても、例え日本産のものであっても、古いか新しいかの違いで、外から入ってきたものも案外に多い。

ドジョウ

泥鰌とも漢字で書く。泥が頭についた魚で、水田で捕る魚の筆頭である。かつて、天然のドジョウは福岡県の柳川、香川県の多度津などがその主要な産地であった。

香川県では「どじょう輪ピック」なるものが、一一月一七日に開催され、各地域のドジョウ料理を競う。また、香川県は讃岐、言わずと知れたうどん食いの地方だが、野間田では名物の「ドジョウうどん」なるものも見られる。

柳川は有明海、多度津は瀬戸内海の備讃海峡と海に接しているが、いずれもイイダコの名産地として知られる。田ではドジョウ、海ではイイダコとどちらもヌルヌルとしてベトベトしたものを産するし、不思議な類似

〈右上〉メダカ　〈左〉ドジョウ　〈右〉カマツカ（福岡県脇田温泉楠水閣）

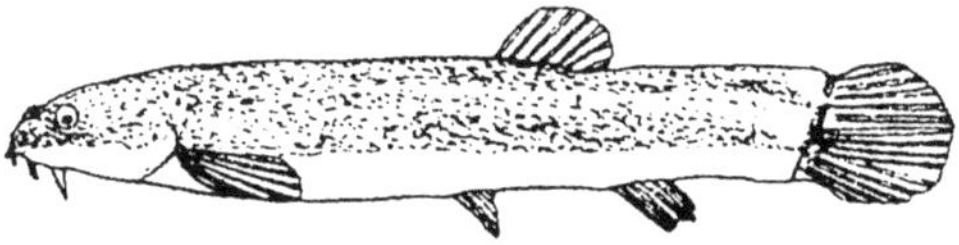
ドジョウ

である。

ドジョウは水田そのもの、及びそれに伴う水利灌漑施設と共に棲息域を広げている魚であることから、冬、水田につながる水路などの水が流れていた泥地を掘ると、冬眠していたドジョウをいくらでも獲ることができた。まさに作物を掘るという行為そのものだ。

とくに、水路があって藁を肥料として山積みにしてあるような汚い所に、それこそ「ワー」と叫び声を上げるほど団子状にかたまりあって「ガバガバ」いる、というのが私のドジョウのイメージである。ちょうどカブトムシの幼虫と似たような場所にいる。あまりきれいなところではない。

ドジョウを獲るのには、一般に水田の水口でうどん湯がきのような形をした「ドジョウ筌」を用いて獲る。また、田植え、つまり梅雨の時期になると、産卵のためにドジョウが大挙して水田に流れてくる。これを狙って網で掬いもする。

夏の頃、夕立があって雨が降ると、今度は水田を下る「下りドジョウ」と呼ぶものが大挙して出てくるのだが、それをねらって筌などを仕掛けて獲ることもある。

ナマズもそうだが、ドジョウも敏感な魚で、水槽に入れて少しでも刺激を与えたら、右往左往の狂乱状態になる。食用にはしないが、イギリスではそういうドジョウの特性から天気を察知できる魚とされ、「ウェザー

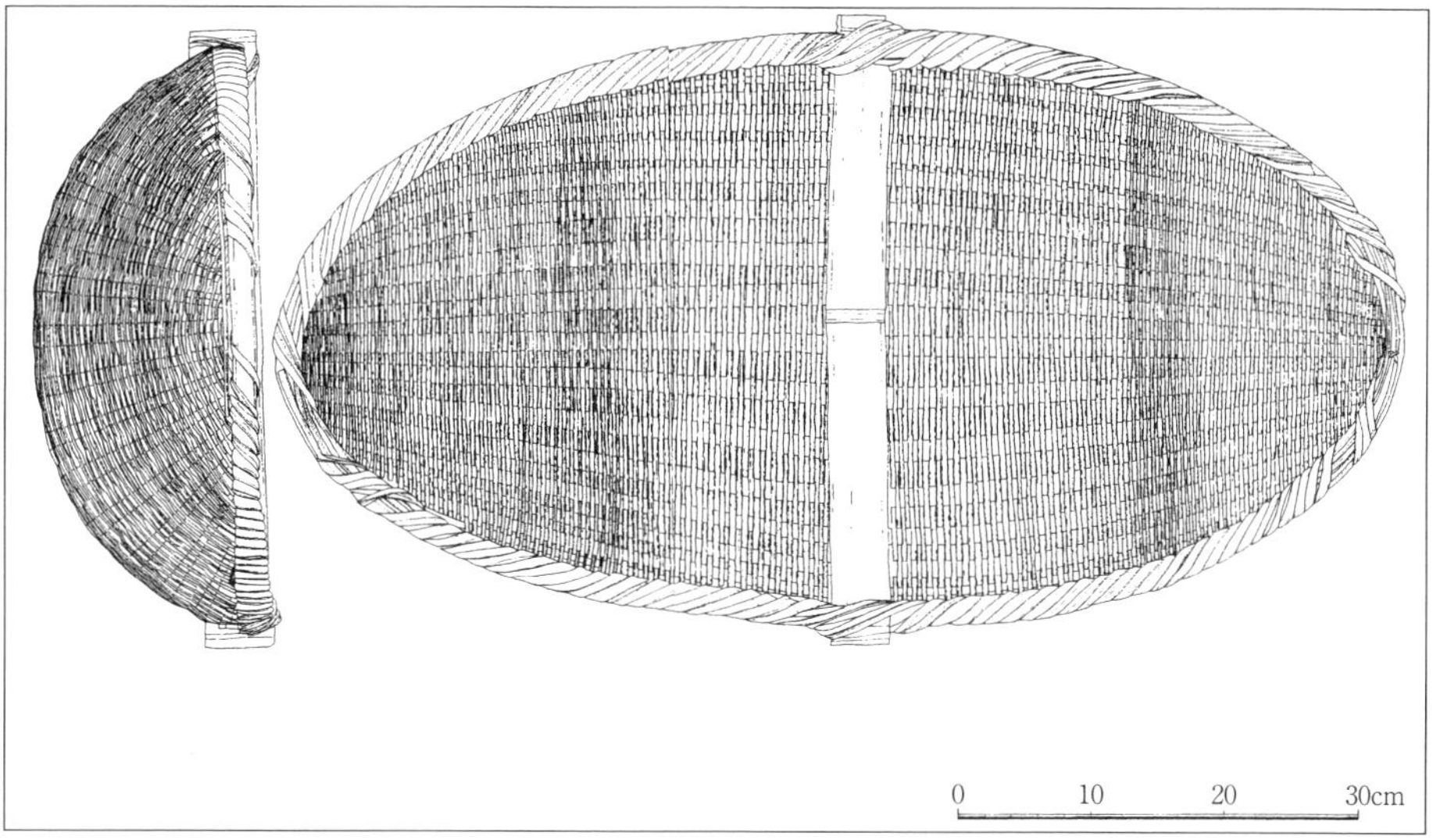

ドジョウ　カゴ

フィッシュ」と呼ばれる。いずれにしても気象も含めた自然の動き、環境に敏感な魚ということになろう。

ドジョウを獲るための道具のドジョウ筌、柳川では「どじょろげ」と呼ぶ専用の道具は流域の全てにわたって見られるが、筑後川中流域ではドジョウ専用の「ドジョウ籠」も使用されていた。他に適当な間に合わせの道具もあるが、この「ドジョウ筌」と「ドジョウ籠」がドジョウを獲るための専用の漁具だ。

中でも、ドジョウ籠は籠の真ん中に取っ手が付いた、長さ一mはある立派な楕円形の大形のものだが、この辺りの農民はこれを持つのがステイタスシンボルのようである。持っている人は誇らしげに語るし、持っていない人はあれを欲しかったというように、思いに耽るのだ。そのような意味ある道具としての地位がある。

このようなドジョウ籠は、筑後川流域だけでなく各地に類例が見られる。淡水魚の宝庫、滋賀県の琵琶湖周辺で、同じく使用された報告がなされている。これもなかなか見栄えのする立派な道具である。

ドジョウを獲ろうと体を手でつかむと、嫌がるかのように、ギュウギュウと音を出して鳴く。ただし、この鳴き声のように聞こえるのは鳴き声ではなく、実は「オナラ」に近いものだ。

ドジョウは水中の酸素が足りなくなると、腸で呼吸ができる特性を持ち、その空気が肛門から出るとき音がするのである。そのような習性から潜っていることも可能となる。

福岡県三潴郡大木町では、雨が降るとドジョウが道にどっと溢れたものだという。そうしたドジョウを捕まえてはドジョウ屋に買い取って貰い、子供にとって絶好の小遣い稼ぎにもなった。

ドジョウは、人間が水田稲作をやるようになってそれと共に生態を広げていった魚で、水田を含めた周囲に棲む魚だ。だから人間活動の影響を直接に受けてしまう。天然ウナギに比較してもはるかに少ない。最も農民の魚であったドジョウはこうした水田から、今はいなくなってしまった。

話をしていても、魚全体はむろん少なくなっているが、ドジョウが全然いなくなったとほとんどの農民はいう。その原因としてよく聞くのが農薬散布である。かつて最も農民の魚であったドジョウはこうして水田から消えていった。これが水稲の将来を表していなければ良いのだがと思う。

ウナギは養殖により一般的になったが、ドジョウ養殖は盛んではなく、逆にウナギより高価で値段の逆転が起きた。ただ、ウナギとドジョウ間のステータスの対比で考えるならば、ドジョウの地位は低いが、それだけ身近な魚だったということだろう。

地域の淡水魚店でドジョウを今も扱っているところはあるが、ドジョウはウナギより歩留まりが悪く、店に置いていたら直ぐに死んでしまうものが多いので、結果的にウナギより高くなってしまうそうだ。仕入れてドジョウが店にある間はなかなか売れないのだが、いざなくなると大騒ぎをすると語ってくれた。近所に暮らす人々にとって、店にドジョウがないとどうも落ち着かなくなるらしい。長年ドジョウを食べてきた習性であろうか。

ところで、ドジョウは全国的には「柳川鍋」が知られているが、「ドジョウ汁」にするのが一般的だ。サトイモのイモガラ、中でもアカメ、あるいはヤツガシラとよく合うという。流域の全域で、このイモガラと一緒にドジョウを入れて味噌仕立てとして食していたことが知られる。とくに筑後川下流域では水田栽培のミズイモを使う。鍋にミズイモガラを入れ、沸騰させ一日くらい置いて泥を吐かせた生きたドジョウを入れるのだそうだ。

いずれもドジョウ汁は、ドロドロになるほど煮込んだものを美味しいという。ドロドロというところに力を入れて嬉しそうに話をしてくれる古老が多い。このような感覚を好むのであろうか。ドジョウ汁は、農民にとっては貴重な蛋白源として日常性のケの中でも最たるものと考えていたが、上流の大分県日田市では、秋祭りにはこの料理が欠かせなかった地域もあったと聞いた。

川魚屋のドジョウの看板

日常性の最たるものであるドジョウも、地域によっては祭りの料理の位置を占めることもままあるようだ。

ドジョウ汁に使うドジョウは、夏に水路の水口などで大量に捕獲したものを、瓶に入れて土間にある暗い台所の片隅に置き、必要な時取り出すというように、体力消耗の激しい夏の草むしりなどを乗り切るための農家の貴重な蛋白源として、いつもドジョウは生きたままストックされていた。

ドジョウは体が粘液で覆われておりヌルヌルするが、「ワラのタキベ」（藁の灰）で「ギュッ、ギュッ」と研ぐとヌルヌルが落ちる。イネ科の植物はガラス質のケイ酸が含まれており、うっかりするとそれで手を切ることもしばしばあるが、藁は研ぐ効果がある。

ドジョウ汁は本当に美味しいが、中には丸のままのドジョウそのものはやはり嫌で、そのような人はドジョウを食べないか、またはドジョウを潰して団子状にして入れた。

ドジョウ、サトイモのイモガラは農民が自らの働く場に近い所で獲れる絶好の副食物であったろう。

ご当地柳川には、柳川鍋なるものはない。ただ、柳川鍋の由来はまったく柳川と関係ないのではなく、そもそも江戸時代に、筑後柳川の窯元で焼かれた鍋を使ったことからだともいう。

また、流域ではドジョウ汁ほどポピュラーではないにしても、ドジョウは蒲焼きにすることもあったようだ。小さい頃はよくドジョウの蒲焼きをやり、ドジョウは蒲焼きで食べるのが一番だと私に話してくれた人もいた。

日本ではドジョウは最も農民の生活の場に近く深く関わってきたという魚ではあるが、農民にとっては魚ということよりも、むしろ水稲と同様に田からの実りある生産物として考えていたのではないかと思うのだ。

島根県を代表する民謡の『安来節』のように、ドジョウ獲りが続くことを祈りたい。

ナマズ

とても不思議な魚である。これも姿形はあまり魚には見えない。カエルの幼体であるオタマジャクシにも似ている。魚ではあるのだが口髭があって鱗が見あたらず、魚らしくない。英語ではcatfish、すなわち猫魚と呼ぶ。猫との類似性が上げられるが、これもナマズに髭があるからである。髭がある共通性で哺乳類のネコと、魚類のナマズの類似性を表している。

中国ではこの魚を鮎と書き、日本では鯰と書く。魚が念じたのではないが、日本ではナマズと地震の関係が有名である。地震の前にナマズが騒ぐという。魚は測線が発達し、地震を感じることができるとも論じられている。ナマズもドジョウのように泥の中に潜る習性を持つが、この泥の中が他のサカナより地震をより鋭敏に体感するのであろうか。

日本では食としてのナマズ利用はさしたるものではないが、世界的にはナマズは種類が豊富なことで知られ、食としての淡水魚の中に占める割合も高く、とくに内陸部で暮らす人々にとって重要な蛋白源となっている。

古代エジプトでも盛んに食用にされたことが、マスタバ墓に残された多くの壁画で知ることができる。古代

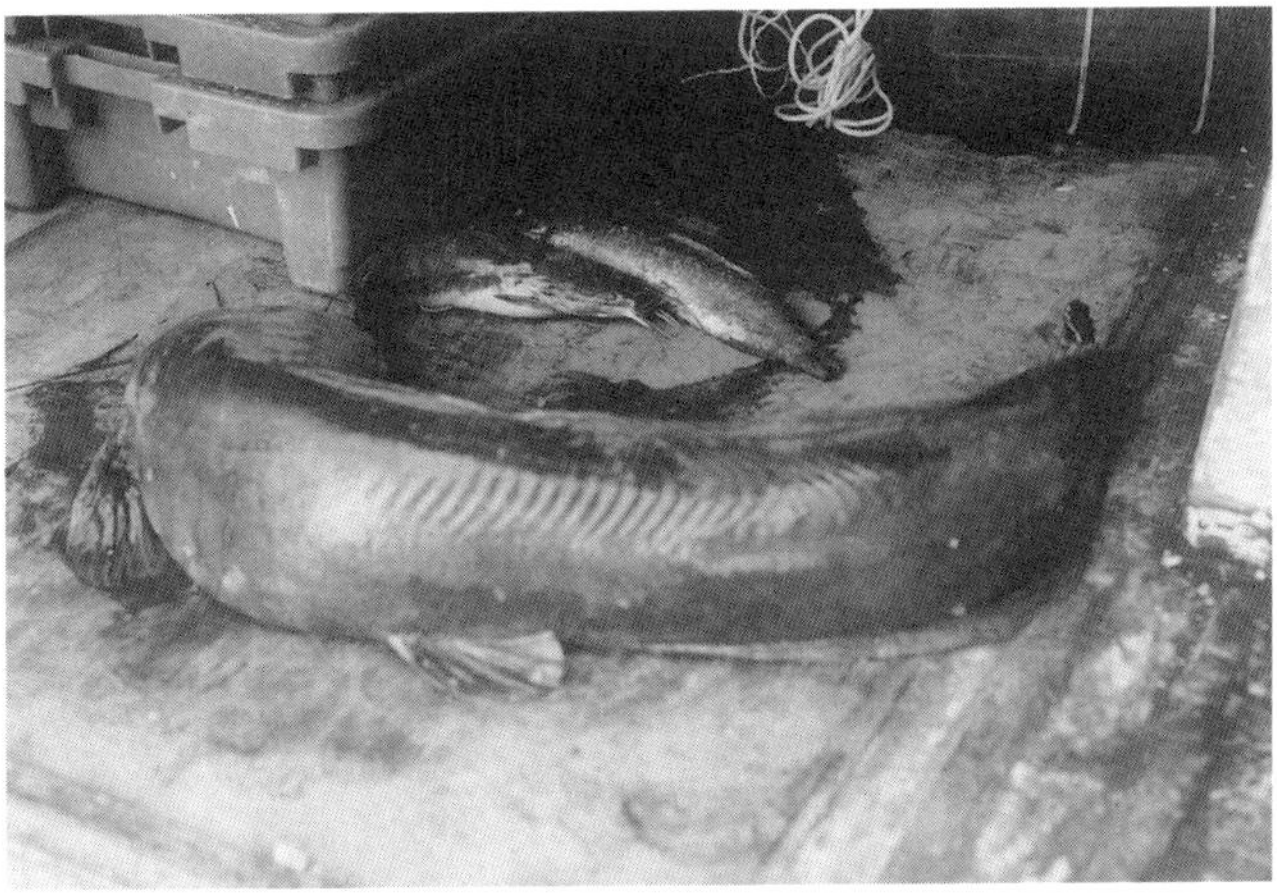

〈上〉イスラエル、ガリラヤ湖のナマズ
〈下〉ガリラヤ湖のナマズの水揚げ

エジプトを統一した最初のファラオは「ナルメル」として知られる。訳したらナマズということ。まさにナマズ王。早稲田隊が発掘したコム・エルサマック、つまり「魚の丘」の命名は、ローマ時代以降、ナマズが数百匹もミイラとして埋葬されていたことに由来する。神聖なナマズである。

北海に面するオランダの、紀元前五〇〇〇年以上前になる新石器時代でもナマズは食料にされており、その骨がしばしば遺跡から出土している。

今日でも、アフリカから中近東にかけては、ナマズは重要な位置を占めている。イスラエルのガリラヤ湖にも棲息し、魚屋の店頭に並ぶ。宗教上は鱗のない魚は食べないはずのユダヤ人でもナマズの身をすり潰してダンゴにし油で揚げて食べる。

アフリカのニジェール河では保存食としてナマズは燻製にされ、市場に出荷される重要な換金物となっている。ナマズはニゴイ、ティラピアと共に最も重要な「御三家」の魚の地位を保つ。アフリカの三大食用魚で、内陸の人々の食生活にとってなくてはならない魚となっている。

私が実際イスラエルで見るナマズは、日本のものより遥かに大きく一m以上にもなる立派なナマズであったが、これがガリラヤ湖の東岸にあるティベリアの魚屋で、わずか数ドルで販売されているのには驚く。

これくらいの大きさのナマズは、別段珍しくはないようである。

ヨーロッパでも、とくに内陸部のドイツなどでは貴重な蛋白源として食用にされている。私はドイツのミュンヘンの青空市場で数少ない魚介類の専門店に、マスと共に生け簀に入れられた生きたナマズを見た。活魚の状態だが、需要があるのだろう。

アメリカ南部のミッシッピー川流域はナマズを良く食べるが、とくに元大統領のビル・クリントンが知事をしていたアーカンソー州は、ナマズ料理が名物として有名であった。流域のナマズ養殖業者が藻を除去するために導入したコイが生態系を脅かすのが問題となっているが、このコイを中国に輸出するという動きがあるという。

アメリカと言えば、二〇〇二年、ヴェトナムとの間でナマズに関した貿易摩擦が勃発したことが知られる。ヴェトナムから輸入されるナマズのせいでアメリカ国内のナマズ業者が危機に瀕しているため、国内の保護に乗り出し、二〇〇%もの驚くべき高額の関税を掛けた。困ったのはヴェトナム側。ヴェトナムはこれを「第二のヴェトナム戦争」と呼んでいるらしい。

ナマズはむろん日本に近い中国でも「ナマズのあんかけ」の料理があるし、当然食用にする。また、東南アジアの水田地帯でも一般的に食用とする淡水魚である。

中国と日本ではアユとナマズという別のものを指すように、日本ではアユのステータスがひじょうに高いのに対し、ナマズはどちらかというと、あまり高くはないようだ。これだけ多くの魚を食べる日本でも、ナマズ料理専門店となると、首都東京の新宿区新大久保の「ナマズ屋　魚福」の僅か一軒のみしか私は知らない。ナマズは農作業の場に近い最も農民が親しむドジョウより魚体も大きくて利用しがいはあるのだが、一部を除いてはあまり好まれない。大きさが災いしてか、ふつうの魚と思えないのであろうか。

アユが姿・形・香りが愛でられるのに対し、ナマズは「ナマズ大将」というようにユーモラスで不格好とされる。眉目秀麗と愛でられるアユを利用した姿鮨があるが、鮨の上に載ったアユは腹から開いていたもので、その姿を前から見たら、衆目の一致する天下の二枚目であるアユも、唇の厚いナマズとまったくそっくりなのだ。

つまり、ナマズの不細工さは、カエルにも似ている横に拡がりを持った特徴からであろうか。確かに、神経質そうな縦型の顔より、横顔の顔がユーモラスではある。

ナマズは五月〜六月にかけての夜間、水田、河川の浅瀬で大挙して産卵するが、中でも水田は絶好の産卵場である。水田は棲息地の拡大と共に、産卵場としての場をも提供する。魚から見たら水界の延長ということになろう。農民の生活の中に深くかかわり、アジアでも水田地帯のメインの魚としての地位を得ている。

ナマズは姿形に似ず美味な魚で、身は厚く白身でくせがなく、蒲焼きに、あるいは味噌汁とした。また、筑後川流域では保存食の焼きハヤにもした。

練り製品として知られる蒲鉾も、室町時代にナマズの身を潰して使用して作ったものという。これは今日の竹輪蒲鉾である竹輪の起源である。潰してしまえば、味そのものを味わえる。

ナマズは一般的に食するような魚ではないようだが、下流域の内陸部にあり湿地が多くレンコンの産地としても知られる柳川市北方の三潴郡大木町では、女の子が嫁に行って子供ができたら、元気に子供が育つようにと、実家の親がお祝いにナマズを持っていったという風習を古老から聞いた。娘を持つ親は何かと大変だ。

今はこの習慣は廃れてしまった。第一、ナマズもなかなか見かけない。ナマズよりタイの方が手に入りやすいだろうし、人も喜ぶ。かつては、今のように海産のタイを手に入れることは容易でなかったのも事実である。

ナマズも縄文時代以来食用とされていたのが遺跡から検出された骨から知られるが、この近くの大川市下林《げばやし》西田遺跡からナマズの骨が発掘され、時代は弥生時代に比定されている。また、玄海灘に面する福岡市雀居《ささい》遺跡でも弥生時代の土壙からナマズ六匹分の骨が検出されている。

ナマズは本来西日本に棲息していた魚で、江戸時代以降になって初めて東北地方に広がったのだが、その原因は人為的なものとされている。人が媒介をして生態系を広げた。

漁としてよりも子供の遊びの要素が強いものに、一匹丸ごとカエルを餌とする「ポカン釣り」がある。逆さにしたカエルに釣鉤を通して足を結び、水面を叩くとナマズが飛びつく。

筑後川中流域の久留米市田主丸では、筑後川に注ぎ込む支流の美津留川で漁をおこなっている人がいる。このナマズ漁は「タケンポ漁」といい、直径一〇cmほどのモウソウダケを切り、一方の節を取り払って開いた長さ五〇cmほどの片側を開けた筒を作り、これをタコ壺と同様に延縄状で川底に沈め、中にナマズが入るのを待つ。

このようなナマズを狙う漁は全国的に見られる漁法で、「竹筒漁《たけづつりょう》」と呼ばれている。本州の濃尾平野を流れる長良川・揖斐川・木曽川の一帯、四国の仁淀川でもナマズを目的におこなわれている。長さも美津留川の例より長く、同じモウソウダケで三倍近い竹筒を用いているところもある。

ナマズ漁以外でこのようなスタイルを見ると、延縄状ではないが、有明海の干潟に棲息するムツゴロウを捕るのに同様な竹筒を使用し、これは「タカッポ」と呼んでいる。また鹿児島湾では、イイダコを捕るのに竹筒を延縄状に延ばしている。大きさは違うがタケンポ漁と同様のスタイルの漁である。

タケンポ漁は、沈めたタケンポを適宜取り出して中に入ったナマズを回収する。私が漁を見たときも、いくつかの筒にナマズが入っており、竹筒を振るとヌルリと飛び出してきた。入っている確率はタコ壺延縄漁よりも高いようだ。却って淡水の川魚の方が、恒常的に食べなくなった今日の場合、資源がより豊かになったのかもしれない。

メダカ

メダカはかつての日本ではどこでも棲息し、最も馴染み深い魚で、子供達にとってメダカ獲りはよき遊びだった。珍しいものでも何でもなかった。魚と呼ぶ方が何か違和感があって、歌ではないが、「メダカはやはりメダカ」と呼ぶ方がなぜかピッタリとする。最も馴染みがある証拠に、方言名が魚類中第一位ということがそれを表している。それによると二三六〇にもなるそうだ。とある新聞に四〇〇〇以上もあるという記事を見つけた。はっきりはしないが、魚類で最も多いのは確かであろう。

メダカは学名オリジアス・ラティペス（Oryzias latipes）と言い、稲の学名に因んで名づけられており、英語名はライスフィッシュと呼ぶように水田の魚であると認識されている。水田のような止水域に棲息していた魚である。だがこの私たちに馴染み深いメダカは今や絶滅の危機に瀕している。農薬、汚れによって最も棲息しやすい水路、水田でいなくなってしまったのである。

日本の淡水魚は三〇〇種あり、その内水田に棲息するのは二五％近くになる七二種になる、と発表されている。稲を作ることは淡水魚の生活を広げているということになる。淡水魚と稲がセットになっている。

水田の魚メダカは四月〜一〇月にかけて稲茎に卵を産みつけるが、その稲苗とともにメダカが脊梁山地を越して移動したのではないか、と考えられる例がある。

遺伝的な研究によると、メダカは海岸線に沿って同一集団が連続的に分布し、日本海側の北日本集団と太平洋側の南日本集団のメダカは交流していない。

ところが、日本海側に流れ込む日本一の大河である信濃川流域の豊田と、同じく姫川流域大町のメダカも山々を越えて太平洋のグループと同一の遺伝子集団に属しているのである。いずれの川も日本海に注ぐ河川であり、自然状態では太平洋のグループが入ることはない。考えられる原因としては、卵が付着した稲苗が山を越して運ばれたということが推定される。つまり、人為的な介在によって苗が動いてメダカも移動したということになろう。

歴史的に検討していけば、メダカを通した歴史的な人の交流を検証することもできるのではなかろうか。

このようにメダカは地域的なもので遺伝子が微妙に違っている。北日本集団と南日本集団は大きな違いだが、南日本集団の中でも九州では、北部九州・有明・西瀬戸内・薩摩・大隅・琉球型に細かく分けることができるという。

最近各地で村興しの運動も盛んにおこなわれているが、故郷のイメージを強くもつメダカを子供達などに配っている。イメージアップしようと頑張るのは良いが、そういう地域にメダカがいないものだから、よそからメダカを運んできている所も見られる。ところが、他地域のメダカがその地域に入ったら、本来その地で棲息する固有の遺伝子集団が乱れてしまう、と専門家からの提言が新聞紙上に掲載されていた。なにごとも、自然の秩序を維持しようとするのは努力がいる。

メダカ

小さなメダカだが、和名がそのまま「MEDAKA」として世界に通用する魚である。

また命名の経緯は知らないが、日本の代表ということであろうか、英語の俗名として「ゲイシャガールフィッシュ」の名がある。富士山、芸者…とはかつての日本の代名詞であった。

日本人とメダカを評して、「メダカと日本人は群れたがる」という言葉が知られている。とくに、ヨーロッパ、アメリカでは目立つと見える。嫌な言葉だが、確かに旅先に行っても日本の人は何かしら集団でいることが多いが、韓国、中国の人も含めて同じような傾向をもっている。

集団でいる魚は何もメダカに限らず、イワシなど弱い魚が多い。他の魚などから食べられるのを防ぐために身を守るためにそうしている。自分たちと違って目立ってしまう日本人の行動を言ったのだが、メダカはそれほど目立つこともない。

これだけ人に馴染みのあるメダカにしては、観賞用、または子供の遊び友達としては知られてはいるが、一般的には人が利用した話はほとんど聞かない。しかし、メダカを食として利用している地域は僅かだがある。

新潟県見附市では、「ウルメの田舎煮」と呼ばれるメダカの佃煮が販売されている。長野県、新潟県ではメダカを食として利用し、一日に六kgも獲っていたという。

小さなメダカではあるが、このような量になると食としては利用できるが、一般的に農村地帯の人たちが食として利用したかとなると疑問である。イワシと同じように、メダカを茹でて干して肥料にしていたともいうが、イワシの干鰯《ほしか》を買えないような時代にあった出来事かもしれない。

この理由として考えられるのは、メダカが小型で身も少なく、量的なものも期待できないということからであろう。そこまでしなくとも利用できるものは他にもある。メダカまで手を出すようなことはなかったのではなかろうか。その結果、身近にいるメダカは小さくて可愛く、また人から利用されることはあまりなく、愛され続けてきた。

昨今、中国大陸から飛んでくる黄砂現象が激しく、数日前には一〇〇m先の見えないとんでもない日があった。私の知人が冗談に、「いつの間にか、庭に置いていた鉢にメダカのようなものがいるので、メダカが黄砂に乗ってやってくるのではないか」と私に言ったが、これはやはり疑問だ。

そのようなのどかなイメージにそぐわないかもしれないが、メダカは実験用に用いられる代表的な魚として知られる。実験用として好まれるのは、小形で飼育しやすいこと。雌雄の判別もつきやすく、適当な水温ならいつでも産卵し、成魚になるのも二ヵ月〜三ヵ月というように、場所と期間を限定される実験には願ってもない魚だ。

平成六年だから一九九四年、日本人初の女性宇宙飛行士である向井千秋さんが、スペースシャトルにメダカを積み込み、無重力状態での産卵孵化の実験おこなったことが話題となった。このときのメダカの子孫が、宮崎県霧島の麓にある淡水魚水族館で飼育されている。

メダカにとっては不本意かもしれないが、卵から成魚まで水質汚濁、発ガン性の有無、放射線の影響などを調べる実験魚となり、人に対しても様々の貢献をおこなっている大事な魚なのである。

ところが、この肝心のメダカ自身が、自然状態ではほとんどいなくなってきた。最近の環境庁の調査によって、絶滅危惧種に指定されたという。身近な水路にもいない。消えてしまったのだ。

子供たちがメダカ、メダカと騒いでいるが、これは本来のメダカではなく、最近ではオイカワの稚魚をメダカと呼んでいるところもある。まったくメダカ違いであるが、メダカとはこの先、小型の魚を呼ぶ名称になってしまうのだろうか。

筑後川上流域の大分県側、やまなみハイウェーに沿った長者原（九重町飯田高原）の手前にあるホテルの看板に「メダカ生息地、メダカの学校九重分校」と書いてあった。ここを訪れた観光客の呼び込み用になっていた。また、中流域の福岡県朝倉市朝倉町の三連水車近くのレンゲ畑に、ドジョウと共にメダカを養殖する業者がいる。このメダカは学校関係者が買っていくという。

また、下関市の関門海峡に面した水族館でもメダカを展示している。広い水槽の中に目を凝らしても、メダカはなかなか発見できない。少子化の進行と共に学校と同じで少人数だ。

かつてはあちらこちらにいくらでもいたメダカと違って、もはやこのような形でしかメダカを見ることはできないのであろうか。

メダカ棲息地の案内板（九重町飯田高原）

メダカは水族館でしか見ることのできない珍種の魚になるかもしれない。そうなると、「故郷」も消えていくのであろうか。そうならないよう努力しなければならない。各地域でメダカを増やそうとする努力も試みられているようだ。

小さい生き物は環境を敏感に反映する。生活に身近なものが消失することこそが、危機であると考えなければならない。

Ⅲ

山里

——異境の魚

ここでは筑後川流域の魚たちの中で、内陸に分け入った山里で見られる魚、あるいは山のイメージを持つブランドとして外の世界から導入し、人為的に創り上げたものを検討してみる。それから名前に山が付くものも集めてみた。川を中心とした水系に棲息するものでありながら、一見何ら関係の無いような山の名を持つ魚というのはとても面白い。流域に暮らす人々が、しっかりとイメージも含めて山の世界をも意識していたということになろう。

これらの魚の中には、水系を通して海と山の世界を往き来している魚もいるはずだが、山の名はあっても不思議なことには海の名が付くことがないのも特徴だ。水の世界ではあるが、人が暮らす内陸の陸地と海はやはり別なのである。となると、人の暮らす里の世界は山からということであろうか。確かに、山の神様によって里の豊饒も適うとする農耕儀礼は多い。

自然に対する人の介在の在り方は歴史だ。水系を通して山の世界を感じるものである。異境との繋がりをもつということにもなろう。

もちろんこれらの魚の中にはほとんど漁撈対象にならないものもあるが、基本的には漁師が対象とする獲物になることも多い。

ヤマタロウガニ

ヤマタロウガニは手―本当は脚であろうが―に藻が付いていることから「モクズガニ」と呼ばれるが、筑後川流域では「カワガニ」、あるいは「ヤマタロウガニ」の他「木の葉ガニ」という名で知られる。

食卓のヤマタロヴガニ

ヤマタロウガニはイワガニ科に属し、河口域から上流域まで棲息する。小型のサワガニと共に淡水で食用になるカニとして知られている。しっかりと川底を歩くため、カニの特徴である五本組みの足はすべて踏ん張るようになっている。有明海名物で「竹崎ガニ」と呼ばれるワタリガニのように泳ぐカニではない。ワタリガニは渡る、つまり泳ぐため、五本組みになっている一番後ろの一対はボートのオール状になる。同じカニではあるが、生態もまったく一緒というわけではない。

さて、我が国では「月夜のカニは身が少ない」という諺が知られているが、この話は世界各地にある。

イベリア半島スペインの地中海側、アンダルシア地方の漁村では、かつてイスラーム教徒が湖でウナギ、コイ、フナ、ボラ、カニなど私たちにも馴染み深い魚を獲り、稲作をおこなっていた。

漁師たちは満月の頃、白い麻地の網が魚に視認されて獲れない、（つまりこのことから当時刺網が使用されたことがわかる）との理由で漁を休んでいた。そして、地元で獲れた米と魚を煮込んで香料を加えて炊きあげ、できたものを神アッラーに捧げ、豊漁と豊作を祈ったという。

この料理が、今日スペイン名物の料理として知られるパエリヤだ。これを料理するのは、家庭で日常の食事を作る女性ではなく男性であった。神聖な神事としての食の儀式で、パエリヤはハレの食ということになろう。

こうして始まったパエリヤは、イスラーム教徒からキリスト教徒にも受け継がれる。スペインでは、一週間のハレの日である日曜日、教会から帰って来ると家庭では一家をあげ、昼食のパエリヤが伝統的習慣となっている。

ところで、日本では「タラの場にいるカニ」ということで命名されたタラバガニは、北洋の高級なカニとして知られるが、本当は生物学的分類でいうとカニではない。カニではない証拠に足は四組、つまり八本しかない。すなわちタラバガニは足八本のヤドカリの仲間だということだ。正確に言うと、タラバヤドカリとなろう。

イメージを大事にし、カニの名をつけた。・・・タイと名が付く魚と同様な論理だろう。同じヤドカリの仲間で南太平洋に棲息する「椰子ガニ」のように食用にされるものがあるが、この場合も椰子ガニとカニの名が付く。

人にとって先入観、言葉を換えればこれも文化であろうが、文化的規制というのは根強い。カニはタイと共に良いイメージ、つまりブランド力を持っている。

ヤマタロウガニだが、このカニもご多分にもれず、最近めっきりと姿を消してしまった。しかし、カニとしての需要があるのか、最近、中国から「上海ガニ」と呼んで近縁種であるチュウゴクモクズガニも輸入されている。日本の人が上海に旅行して良く食べる上海名物のカニだが、日本のモクズガニに近い。

上海ガニは日本のものに比べてやや大きい。大陸産のものは島のものに比べると大きいようだ。これも大きいものになると、日本円で三〇〇〇円を超すような値段が付いている。かなり高価なカニである。菊の花の咲く頃、このカニが最も美味しいとこの地ではいう。秋の味覚の代表となっている。
筑後川流域で呼ばれる名のひとつ「木の葉ガニ」は、秋になって山の柿の葉が色づく頃、このカニは川を降って海へと産卵に向かうことから呼ばれる。季節の変化を的確に捉えた自然観が表現された良い名称だと思う。四国の仁淀川では本流より支流、そして山に近い奥ほど大きいカニがいるという、まさに山の産物だ。また、「ヤマタロウ」、「山太郎」という名も山の主ということで、山に敬意を持っていた里の人の価値観であろう。

この話を聞いてイメージに浮かぶのは、おとぎ話の「サルカニ合戦」の話である。

私が考えるに、これに登場するカニはヤマタロウガニではなかろうか。ヤマタロウガニだからこそ、柿とそれからサルが登場する。カキが色づき、

〈上〉岸辺の上の実をつける柿の木
〈下〉ヤマタロウガニとカボチャ

里に秋を知らせに山から降りて来たカニに対して、山の主であるサルが里に囲われたカキの実を取るという一連の顚末が、シビアにかつ季節性溢れて描かれている。

事実、このカニの販売店では生け簀の餌としてカボチャを切ったものを入れていた。店主は、このカニはカボチャなどの甘い物を好むという。こうなるとまさにサルカニ合戦の世界ではないか。

筑後川本流では九月になると普通の筌と違い、筌状の網で、数カ所の竹の輪を持つカエリも付き、魚を入れる魚籠を横にしたような形をした伸縮自在の網を中心とし、「マホウ筌」が仕掛けられる。両袖に網が張られ、一旦中に入ったら最後抜けられないことから、木曽川では「ジゴク網（地獄網）」とも呼ばれる。

また、流入する小河川でも同じく「マホウ筌」、「筌」などが用いられる。他に「ガニ籠」と呼ぶ、魚などの餌を入れたネズミ獲りのような漁具でも、同様に仕掛けて獲っている。

この時期、川辺をドライブしたり、歩いたりしていると、マホウ筌の仕掛けが良く目に付く。春の菜の花の絨毯と同様に秋の季節感溢れるものである。私もこれを見る度に、いつも秋が来たことを実感するのである。

筑後川に住む流域の住民は、有明海で漁される「ワタリガニ」より、このカニが味は良い、と言って好む人も多い。料理としては、秋口に佐賀県唐津市を流れる玉島川上流の山間部の渓流沿いに入ると、川カニを使用したカニ釜飯などの看板を多く目にするが、これは日曜日に訪れる観光客目当ての色あいが強いようである。

カニで味をつけた炊き込みご飯の上にカニがそのまま載っている。風情はあるが、なにぶん殻が厚くて大きい。ご飯もカニにまとわりついている。見た目にはよいかもしれないが、炊き込みご飯は、カニの一匹の姿がなくても十分だと思う。

ふつうは醬油、あるいは下流域では地元産であるミズイモのガラと一緒に煮る。海産のカニと違って、なかなか滋味深い味がする。

日本の高級カニの代表であるタラバガニ、マツバガニなどが海の香りがするのに対し、栗のようなネットリ

カニ網

とした味覚で、比較すると、海産のカニがとても淡泊に思える。山の香りとでもいえようか。味が濃いといったらよかろうか。やはり育ちは争えないようだ。また、甲羅は赤く、卵も柿色のような深い色をしている。色から見たら、木の葉でも柿の葉ガニである。色彩も環境の中で共通性がある。

川カニと柿はやはりセットである。土地のものは土地の自然観を映しているもので、それを人が食することによってより土地との一体感がでてくるような不思議な気持ちを抱いた。

このカニは、八月の旧盆頃から漁期に入るのだが、これも最近めっきり減少してしまった。

カニの名のとおり山の産物として知られ、秋になって豊かな実りの前触れとして、山から里に降りてくるというこのカニが減ってしまうのは、昔から脈々として流れてきた自然と人との連綿とした繋がりが断ち切れてしまうようで、何かしら悲しいものがある。これでは、サルカニ合戦もできないではないか。

ヤマノカミ

モクズガニは別名ヤマタロウガニと呼ばれたが、この魚はそのままヤマノカミと呼ばれる。ヤマノカミ、即ち山の神であるが、これはれっきとした魚だ。カジカ科に属する魚だが、海の魚であるオコゼのようないかつ

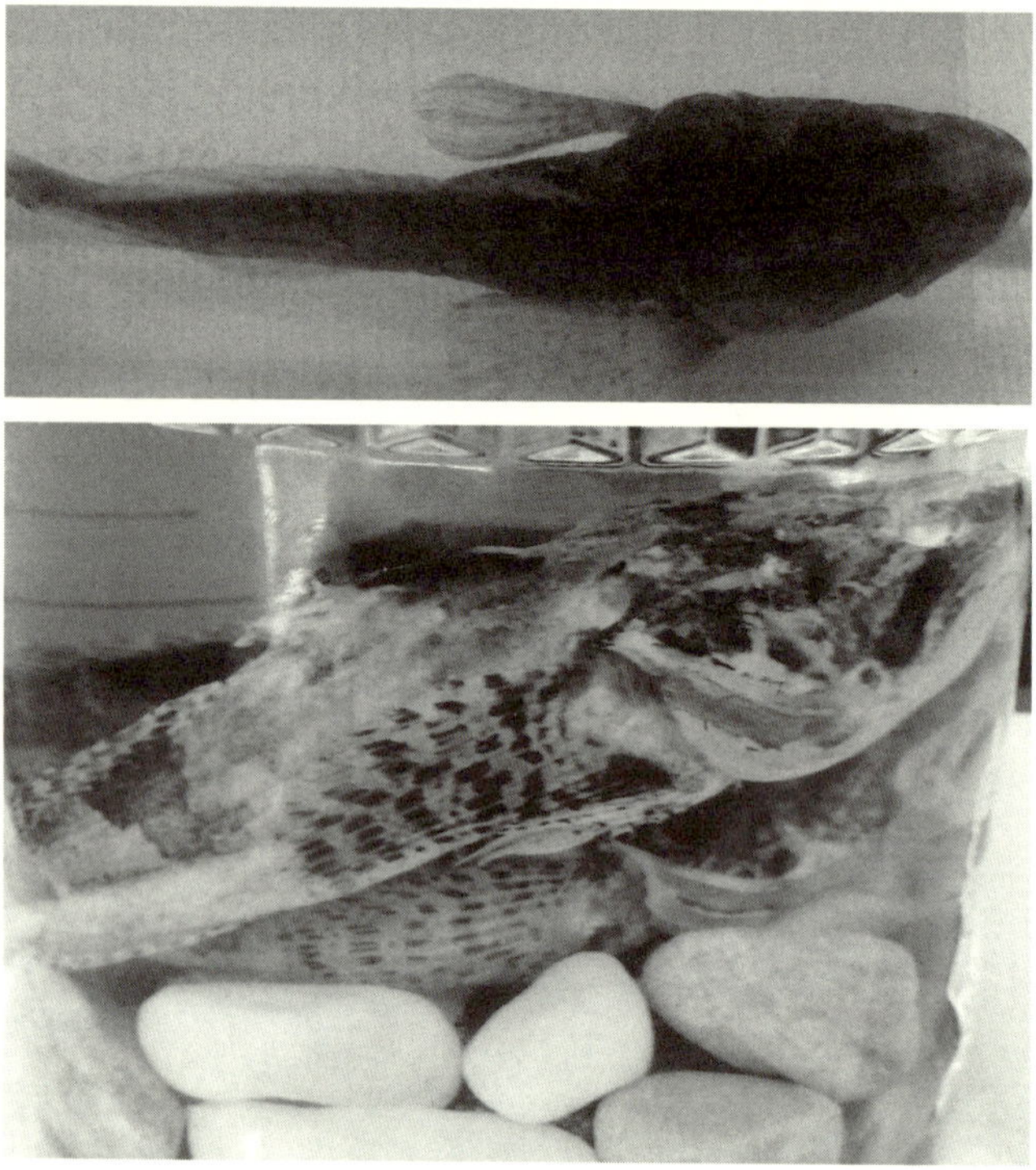

〈上〉ヤマノカミ（佐賀県立博物館）
〈下〉ヤマノカミ（おきのはた水族館）

い顔をしている。また、ドンコに髭が生えたような感じでもある。

中国浙江省より以北の東シナ海、黄海に注ぐ川に棲息し、中国では有名な「松江鱸」、漢字はスズキを当てられているが、スズキとは別種のものだ。冬至前後の冬の時期、鍋料理にして食べる。

日本では筑後川流域を中心として、有明海に注ぐ川にしかいない貴重な魚で見た人は少ないはずだ。有明海特産の魚が何と多いことなのかと思う。私も生きたヤマノカミは、柳川市の沖ノ端に二〇一〇年に開設された「おきのはた水族館」がはじめてである。流域ではまったく食用にしていないというか、個体数が絶対的に少ない貴重な魚である。

ヤマノカミがオコゼと似ているといえば、山の神信仰との関係も浮かぶ。いかついオコゼは、山の神に対して捧げられる供物として使用される。このことは日本民族学の先駆者の一人、渋沢栄三の孫で後に日銀総裁になり、アチックミューゼアムを作った渋沢敬三の研究で広く知られている。

山の神は女性で嫉妬深いので麗しい魚は好まず、オコゼのような容貌の醜いものを好むという。美しい魚を捧げてはいけない。まるで『白雪姫』の話のようだ。これは継母であったが、山の神もきっと自分より美しい人を許せないのであろう。不細工な魚を見てひと安心するのであろうか。「他人の不幸は蜜」というか、これこそがまさに神の発想なのかもしれない。

しかし、考えると、なにをもって不細工と言えるのか。

私は、実はこの辺に『聖書』の中に記載されているタブーな魚との共通性があるのではないと考える。鱗のない魚、鰭を持たない魚などの食用の禁止は、人が考える一般的な魚のイメージから逸脱している。人が最も魚らしい魚と考えるのは、水中を華麗に泳ぐ魚だ。それに対し、水底を這うような魚はイメージ外に当たるようだ。ウナギなどしかり。ヘビそっくり。水界で泳ぐ「魚」にする一定の普遍性が幅はあるものの人の根底にある。

こう考えるとタブーの範囲は違うかもしれないが、タブーの根拠になるものは浮かび上がってくる。どうしてこの魚、ヤマノカミと名づけられたのであろうか。

ヤマノカミの生態は、夏は上・中流域で生活し、秋一一月頃に下って河口、そして冬に有明海の干潟に棲息するタイラギガイ、カキなどの二枚貝に産卵をする。見た目で判断してはいけないが、姿や顔に似合わず、オスは卵を懸命に保護する。そして、春五月頃孵化した稚魚は川をのぼるという生活史をもつ。川の季節の旅人である。

オコゼは、生物学的にはオニオコゼ科に属する海洋魚だが、地方により科を違えてオコゼと呼ばれる魚が知られるし、魚類という大きな分類を越してオコゼを名乗るものもある。四国、あるいは山口県の一部地域ではドジョウに似た魚のアカザをオコゼと呼ぶ。これも棘を持ち、刺さるととても痛い。

筑後川上流の玖珠川に面する大分県日田市天瀬では、葉っぱについた毒虫のことをオコゼと呼ぶ。オコゼの名が醜い、毒棘をもつものという意味で使われた結果である。意味の共通性を広げたのだ。それだけ、人の意識の中で同一性が見られる。

オコゼではないが、数年前奈良市の興福寺南大門跡から地鎮のための壺が発見され、中からイサキ、カサゴの頭部が出土した。時期は八世紀前半とされている。

カサゴはやはりオコゼと似た魚でかなり不細工な魚ではある。イサキ、カサゴとも背鰭、胸鰭がかなり鋭く発達しているのも特徴で、イサキは骨が鋭いことが知られている魚だ。邪気を払うという目的で、埋納されたのではないかと私は考える。

ヤマノカミはカジカ科に属する魚だが、魚、虫など異なる世界にまたがる両属性をもつオコゼに類似をし、ヤマノカミというオコゼの援用を受けたのであろう。

ところでヤマノカミは海に出て、死んで間もないタイラギガイ、あるいはカキなどを選んで卵を産みつける。ところがこれらの貝は有明海で激減している。川にある堰と合わせて、棲む場所も卵を生む場所も限られてきている。実に山から海に至るまで様々な問題が横たわっており、大変だ。

それにしてもヤマノカミの名はヤマタロウガニと同様に、山と海というそれぞれの世界を、川を媒介として結ぶ旅路を思わせるロマンチックな名である。道が途切れないようにしたいものだ。

イズミダイ（ティラピア）

この魚、タイの名が付くのだが海洋魚ではない。川魚だが日本固有のものでもなく、アフリカから中東の地域が本来の故郷で、ナイルティラピア、ティラピアと呼ばれるカワスズメ科の仲間でひじょうに種類が多く、一大勢力のある魚たちだ。ここでは、ティラピアということで話を進める。

いずれにしても筑後川に本来棲息している魚ではない。当然、自然状態では河川に棲息はしていない。イズミダイの名は日本で初めて養殖した鹿児島県出水市からきているという。

日本人はタイを好むところから、本来のタイではないのも含めて「……タイ」と呼ぶことが多いが、本来の名であるティラピアも日本ではそう呼ばれず「イズミダイ」「チカダイ」などと称されている。どちらもタイの名が付く。チカダイはタイに近いということから名付けられたものであろう。

九州の阿蘇山系から流れ出る筑後川の上流、熊本県と大分県の県境、杖立川に臨んで杖立温泉がある。そこにあるホテル「ひぜんや」は昭和五三年から温泉を利用して大規模な養殖を成功させ、「ツエタテダイ（杖立鯛）」と呼んでホテルの名物とした。深海の海洋魚であるタイが上流の山にいるわけではない。しかし身も白身であるし、これをタイに代わるものとして考え、同様に「山のタイ」というイメージで命名したといわれている。

ティラピアのグリル（イスラエルガリラヤ湖畔）

中国の南部でも養殖されているが、ここでは「……タイ」ではなく、「アフリカフナ」と呼ばれる。ここでは、日本のようにタイを特別に愛でることはない。姿形からはコイとは呼べず、やはりフナが近い。それで、淡水魚としてより親しみやすいフナの名がついたのであろう。

日本でも最近は筑後川を含めて各地で養殖にしているようであるが、九州山地のほぼ中央にある本来はイワナの棲息地である宮崎県の高千穂峡でも養殖され、とくに暖かい南九州では盛んだ。事実、日本で刊行されている淡水魚図鑑にも記載され、導入された時期は、記録によれば昭和二九年にアジアのタイから入っている。

筑後川本流沿いの朝倉市にある福岡県の内水面研究所の養殖プールにも飼育され、研究の材料とされているし、福岡市の西区周辺でも養殖されている。最近では身近な養魚になっている魚である。

この魚が自然状態で棲息しているのが発見されていて話題となった。数年前、名古屋近郊の工場地帯の水路で、工場排水のおかげで冬水温が温かいために無事に冬を越せ、かつ産卵をしている姿がニュースで流れていた。ところが、二〇〇五年に大寒波が日本列島を襲い、全滅してしまった。

琵琶湖で外来魚が繁殖して在来種を食べて問題になっているが、肉食魚ではないので生態系には害を及ぼすことはないであろう、と思っていたが、北海道の十勝では問題が発生した。

十勝では観光用として温泉の湯が流れる池に一五年前にティラピアを放流したのだが、条件が良くて数千匹に増えてしまった。増えただけならまだしも、この池の、地球生命解明に世界の研究者がとても重視している二酸化マンガンを作る貴重な藻を食べてしまう食害が出ている。近日中に一掃させるともいう。

これも人が持ち込んだ人為的な害だ。貴重な藻であろうが、餌である以外何物でもない。ティラピアに罪はなし。しばしば話をしているように、問題の根源には人が関わっている場合がとても多い。

だがこの魚、日本ではタイを愛でる日本人の志向性に合わせ、タイではないのにタイの名を冠され、若干不本意な地位に甘んじているが、エジプトでは四〇〇〇年も前から、記録に出てくる魚である。地中海をはじめ諸外国ではあまり重視されないタイよりも、遥かに長い歴史と格調高さを持っている。

ティラピアの故郷は日本から遠く離れたアフリカ、中近東などの地域だ。熱帯性でそこに暮らす人の食となる一般的な魚だ。アラビア語では「Comb」（鶏冠）と呼ばれ、その名の通り鶏冠に似た大きな背鰭を持つ。日本では海洋魚のイサキは背鰭が発達し、それが鶏冠に見えることから、別種の魚だが、同じく鶏魚と呼ばれる。

古代エジプトの古王国、第五王朝の墳墓であるマスタバの壁画にも描かれて「アント」と記載されている。この魚の象形文字だけで魚という名詞の決定詞になる。つまり、魚といえばこの魚で堂々と魚の代表となっている。また、様々の祭儀にも姿を模した魚形なるものが使用され、シンボルとしての意味合いを強くもつ。

ナイル川の地曳網（第18王朝中央付近にティラピア）
——メンデルス・ヌン氏より

イスラエルの青銅器時代の遺跡である「テル・エス・サイディエ」の墓地から、被葬者の下腹の上にエジプト麻の紐で縛られ、銅製のボールに入ったティラピアを模した象牙製の魚形が出土しているし、ガリラヤ湖畔の南端にある、二万年前のOhallo II遺跡では漁撈具の沈子と共に骨が検出され、早い時期から人が利用した魚として知られる。

ところで、ティラピアはイスラエルでは本来の名というより、「聖ペトロの魚」として世界中のクリスチャンに知られ、愛される。

イエスは、布教の初期、イスラエル北部、ガリラヤ地方にあるヘブライ語でキネレット「竪琴」と呼ばれるガリラヤ湖周辺で活躍したし、彼も湖の西のナザレ村で育った。

ガリラヤ湖は、地中海の海面下二〇〇mに位置し、北部九州の博多湾とほぼ同様な大きさの淡水の湖である。湖にはティラピアを初め、多くの魚が棲息し、生活の糧を求めた漁師が今日でも数多く湖の周辺に暮らす。

キリスト一二使徒の内の半数以上が、ガリラヤ湖の漁師出身だ。キリスト教はガリラヤ湖で育まれた。その弟子の筆頭がヘブライ語で岩という名前のペトロで、後継者がバチカンのサンピエトロ大聖堂＝カトリックの総本山、指導者のローマ教皇となる。ペトロは日本で置き換えると、「岩男」さんということになろうか。

ペトロの名に因んだ名もつけられているこの魚、口の中に幼魚を入れて育てるという生態を持つ。口に咥える習性からか、湖底に沈むローマ貨幣を咥えて獲れることもあり、漁師に幸いをもたらす魚なのだ。幼魚を保護している姿は弟子の代表であるペトロが、皆を守り育てる姿をイメージし、牧畜社会における羊達を誘導する誘導羊の役割を連想する。これがキリスト教界の中でペトロの果たすべき役割と関係づけられ、名が付いた。

かつての漁は、聖書に記されているように投網か地曳き網で漁をしていたようであるが、今は、この魚の特徴ともいうべき背鰭を網に絡めて漁獲をする刺網、あるいは舟を利用したトロール漁が主体である。

ティラピアはガリラヤ湖からの天然ものだけでも八〇〇トンもの漁獲量になるが、とても需用をまかなえず、周辺の共同農場であるキブツで盛んに養殖している。

イスラエルは、ヨーロッパとアフリカを渡る鳥たちの中継地となっている。渡り鳥であるヨーロッパペリカンが渡りの途中、羽根を休めて養殖魚を獲る被害が続出している。大量の魚を食べるペリカンだから笑い話ではすまず、被害の問題は深刻だ。

ティラピアもガリラヤ湖畔でだけ食用にされていたのだが、今日のイスラエル国内では、魚のメニューの中には必ずこのティラピアが入っているほどポピュラーなものになっており、地中海に面しているテルアヴィブでも食べることができる。これは宗教が与えた魚の需要であろうか。

イスラエルの東隣の国はヨルダン王国である。そのヨルダンのアビラというローマ時代の遺跡を見下ろすレストランでもティラピアが登場した。料理も同じグリル。味もまた一緒であった。

筑後川において、このような背景を持つ魚を食べる意義は大きい。アラブ・ユダヤ・キリスト教徒の平和を祈りつつ食したい。それではアラビア語でアッサラームアレックム、ヘブライ語でシャローム、英語でピース、最後に日本語で平和を。

ニジマス

サケ・マス科の魚は日本人にも好まれている魚の代表だ。そのためか本来棲息していない魚も見られる。それがニジマスである。

養魚種として、一八七七年（明治一〇）、アメリカのカリフォルニアから導入され、英語名「レインボートラフト」をそのまま日本語訳としている。彼の地では、サクラマスとヤマメの関係のように降海型と陸封型があるが、降海型のものが大きい。南アメリカのアンデス山中にも、氷河から流れ出た川にニジマスが棲息し、食として利用されている。

だが、日本では、アメリカザリガニのようにすっかり馴染みとなって帰化した生物もいるのに対して、一〇〇年以上経っ

〈上〉養魚池のニジマス
〈下〉ドライブインのマスとウナギの看板など

ているのだが、今日でも未だ帰化しておらず、養殖のみで食用とされている魚だ。しかし、養殖魚としての地位は高く、ウナギに次ぐ位置を占めている。

筑後川流域では、上流域の大分県でニジマスの養殖は盛んである。

そのひとつ、久住にも近い飯田《はんだ》高原の鳴子川沿い、川端康成がしばしば寛いだという秋には紅葉の美しい九酔峡の上流側にある筌の口温泉などでは、ニジマスが在来の上流域の魚であるヤマメと一緒に養魚されており、淡水魚のコース料理の一貫として観光客の食膳に供され、訪れた客に珍重されている。

ニジマス料理としては、コイコクと同じように味噌汁仕立てにしたマスコク、背越しにした刺身、イクラと同じように塩蔵した卵、それからお茶漬けなどとして食膳に供されている。

本来、サケ・マス科の魚としてはニジマスはけっして味が良いとはいえないが、名前からしてもニジマスは秘境に似つかわしい、やはり今日的な魚として感じられるのであろう。

筑後川に流れ込む城原川の上流域にある佐賀県の背振山地の村でも、春の桜と秋の紅葉が見事な地域の川に架かる橋と公園の落成を記念して、河川を仕切った釣り大会が開催されていたことがある。

しかし、本来の河川の生息魚であるヤマメならまだしも、釣りがニジマスを対象としているのには驚く。

私が訪れたのはその前日であったが、翌日の釣り大会に備え、養殖池の生け簀で育てられたニジマスを満載して積んだトラックが川岸近くに乗りつけ、ニジマスを放流していた。

川は本来上流から下流へと流れがあるので川と思うのだが、流を断ち切るかのように一定の間隔に堰き止められ、まるで連続する人工の釣り堀の様を呈していた。私はそれを見てなにか喉元に引っかかるものを感じた。また、これと同じものを「自然の釣り堀」と呼んで、筑後川上流の福岡県側の宝珠山付近で見たが、首を傾げたくなる。

自然と人工の違いは、一体どこにあるのであろうか。自然の中にあるのが、必ずしも自然ではない。

ところでヨーロッパ内陸、ウィーンの人シューベルトの作曲した『マス』は、北米産のニジマスではなくヨーロッパ産のブラウンマスだが、清流に棲むマスの清々しさが聞き手に強く感じられる。聞くだけではなく、音楽の都ウィーンでは、「ゲブラーテネザイブリング」と呼ばれるマス料理も、地元名物として名高い。

ニジマスはブラウンマスではないが、マスの持つイメージ性である清涼さという点で共通点が見出され、観光客はさして違和感がなく食べており、それこそ自然に受け入れているようだ。

この魚が本来あのアメリカザリガニ、あるいは食用ガエルと同じ北アメリカのものであるということは、どうでもよいのかもしれない。マス、すなわち秘境、清涼というイメージが発想されるのであろう。日本人のイメージする自然とは、昔から営々と続いてきたものと考え、それに対してヨーロッパ人は手を入れたものも自然とするとしばしば言われるが、今日この点では、私は程度の差こそあれ同じようなものだと考える。

歴史的なものと考えていても、取捨選択はされるが実は最近になって導入されたものも数多い。それこそ、自然に入ってきたものとして自然に受け入れられている。

とは考えつつも、魚体を側面から見る限りは違和感がないが、水面の上から何気なく見た模様はとても日本的なものとは言えず、やはりどこかしら違いがあり不自然、異国的な感じを強く抱いてしまう。

例えて言えば、サバが川の中で泳いでいるといえようか。奇妙なミスマッチした様な感じを抱くのは、私だけであろうか。やはり不思議だ。

日本に後から入ってきた外来魚ということで、否定的に考えざるをえないニジマスではある。しかし、先のティラピアもそうであるように、上流域でニジマスとは何事か、と疑問には思うが、料理されたものを口に入れると、何はさておきやはり美味しいものであるとは人の貪欲さの現れだろうか。

この貪欲さ、言葉を変えたら節操の無さとも言えようが、単に節操の無さということに留まらず、それがいかにも歴史を持っていたかのように、柔軟性をもって理解できるのは、日本人の特徴でもあるようだが。

ただ、その場合、従来のものといかにマッチするかが問題となる。現に食用として入った外来魚でも、受け入れられない魚が多々あるのだ。この点、ハレのイメージの強いマスにニジマスはうまくつながったものであろうか。この脈絡がうまくいきさえすれば、結構受け入れられるものも多いようだ。

こういう感覚が、固有の在来種ではないニジマスの養魚という方向にいったのではなかろうか。

ヤマメなど

ニジマスに対してヤマメは在来種、漢字では山女と書く。外来漁のニジマスとは違って、昔から親しまれた日本在来のサケ科の陸封魚である。

筑後川流域では最上流域に棲息する魚で、一般にはヤマメではなく「エノハ」として知られる魚だ。名の由来も、旅の僧がお礼にエノキの葉で出来た衣を川に流し、生まれた魚だからエノハと呼ばれるようになった、というエツの弘法大師伝説のような話が伝わっている。事の真否はともかくとして、この魚がエノキの葉に似ているから命名されたのであろう。

漢字で山女＝つまり山の女（何とも味のある名前であるが）と書くように、山間部に棲息する代表的な魚だ。同じ上流域に棲息するアユと比較すると、アユは筑後川上流域の大分県の玖珠川では豊後中村までしか遡上しないのに対し、それよりさらに上流側に棲息している魚で、流域の最上流の魚としての地位を占める。

これが東日本では、ヤマメよりさらに上流側にはイワナが棲息するという棲み分けが見られる。

東日本では降海型も知られ「サクラマス」と呼ばれているが、筑後川では陸封のヤマメのみである。これも本当に天然ものは少なく、養殖されているものが圧倒的に多い。

サケ・マスは東日本では大型の降海型の魚が多い。縄文時代は東日本に遺跡の数が多く、豊かな東日本とされるが、これを支えていたのは定期的に川を遡ってくる大型のサケ・マス資源だとされ、「サケ・マス論」として知られる。西日本では、アユ、コイなどが価するとされるが、それにしても大型の魚が定期的に遡上してくれるのは季節の知らせ、神の贈り物として感謝されるのはもっともなことであろう。彼方からの到来を待つ。寒く厳しい冬を乗り切るため、これはクマに限らず、人にとってもありがたい。

〈上〉城原川のヤマメの看板
〈下〉ヤマメ釣り（大分県九重町鳴子川）

さすがに、九州でも有明海側の川にサケが上ったことを私は知らないが、日本海側に流入する河川にはしばしば見られる。

北九州、玄界灘に注ぐ遠賀川流域、焼き物の里として知られる小石原に近い嘉麻市嘉穂町には「鮭神社」がある。サケはカミの使いとして意識されていた。神社は奈良時代に創建されたことが知られるが、昭和初期までは遠賀川ではサケの遡上が毎年のように見られ、川で獲れたサケはこの神社に奉納される儀式が続いていた。

遠賀川には堰が各所に建設され、サケは上流まで遡上は出来ない。カミの使いであるサケが毎年遡上するように、一九九六年からはサケの稚魚を孵化させ、川に放流している。

その結果、毎年のようにサケの遡上が見られ、しばしば遠賀川の河口近くでサケが発見され、定置網に入ることもあるという。遠賀川が一般的には最も南の川のようだ。しかし、かつては鮭神社があるのだから、ニュースにならないくらいサケが遡上していたのも間違いないことであろう。

シロウオで知られる福岡市の西、室見川の河口近くでも数年前にサケが発見されて、新聞記事を賑わしていた。また、たびたび話をする唐津市の玉島川でも、漁協関係者によると時折一mほどにもなるようなサケが遡上しているようだ。これより西、あるいは南でサケが遡上した例は私が知る限りはないようである。

太平洋側でのサケの遡上は茨城県が南限のようだが、日本海側は遙か南まで広がる。確かに、ユーラシア大陸側から日本列島を見たら、北は樺太から南は朝鮮半島の上に弓なりに伸びた砂州に見える。そして、日本海は内湾だ。

今日では、山間部まで行かずとも都会でも食べることができるが、筑後川水系の最上流に棲息するヤマメは、古代においては地域限定の魚としての性格を強くもっていたはずだ。つまり、ヤマ＝山のものなのである。

ヤマメ漁のシーズンはとっくに終わったというのに、ヤマメ料理の店が平日にも相変わらず観光客で大繁盛していた。一一月上旬は紅葉見物の観光客が多く、風光明媚とも合わせて大いに賑わっている。

本来ヤマメは、この時期に卵を持って魚体も大形になる。魚資源保護のため、この時期は今日では禁漁とな

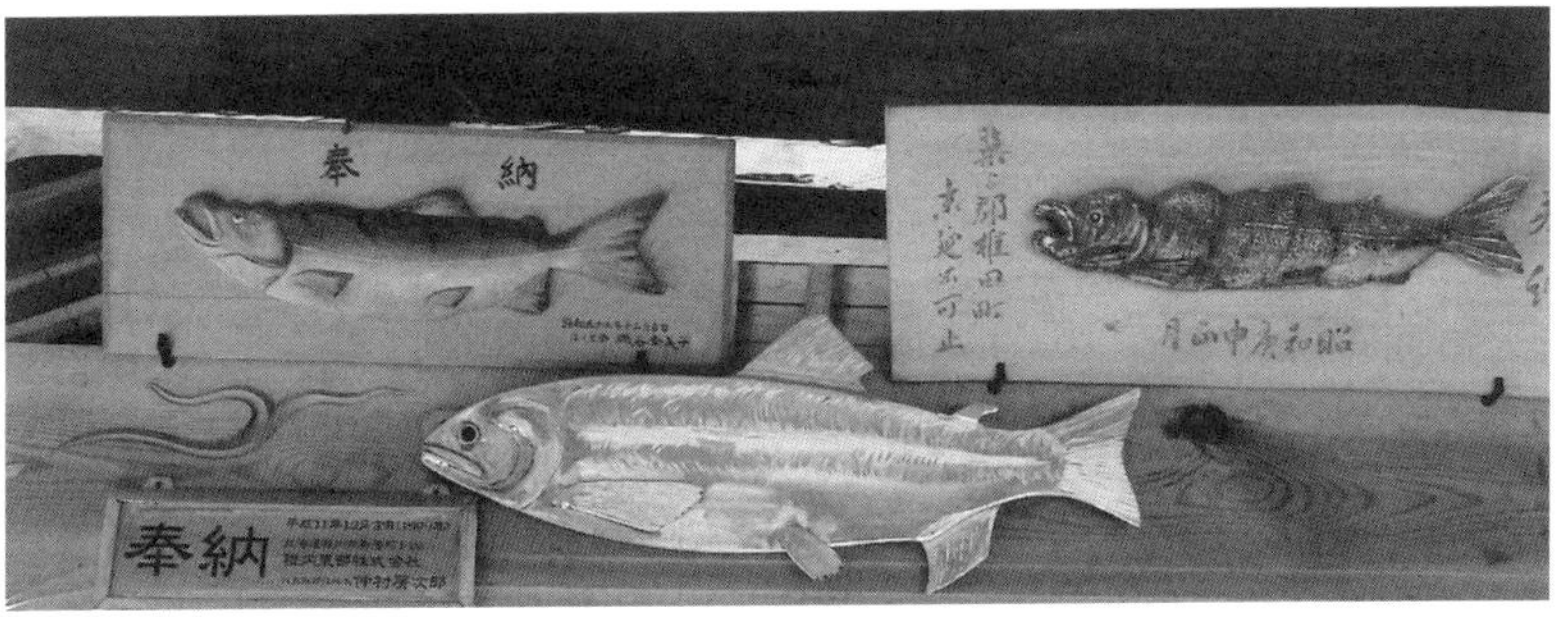

〈上〉鮭神社
〈下〉鮭神社奉納額

っている。禁漁となってかえってヤマメ料理屋は賑わいを増している。

さすがに観光名物のヤマメだけあって、ヤマメの塩焼き、ヤマメご飯、ヤマメのフライ、ヤマメの白子、ヤマメのサラダなどを出していたが、本当に美味であった。また、白子は絶品だ。

同じように珍重されるアユと比較すると、ヤマメは土の香りがより強く、山深く力強い感じを抱く味である。

釣りをするには、地域の店などで扱っている遊魚券を買いさえすれば権利をもち、一日に何匹釣っても制限はない。しかし、これさえなかなか買う人もいない。組合員が見回るにしても人件費ばかりかさんで、効果がないという。

今日、天然ものといえど卵を孵化させ、稚魚を育てて放流したものが大部分なのが実態である。早朝で店が閉まり遊魚券を買えないなら、無人の箱でも置いてお金を入れるというように、自己申告するのが本来あるべき姿であるはずだ。

しかし、自然に恋いこがれている都会人の山に対する良い意味での思いが、魚では山間部のイメージを表しているヤマメのようである。繰り返すことになるが、自然を愛するアウトドアが逆に自然を蹂躙することがないように祈りたいものである。

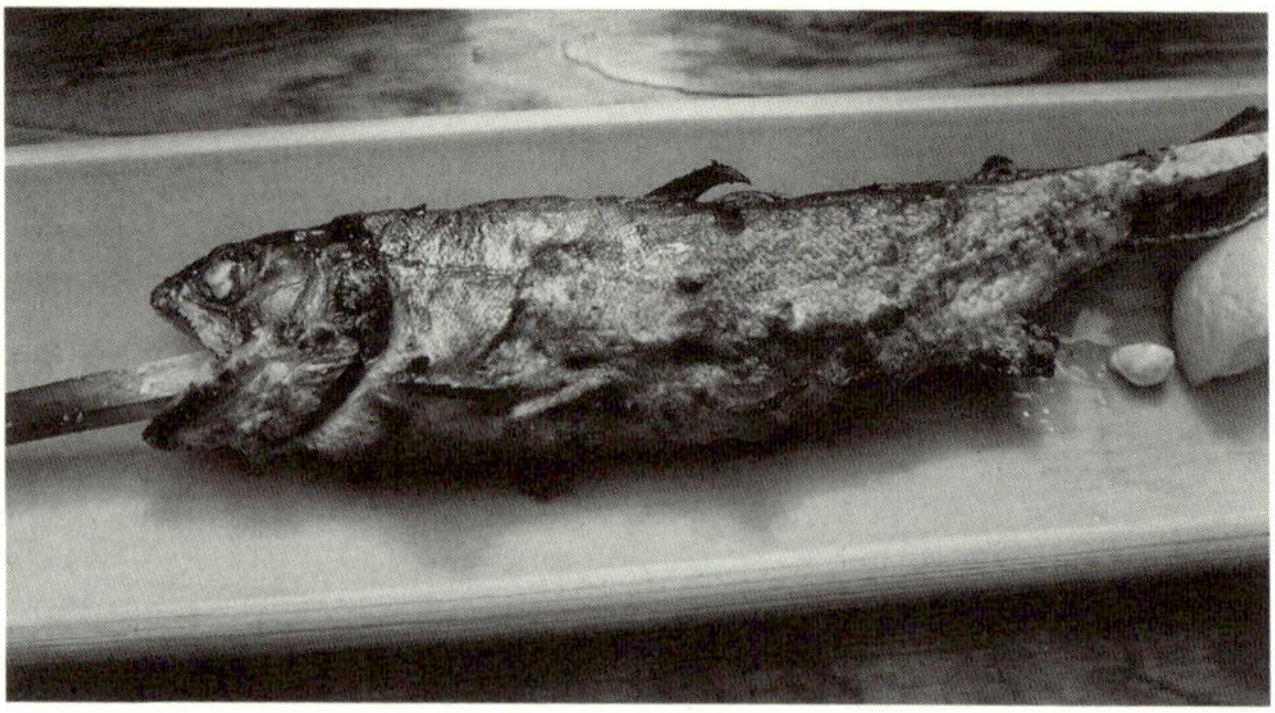

ヤマメの塩焼き

Ⅳ

海・川・里・山

――魚をめぐる交流

これまで見てきた魚も流域の中を動く魚はいるが、ここでは海、山、川と様々な環境を巡る人との関係を検討してみたい。

流域の中を魚が移動していくというのは、海、下流域、中流域、上流域と単に自然地形の違いによって分けられるのではなく、同じ魚でありながら様々な人の住み処を移動していくということによって、人の対応が分かれるのが特徴だ。お互いの関係も様々に変化をする。

人と魚の関係の中で、人が意識をするハレとケの問題も立場によって大きく異なる。人もだが魚も多面的であり、それぞれが持つイメージも異なる。互いが交わるその接点こそが重要な意味を持つのではなかろうか。

またそれだけではなく、生物としての棲息は限定されて本来は純粋に海のものだったのが、人が介在することによって加工されながらも川を遡り山深くまで運ばれていったものも見られる。

流域に暮らす人々の意識の中で最も遠い異境の世界からもたらされたものが、実は流域の多様性をも浮かび上がらせると言えよう。

ボラ

ボラはスズキ目ボラ科、熱帯性の魚で一〇〇種ほどを数え、世界中で最も普遍的に食される魚の一つである。日本ではボラと呼ぶ場合、マボラを指すが、その他にメナダが北海道・本州北部まで同様に分布し、比較的本州以北に多い。身は白身で少し泥臭いが、冬になると「寒ボラ」と呼ばれて季節の名がついて美味しくなるとされる魚だ。「あらい」「刺身」「煮つけ」などに料理をする。

さてボラは、日本では成長と共に名を変える出世魚として知られる。各地で少し違うが一般的にはスバシリ→イナ→ボラ→トドの順に名が変わり、最後は「トドのつまり」の諺として知られるトドになる。

言葉としては「トドの…」だけではなく、イナの別名オボコから「おぼこい」、イナから「いなせな男」という言葉が生まれ、出世魚であることから別名「ナヨシ」とも呼ばれる。この名は古く『和名妙』、『本草和名』でも鯔（ボラ）―奈与之―ナヨシ（名は吉の意）と記載され、奈良時代には明らかに名が変わる魚として知られている。出世魚としての歴史は千年以上にもなる。

出世魚、一連の魚として人が意識したからこそ付く名だ。魚が姿のまま一匹丸ごと眼前に運ばれたら動揺してしまう現代人にとって、奈良時代の人が知っていたとは驚きだが、あえて言えば、現代人が無関心過ぎるということだろう。

ボラの一生を簡単に記すと、ボラは台湾以南の沿岸で秋から冬にかけて産卵する。孵化した稚魚は黒潮に乗って北に向かい、スバシリとなって春先に日本にあらわれ、川を遡って水田も含めた淡水域に入り込んで成長する。二〇㎝くらいのイナの大きさになる秋口から再び川を下り、内湾などの沿岸に棲息して三年ほど過ごし、四〇㎝ほどになり、南に向かうが一部は日本に残る。この大きいものを関東地方ではとくにトドと呼ぶ。一生

ボラ

の大部分を内湾で過ごすことから、周縁魚とされている魚だ。

筑後川中流域では、漁師達が地曳き網の一種である「ゲンジキ網（現敷き網）」を利用して漁をおこなっていた。「ゲンジキ網に使用する網糸は、毎年渋カキの渋を使って漬け込み、網が腐れないようにした」と久留米市善導寺の古老は懐かしそうに語ってくれた。最盛期には村人総出で網を筑後川に繰り出し、網が大量のボラの重さでしなったという。

私たちが一般に目にするボラは、内湾の時期のものが多い。高度経済成長時代、内湾にいるものだから周辺の工業地帯などから流される環境汚染の影響を最も受けた魚でもあった。

東京湾などではボラは汚染魚として食用とされることなく、大量に廃棄された不幸な時期もあった。二〇〇三年、その東京湾に流れ込む川の河口に数万匹になろうかというボラが身動きできないほど押し寄せたし、浜離宮のある汐留川、あるいは銀座の小川でも同じくボラが溢れていたという。

原因は定かではないが、環境悪化でなければ決して悪いことではない。かつての日本ではボラに限らず、このように大量の魚が見受けられたとも聞く。

有明海では潟に石を積み上げて大きな囲いを造り、魚を捕る「スキ」がある。かつては湾岸に随所に見られ、干満を利用して干潮時に取り残された魚を一網打尽にする。漁の対象はボラが多かった。

ボラの成長を模式化すると、次のようになる。

外海→沿岸→内陸の河川→沿岸→外海。

人との関わりで考えれば、主として漁の対象は内陸の河川から外海へ移動する過程で、ボラの一生では後半の復路となる。内陸の淡水域の水田そのもの、水田灌漑システムである農民の世界から海という漁民の世界へと異なる世界間を移動しながら成長する。

魚の一生のある部分のみが農民・漁民と接触する。人間にとっては幸でボラにとっては不幸で迷惑な時期を共に過ごす。その場、その場で人間と関係していく。その結果、「イナは農民の魚」、「ボラ・トドは漁師の魚」となる。シーズンもそれに合わせてイナは水田が営まれる春〜秋、とくに水田に水が導入される六月までの時期で、ボラは卵を持ち美味となる秋から冬と分かれる。

『古事記』の中の海幸彦と山幸彦の話は、海と山という世界の確執も描く。海幸彦と山幸彦が、ある日、互いの道具を交換した。山幸彦は兄の釣鉤を借りて漁に出かけたが、魚に釣鉤を奪われる。奪った魚はタイということになっているが、異説ではボラともされる。異境の世界を又にかけて動くボラというのが面白い。

また、呼び名の段階ごとにまとまりがあるのは、農民の生活の場に身近にいるイナの名からも見られる。イナの語源としては、稲＝イネから発生した言葉。農民のこの魚に対する意識はイネから湧くもので、生活空間の中に存在するもの。海からやってきて海に去っていく移動性の魚であるとは考えない。内湾から内陸の淡水域では、身が重要で日常的で下魚の分類に入り農民の魚とされる。江戸時代の料理書『古今料理書』では、イナの前段階のスバシリを下魚として記載している。

筑後川下流域では「シロミ」としてボラを珍重し、色による魚の分類も見られる。ボラは生物学的分類ではボラ科（Mugilidae）の魚だが、一般に「クロメ」と「アカメ」と呼ばれる。生物学的には、アカメは同じボラ科の魚だが、属を異にする「メナダ」の別名である。クロメは「マボラ」で、ここで、ボラと言ったらマボラのことを指し、アカメを含まない。

いずれにしても、コイ・フナという純淡水に棲む魚を別とすれば、シロミ＝白身の魚は下流域では手に入れにくい。沿岸域にも棲息するボラは貴重である。

久留米市と大川市の中ほど、三潴郡城島町下青木（久留米市城島町）では、九月一五日と二五日に祭りをおこなう。一五日の「座祭り」にボラとミズイモを使うというのが、欠かせない決まりなのだ。

九月一五日、ミズイモとボラを食する祭りが、かつては広くこの地域でおこなわれていた。ボラの刺身に唐辛子を混ぜて、「ヒイヒイ」と唸るほど刺激的なものを作った。

また、料理は女性ではなく必ず男性が作るのが特徴である。ケの日常の料理が女性なのに対し、ハレの祭礼の儀式料理は男性の仕事であった。また、「ヒイヒイ」と唸るほどのものは、通常の食から当然逸脱しているのだが、祀りに逸脱は欠かせない。

座祭りの世話は当番制で担当し、座の料理にはボラとミズイモは欠かせないものであった。ミズイモはそいで塩で揉み、味噌合えにした。ボラは刺身にしてみじん切りにしたミズイモと混ぜ、「グチャグチャ」にし、唐辛子を「ヒイヒイ」いうほどたっぷりと入れ、なますにした。また、味噌汁、煮つけなどにもした。味噌汁には茎と芋の両方で、他は茎だけを使った。

筑後川下流域では、水田にサトイモ系のイモを栽培する地域が広がり、これを「ミズイモ」と呼ぶ。イモは通常のサトイモと同様であるが、茎は夏野菜として食べる。ミズイモとボラを祭りに使用するということは、同じ地から採れる同一のものである、との共通性をより深める。

また、その形から「ソロバン」「ボラのヘソ」とも呼ばれる、ボラの胃から腸に繋がるしっかりとした筋肉を持つ内臓を珍重する。ボラが泥地の中をあさって食べる食性から発達したものだが、流域では「ウス」とも呼ぶ。農民がかつて脱穀に使った臼と似ていることから、「ウス」と呼ばれるようになったと考えられるが、とても興味ぶかい。料理に出たボラのウスを競って食べる。シコシコとした食感があって絶品である。ニワトリの砂ズリと良く似ている。

祭りのおこなわれる神社

社殿

祭事

農民が臼との関連で局部的に解釈し、意識的に珍重されたのではないかと考える。

　所代わってポリネシアのハワイ諸島ではボラは栄えある王様の魚で、養殖されていた。ハワイでは伝統的に水田にタロイモを植えて主食としていた。下流域では用水路を造り、水利灌漑網を整備し、水田にタロイモを植え、用水路で棲息する魚、エビなどを食用として利用した。タロイモ水田を中国の魚田・魚池と同じようにボラの養魚地としても利用するのである。

　農民の世界と漁師の世界にわたるボラの存在は、沖積平野に集落の広がりを見せ、水稲農耕が始まる弥生時代にまで遡るものであろう。水田拡大と共に農業水利システムも整い、淡水魚の棲息域も拡大化の道を辿る。これも、水稲先進地の中国揚子江流域の状況と同じだ。

　このように、淡水性の生き物は基本的に水稲農耕と共生関係になるもので、同一風景として存在する。

　漁民の場におけるボラは、魚本体もさることながら、とくにメスの卵巣を狙って漁をすることだろう。卵巣は天下の珍味、カラスミの材料となる。

　カラスミは形が唐《カラ》＝中国の墨のようであることから名づけられた。江戸時代初期、中国南部の福建人が長崎に製造技術を伝えたといわれるが、もっと遡るのではないだろうか。中国福建省や台湾島では日本沿海のボラより発達した卵巣を取り出し、大きめのカラスミが作られる。日本では、巨大なボラの数は少なく、クチコ・コノワタと共に珍味のひとつとして知られる。

　また、カラスミは日本、中国だけの特産ではない。エジプトでは「バタレック」、他にトルコ、ギリシャ、

ボラのウス

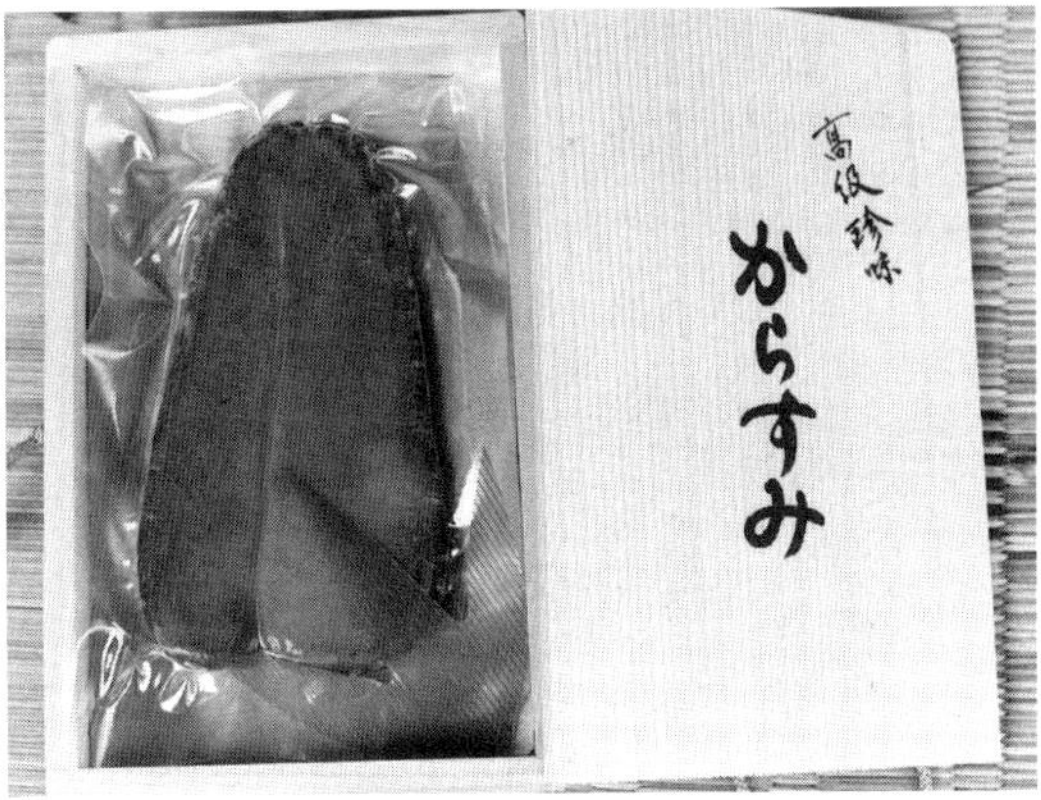

カラスミ

イタリア、スペインなど地中海から西アジア地域にもある。エジプトの古王国第五王朝のマスタバ墓にもボラが描かれているし、イタリアのカラスミ製造は古代ローマ時代のモザイク画にもボラが描かれる。地中海に面する北アフリカ、チュニジアにあるローマ時代のモザイク画にもボラが描かれる。

このようにカラスミを食べる地域は広いユーラシア大陸の東西にあるが、それぞれ関連があるかは分からない。イタリアのミモレットというチーズは乳製品だが、色も味もカラスミに似る。嗜好として共通の部分があるのだろう。

貴重なマボラだが、東シナ海に面して対馬海流が流れる九州の西端、長崎県の野母崎から五島列島周辺は、産卵のため南に向かう体長四〇cm～五〇cmにもなるボラが豊富に漁れる好漁場だ。この時期のメスは体の三分の一以上を卵巣が占め、一帯はカラスミの名産地だ。一一月～一月までカラスミ作り、とくに初冬の十一月は最盛期となる。ボラの紛れ込む、有明海の湾口にあたる熊本県天草の牛深でも一一月の時期、同様に作られる。

五島では初冬、大型のボラを狙い敷き網、ボラ網という袋網の一種も用いるが、漁師が海に潜ってヤスによって突く潜水漁も盛んである。ボラは警戒心が強い魚で鱗も堅くて滑りやすく、ヤスを用いて突くには高度の技術を必要とする。漁師はボラを突くことができたら一人前の潜水漁師として仲間内に認められるというプレゼンスを持つため、果敢に挑戦する。

五島列島周辺は海産物が豊富に漁れる地域である。タイ、チヌ、ヒラメなど今日高級魚として知られる魚の他、アワビ、ナマコ、イカ、フカなどの産地で、近世では回遊する鯨を狙って捕鯨も盛んであった。同じ漁撈活動でも、技術を行使して付加価値の高い魚を集中的に狙う。古代からの海人の伝統を持つ。

カラスミもだがアワビ、ナマコ、フカなどは加工することによって大きな商品価値を持ち、アワビはメイホウ、ナマコはイリコに、イカもスルメに、フカはフカヒレとなった。いずれも干し物で、中でもイリコは本来ナマコを干したもので、いま出汁にするイリコとは違う。これらは、高価な海鮮料理の食材となり、江戸時代以降、海外に出し尽くした金銀に代わる「俵物」と称されて中国向けに長崎から盛んに輸出された。

中国人の海鮮料理におけるブランド嗜好は、日本の「五島もの」を最上とした。それらの品々は潜水漁、古くは魏志倭人伝に記載された「倭人沈没して魚腹を捕う」人々の後裔によって漁られた産物で、彼らは鎖国下においても弥生時代からの伝統を受け継ぎ商品貿易の一端を担っていた。カラスミもやはり同様の付加価値の高い加工食品である。

回遊する魚を狙う漁民は、狩猟民、あるいは遊牧民が移動するのと同様に、魚と一緒に動くことも多い。生活の中で特定のものにウエイトをもっているほど追いかけ、最後にはその地に定着する場合もある。

玄界灘に面する福岡県宗像の鐘ヶ崎の潜水漁師は、アワビを追って日本海側に分村を作っていった。和歌山県の真珠採りの人の中には、真珠を狙ってオーストラリアまで出かけ、沖縄の糸満漁民は潜水しておこなう独特の追い込み漁を駆使し、各地で活躍した。

台湾近海で産卵するボラを求め、大陸沿岸に暮らす福建漁民が先住民の世界であった台湾へしばしば渡ったことが文献にも記されている。

人の移動ということに関して、移動は海上である限り舟を使う漁民が必ず携わるので、彼ら漁民の道具が指標にもなる。

国情が不安定になった南宋の時期、台湾島では漁網の重りとする沈子に変化が見られる。石の両側を打ち割って作った打欠石錘、両側にタテに同じ目的で溝を持つ、揚子江型石錘と考古学的に呼ばれる網漁に使用して

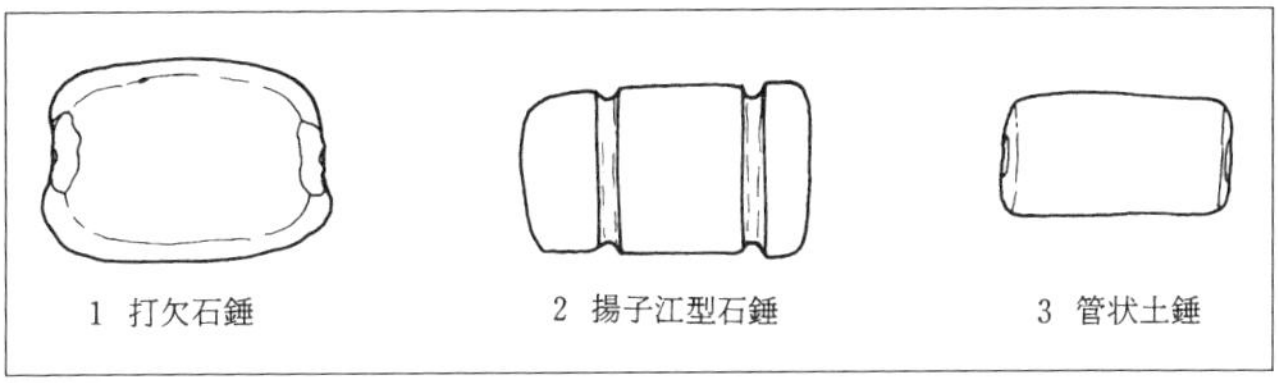

台湾島出土沈子模式図

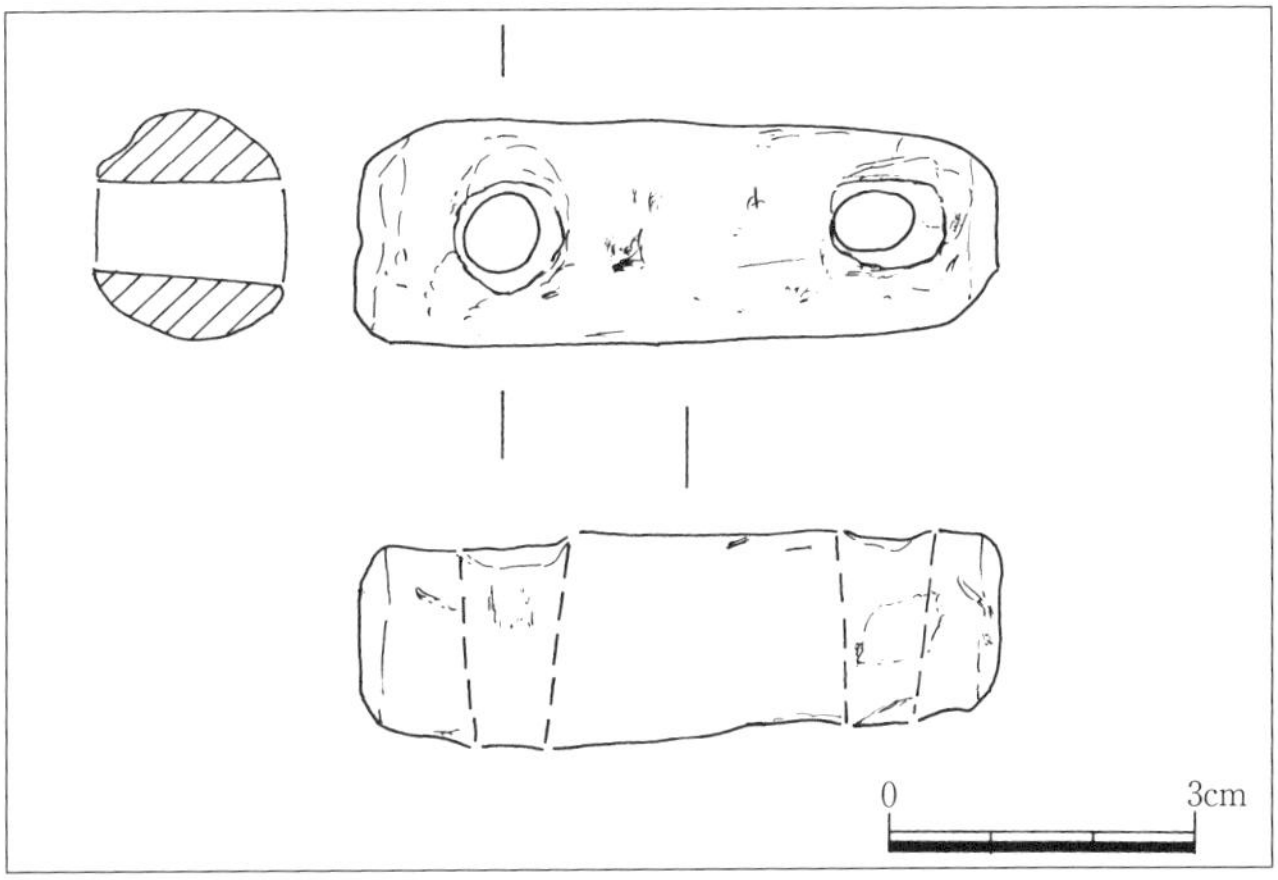

博多遺跡群より出土の関西系漁網用沈子（福岡市博多）

いた在来の沈子の中に大陸起源の管状土製沈子が大陸側の西海岸の遺跡より出土する。

　管状土製沈子は中国東北部に起源をもち、山東型土製沈子とも呼ばれ、東アジアに拡散した。この沈子は中央部を沈子綱が通るための孔があるもので、日本では朝鮮半島を経由して水稲農耕の開始と共に出現した。

　私はこのタイプはそれまでの在来系の沈子と異なり、まずは漁獲の原理を異にする刺網系の漁網を使う網漁に使用することを指摘した。刺網系統は水中の魚の通り道に張り、袋網系統のように誘導して閉じこめるのではなく、魚の目に触れないような糸を用い網自体に絡め取る網である。

　天蚕糸は蚕と違い、楠の葉を食べて成長するクスサンという蛾の幼虫を利用する。絹糸は蚕の繭から抽出するが、天蚕糸は繭を作る前の幼虫から絹糸線を取りだし、酢酸につけて乾燥させたものだ。

　クスサンの幼虫が好む楠木は腐りにくく、舟材として使用されてきた。佐賀県の有明海一帯は、この目的のため意図的に楠を植えた。楠木とクスサン、あるいは天蚕糸＝テグスという言葉が残るように、ナイロン糸以前は釣り糸、刺網の糸もこれだった。少なくとも養蚕技術がないと、細かい刺網は不可能ではなかろうか。

刺網の沈子は脱着が容易な在来のものと違い、網の底部にある綱を通して装着され、着脱が不可能で、網の均一性を前提にしている沈子。つまり専門性を持った網、漁法に使用され、限定性を持つことになろう。台湾島では、日本と比較すると年代は新しくなるが、管状土製沈子を用いた漁網を持つ漁民が台湾島に移動してきたことがわかる。本省人の渡来の時期であり、考古学的な遺物から導き出すことができる。

南宋の時期は、日本を含め東シナ海一帯で貿易活動が活発化する。福岡市博多の発掘調査でも中国製青磁・白磁の他、朝鮮製、ヴェトナム製、イスラーム陶器などの貿易陶磁が出土し、その一端をうかがい知れる。五島列島周辺でも関西・瀬戸内海系漁民の大量進出があり、海上活動が活発化する。正規の貿易ルートではなく、和寇になるものも現れ、基地となった遺跡が現存している。中国人の嗜好する海産物であるメイホウ・イリコ・スルメ・フカヒレ・カラスミなどの商品価値の高いものを、彼らが見過ごすはずはない。

日本でも、漁業活動の活発化は沈子からもうかがえ、それまでの九州にはなかった関西・瀬戸内海系漁網用のものが出土する。また、小型の円形で糸を通す孔と溝を持つ釣り用の土製沈子が博多湾岸の遺跡でも多く出土し、その動きを検証できる。

ボラの魚骨は、縄文時代に七〇ヵ所ほどの遺跡から検出されている。熊本県の黒橋貝塚からの例では、三年未満の未成魚であると指摘されている。つまり、湾内にいるものを捕獲したのであろう。

農民と漁民における生態学的な差を見ると、上流域・中流域・下流域ごとの違い、対象となる魚の違い、集落の在り方、あるいは漁法・漁具も異なっている。

筑後川中流域の本流に沿った一帯で、大型の袋網の沈子と考えられる管状土製沈子も発見されており、時代は古代、獲物はボラ、コイなどの魚を対象とし地曳き網に使用されたのではないかと思われる。

福岡市の中央部を流れる那珂川中流域に立地する辻田遺跡から、弥生時代後期とみられる筌が発見された。農業活動の場で使用されたものだ。下流域にある博多湾に面した博多遺跡群からは、曳網用と考えられる滑石

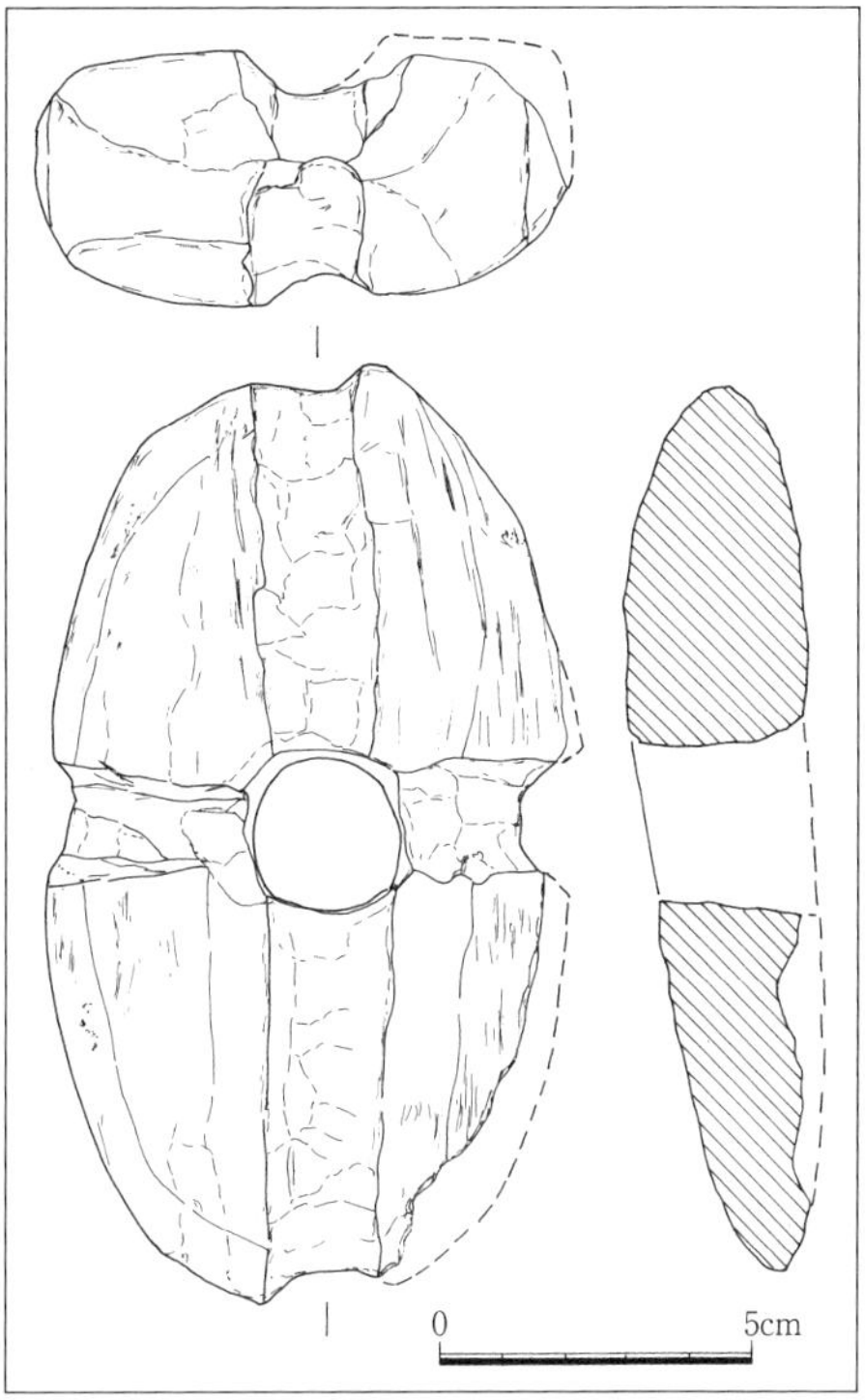

姪浜遺跡出土のボラ網用沈子（福岡市西区）

製沈子が出土した。ボラを含め、湾岸の魚を対象とした漁に使用されたのであろう。西にある姪浜遺跡では、近世以降ではあるが、「ボラ網」と呼ぶ漁網に使用する同じ形態の遺物も出土する。

日本ではボラという魚の位置づけは、今日では下魚とされ、特別に愛でられるわけではない。身近なもので遠き世界からの客人たる「ハレの魚」ではない。

かつてイナは農民の魚、ボラは農民にとってハレの魚、ボラ・トドは漁民の魚であった。ボラという魚の一生の段階でも、それぞれの成長に応じてハレとケ、農民と漁民の認識の違いから対応が多様に見られる。

イイダコ

タコは二〇〇種以上に分けられるというが、一般に食用にされるタコは、生物学的には頭足綱八腕形目に属する「マダコ」「イイダコ」「ミズダコ」であり、いずれもマダコ科に分類される。

タコといったら「明石のタコは立って歩く」といわれる「明石タコ」は、マダコのブランドとして有名である。しかしかつて全滅の危機に瀕し、急遽有明海の湾口にある天草から稚タコを取り寄せ放流した。明石はこのマダコの他、イイダコも獲れる産地だが、今日の明石タコの祖先は九州出身ということになろう。

国産のマダコは撃滅し、アフリカのモーリタニア沖からの輸入品が圧倒的に多い。明石まで運ばれて「明石もの」になる他、タコ焼きの具としても使用する。ちなみに「タコ焼き」は「明石焼き（別名タマゴ焼き）」と違い、ソース味のものだ。「明石焼き」はタコだけで、天つゆ状のスープにつけて食べる。これに比べると、露店で作られるタコ焼きはいわば簡略版なのだが、地域性の食べ物である「明石焼き」から露店商の手で瞬く間に全国区にまで広がった。

〈上〉明石焼作り
〈下〉明石焼き

寒海性のミズダコは主に酢の物として利用され、熊本県球磨川流域の人吉ではミズダコを正月などに食べるという習慣があるが、西日本で主に食用になるのは暖海性のイイダコとマダコ、それに手長ダコである。砂泥地の多い湾奥部の有明海ではイイダコが名産として知られている。マダコは大牟田以南の地に多い。とくに「潟タコ」という言い方もある。

タコは煮たら脚をくるっ

と丸め、本当は腹部だが、いかにもツルツル頭をした姿で収まりが良いのだろうか、地元の仕出し料理などにも一品として必ず入っている。姿煮として料理されると、なかなかユーモラスな姿をしている。イイダコは季節によってはびっしりと米粒状の卵が入り、いかにも光ったご飯のようだ。イイダコといわれる所以だ。食べても、粟とご飯の間の味がする。お腹に堪る。

しかし、いかに美味しいからといって卵を一緒に食べてしまうのだから、だんだん少なくなるのが当たり前だ。将来増えるべき資源となる卵を人が横取りして食べる、こんな罪深いことはない。卵は確かに美味しいが、資源は先細りになってしまう。

タコ漁は大形のミズタコは籠だが、マダコ・イイダコはタコ壺と手釣り、手長ダコは手釣りで漁をおこなう。有明海では、イイダコを獲るのに天然の二枚貝であるサルボウ、巻き貝のテングニシ・アカニシなどの貝殻を利用したイイダコ壺延縄漁が盛んである。

漁具として使用する貝は、巻き貝の体層部に身を取り出すために穿った孔に紐を通し、二枚貝は二枚の貝をカスタネット状にして下げ使用する。イイダコ壺漁は二シーズンに分けて漁をおこない、漁具となる貝殻もそれに合わせて使う。食として利用した後の再利用品である。

イイダコが大型化する冬のシーズンに使用される壺の場合、かなり巨大なものである。大きな貝殻は、今日ではなかなか手に入らないと、漁師は嘆いている。海が貧しくなり、乱獲もたたってはそのようになってしまうのはしかたがないのかもしれない。

漁にあたっては幹縄を横方向に長く伸ばし、それに一mほどの枝縄を取りつけイイダコ壺として使用する貝をつけるのが一般的だ。延縄はマグロ延縄に使用するものを用いるところが多いが、九州の西部、伊万里湾では幹縄に藁縄を使っていた。

一般にイイダコ壺というと土製の壺を思い浮かべる人が多いと思われるが、実際には全国的にも貝製を使う方が主流である。貝を使うイイダコ漁は、南は鹿児島湾から北は青森湾の地域に広がっている。

地域によって、例えば北陸以北のホッキガイ、瀬戸内海東部のウチムラサキのようにそれぞれの地域で使用する貝種は違うものの、はるかに広い。土製のイイダコ壺を使うのが、特殊でマイナーで限られているのだ。

日本以外では中国の天津の近く、渤海湾に面するチンホワンタオ（秦皇島）でも巻き貝を利用して漁がおこなわれている。中国における漁だが、その起源は残念ながら不明である。タコは貝に近い関係だから、先祖を懐かしんでかどうかはわからないが、貝を使って獲るのは確かに理にかなっている。

考古学的出土遺物では、弥生時代の大阪湾が土製イイダコ壺発祥の地であるのに対し、イイダコ壺と考えられる貝が、同じく弥生時代の遺跡である佐賀県の託田西分遺跡より出土している。今日でも有明海沿岸は貝製

〈上〉岸壁に積まれた貝製イイダコ壺（佐賀県道越）
〈下〉倉庫に保管されている貝製イイダコ壺（佐賀県道越）

佐賀県本庄

福岡県沖ノ端

佐賀県道越

佐賀県詫田貝塚

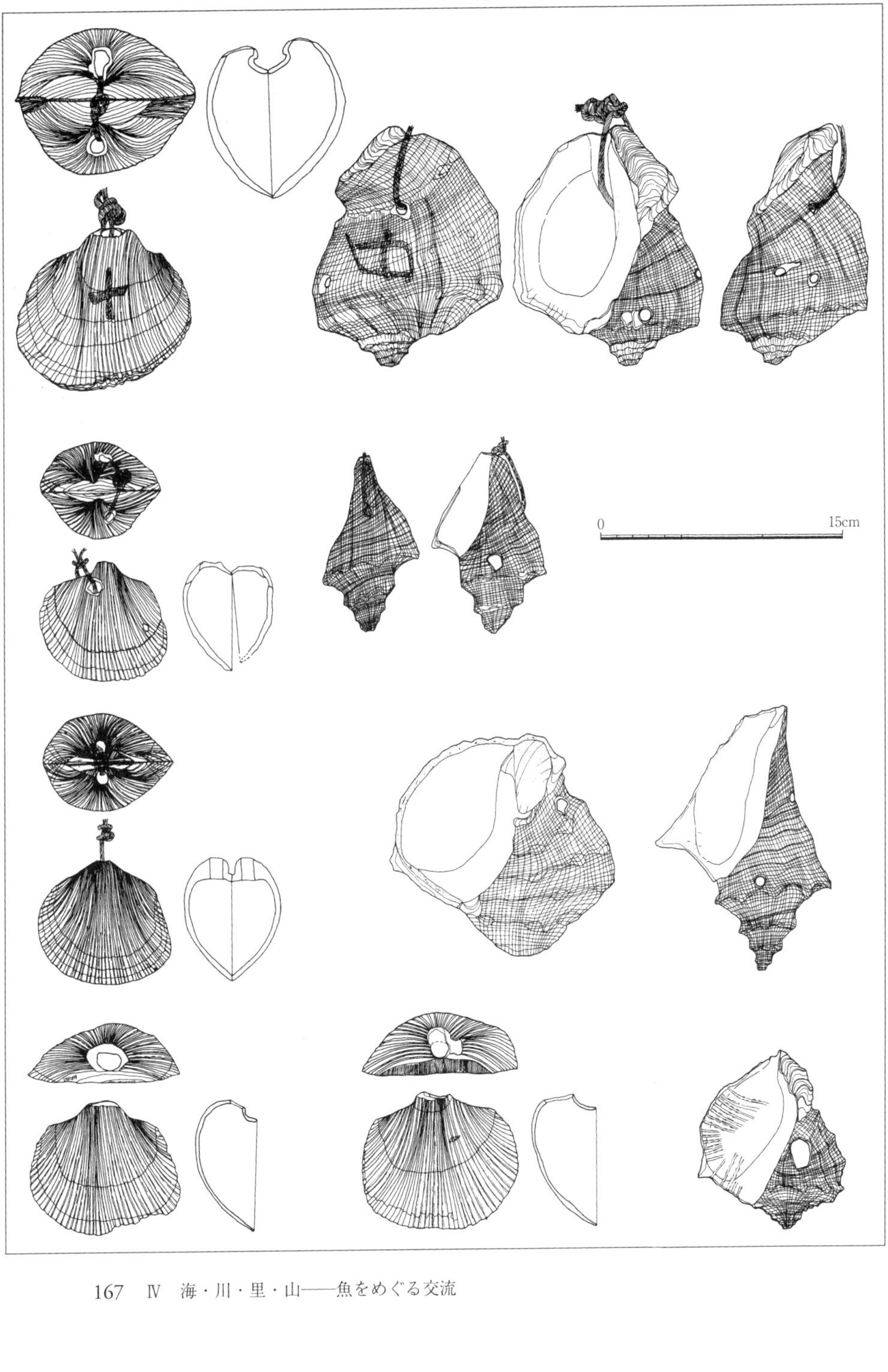

イイダコ壺を使用する中心地域となっている。

土製のイイダコ壺は、考古学的にも海に臨む遺跡からしばしば発見される。博多湾岸でも弥生時代終末から古墳時代初めにかけて、畿内政権の進出と共に出現する。しかし、有明海沿岸では土製のイイダコ壺は出土しない。文化圏が違う。なかなか面白い問題で、実は土製のイイダコ壺が特殊で、これは塩を作るための製塩土器と関係があると考えている。

マダコ壺はイイダコ壺と違い、最近はプラスチック製品となっているが土製品が基本だ。イイダコ壺に比べてマダコ壺の考古学的な出土例は少ないが、大阪湾沿岸にある弥生時代の池上遺跡から最古のものが検出されている。イイダコ、マダコ壺の土製品はこの辺りが発祥の地となっている。

イイダコ漁はイイダコ壺延縄漁とタコ釣り漁が主な漁法だが、有明海の場合は釣り漁はなし、湾口に近い島原湾で見られる程度である。また、この両者ともしばしばオスとメスのタコを同時に漁獲することができる。これはアユとは違い、交接中のタコである。タコ壺漁では、タコ壺の中にメスがそして壺の外にオスが絡みつき引き上げられる。

漁師が有明海で獲れたイイダコは「潟タコ」として市場に出荷している。

さて、福岡県の柳川市近郊の村では、水難避けに「タコ」を作る風習がある。筑後地方では、旧暦四月一五日には、水の神さまを祭る「水天宮祭」がおこなわれる。この時期に、氏子がタコを作る。

このタコとは何であるかというと、ワラで生物のタコを真似たものを作り、頭（本来は腹）にはボラを入れて竹竿にくくりつける。また、竹竿の上には御神酒の入った徳利を、同じようにくくりつける。これを堀岸に立てておくと、「カッパさんよけ」になるという。

この一帯は堀、つまりクリークが無数に張り巡らされている。これらの堀は水門によって調節され、統一的に制御して貯水と排水が行われている。この水門は特に重視されているわけだが、水門を開いているときには

〈上右〉水天宮とタコ（福岡県柳川市）〈上左〉ワラで作られたタコ
〈下〉竹竿にくくりつけられたタコ（矢印）

この辺りで遊んでいたら水が渦状になり、巻き込まれてとても危険である。

私が子供の頃、始終言われていたのは「イビ（水門）に近づいたら、カッパさんに引き込まれる」ということだった。これもカッパさんの姿の一つだったかもしれない。水天宮に水難除けに参るとカッパさん除けも建っているが、ヒョウタンの飾りを貰い、子供達は首に巻いて水難除けとした。

このような風習は広く筑後川流域で見られるが、どうやらタコ状にしているのは干拓地だけのようである。他の場所では、やはり「カッパさんよけ」に川岸、あるいは水路などに立てている。だが、単に魚、鰹節などをワラで包んだだけで、タコの形に類似するように作っているわけではない。

なぜタコの形にしているのか、村人の記憶も定かではないが、タコに類似したものは干拓地一帯に見られる。そこは農村地帯でもあるが海にも近く、漁村も数多くあって、潟地に棲息するイイダコを狙うイイダコ漁が盛んな地域だ。イイダコ＝飯蛸とするように、イイダコは春先に卵を持つが、その卵の形が飯粒のようなことから名づけられたものだ。それと合わせて稲の収穫を願い、水の確保を希望したものであろう。

いずれにしても、海に近い村の性格から出てきたものであると理解できよう。

これに関してもう少し検討してみる。

倉田亨は、弥生時代以降、西日本の各地から出土するイイダコ壷を検討した。そして、弥生時代人は水稲農耕民であるから、イネを植える春に海から飯を収穫するのだが、その海の飯こそがイイダコであると考えた。農耕民は海の飯＝イイダコを獲って飯を得、それを供物としたという。海の世界と陸の世界との対比で、共通な認識としての飯が上げられる。稲作開始以後の考えだが、もう少し歴史的に遡った全体像を考えた方が良いのではないかと思う。

農耕活動において、タコはイネよりもイモとの共通性が圧倒的に多い。形の類似性にとどまらず、色彩からも近く、ヌメリを持つという皮膚感覚的な共通性もある。もう少し考えると、水田に植えているイイダコ＝イネという意識よりも、水田で栽培されるサトイモであるミズイモのほうが共通性は高い。水難避けとしてワラを利用し、タコに類似したものを作る柳川周辺は水田にミズイモを盛んに作っている地域でもある。

イイダコは小型で、一口で食べられることから「ヒトクチダコ」とも呼ぶが、飯という意味が加わったのは、新しいものではないかと考える。タコは、イネよりもイモとの共通性の方が高い。

イネとタコに関してはもう一つの話がある。

田植えが終わり、夏至を過ぎて一一日目は半夏生《はんげしょう》と呼ばれるが、この日を「ハンゲダコ」と呼んで、タコを食べる習慣が関西にはある。実はこの時期はイネが成長してきてしっかりと地に根を張る分枯の時期にあたる。「タコの足のようにしっかりと根を張るように」との農民の思いが込められている。

兵庫県の播磨地方では、この日タコを海に放流して豊穣を祈願する。

このようにイネと関係がある半夏生なのだが、イモとの関係も存在する。半夏生というサトイモ科の植物が知られるが、この植物の生える時期であるからこそ、そもそも半夏生と呼ばれた所以なのだ。

稲との関係の意味づけを考えてみると、陸の植物である半夏生の生える時期がまず知られており、その時期に海で獲れるタコの意味づけが出てき、最後に稲の付加した意味がついたのではなかろうか。

ところで豊饒のシンボルとしてのタコだが、世界的に見ると面白い。

地中海に面するイタリアも、ナポリ以南はシーフード料理が知られ、「漁師のサラダ」には必ずタコが入る。ナポリはポンペイと共にギリシャの植民地として発展したが、母国のギリシャも、タコ食いとして知られる。

エーゲ海に栄えた紀元前一五〇〇年頃のクレタ文明の陶器には、壷の胴部にタコがこちら側に向かって足を広げた姿が描かれる。とくに、タコをモチーフとした特徴的な壺が出土しており、彼らがタコに対して、何らかの意味づけを持っていたことがうかがえる。タコの描かれた壺は生業に使用するための実用的なタコ壺ではない。タコはこの壺の他に貨幣、石棺などに描かれている。

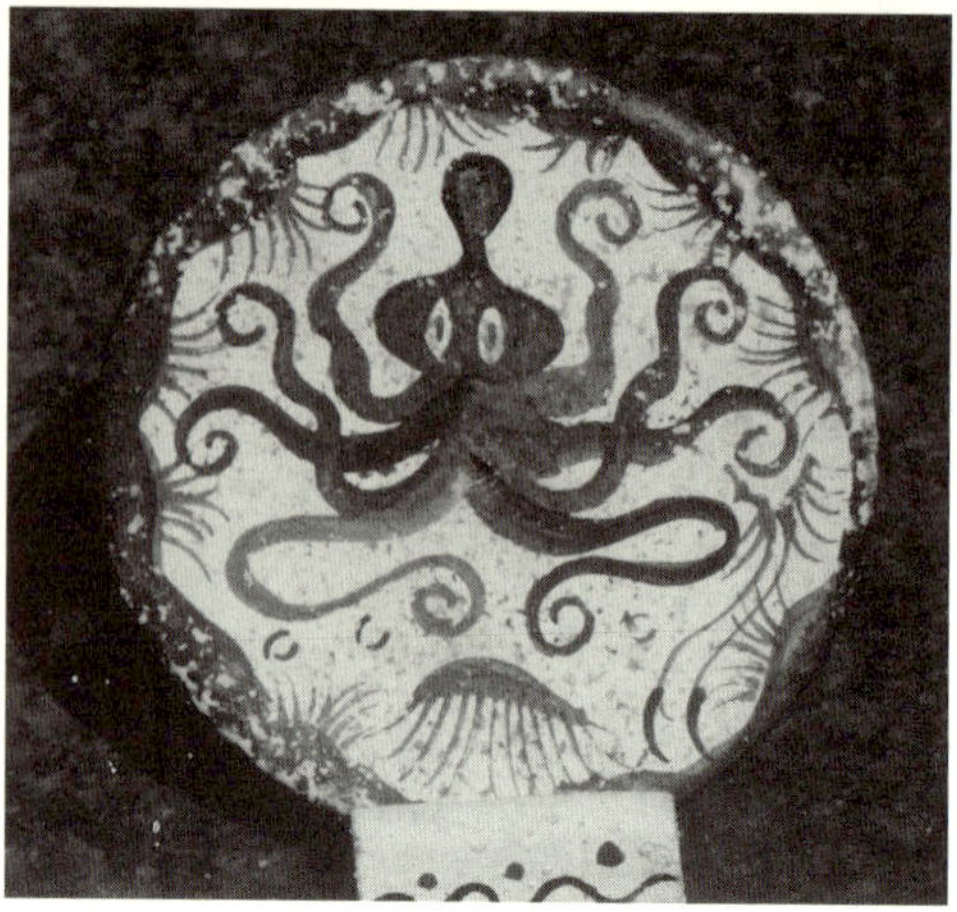

タコの絵皿（ギリシャ　アテネ）

描かれたタコは、エーゲ海に棲息するマダコの一種である。日本のものは吸盤が二列なのに対し、一列の「一列ダコ」であり、吸盤をそのように描く。タコを的確にとらえ写実的に描くのが特徴だ。後発のミケーネでのタコの模様はミノアのものに対して様式化しているが、引き続き使用される。図化で特徴的なのは、日本のタコが本来の腹部である部分を頭にし、そこに目を描き、漏斗を口にするような擬人化、そして漫画的なのに対し、より写実的に描く。

タコの描かれている意味だが、タコの持つ象徴性、つまり足を大きく広げた意味、よこしまな妬みなどの目の邪視《じゃし》除けということが考えられる。目をしっかりと描き、足を「クネクネ」とこちらに向かって広げ、邪が其方に近づかないように払う、という守りとしての意味づけを考えさせる。

タコの足を広げる姿形が邪霊除けの意味をもち、また子育ての頃のタコが守る姿のメタファになり、守護として神聖化したのであろうか。イスラエルのガリラヤ湖に棲息する、子育てする魚として知られるティラピア、「セントピーターズフィッシュ」の姿とダブらせる。確かにこの魚も地域で神聖化されているが、大いに食せられてもいる。ギリシャ人もまたタコを大いに食している。

それからもう一つの意味として、とくに様式化されているものに見るブドウとの共通性だ。この図化を見ると、ブドウが実った姿と類似する。すなわち足はツルであり、胴体はブドウのタワワナな実に類似をする。

もう一歩思考を進めれば、日本でも食には関わりなく、ロマンチックに「海藤花」と称されるメスの産みつけた卵、あるいはお腹の中の卵も共にブドウ一房の個々の実に見えなくもない。そこに実りのシンボルとしての共通性があるのではなかろうか。ブドウは豊穣のシンボルでもある。それとまったく同じような形をしたタコの卵に対して、人はメタファ的な類似の思考を抱くのではなかろうか。

陸における豊穣のシンボルであるブドウに対し、海の豊穣のシンボルであるタコという対比ではなかろうか。

確かに、タコは環境の悪化に対して敏感に反応する生き物だ。地域に根づくもので環境の悪化に直ぐに反応し、全滅することもある。このようなタコは環境の指標としての意味もあるのではなかろうか。日本におけるイイダコが卵という一部分ではあるが、イイ＝メシと認識されたようなパラレルの思考であろう。

また、陶器に描くという点では、日本ではタコそのものではないが、近世の肥前陶器にタコ唐草という模様が描かれているものも多い。これはやはり蔓草をイメージしている。

タコ漁としては、ギリシャではヤスでタコを刺して獲っている。ところで、日本ではポピュラーなタコ壺漁が、イタリアやギリシャでおこなわれているとの記載が多い。しかし、イタリア、ギリシャの漁港でフィールド調査をした限りでは、残念ながら一度もお目にかかったことがない。

実際、ナポリのサンタルチア港のタコ獲り漁師は日本のようなタコ壺ではなく、ネット状のタコ籠のようなもので漁をしていたし、フランスも同じであった。底曳き網の他は、イタリアの例と同様にタコ籠で漁をおこなう。当地で購入した本にも記載されている。ギリシャ・イタリアのタコ壺使用例というのは、タコの描かれた古代ギリシャの祭祀土器を、タコ壺と誤認した結果ではなかろうかと思うがどうであろうか。実際にタコ壺を使っている漁は、チュニジアのガーベス湾、ポルトガルの大西洋岸にある漁村のコインブラである。

エーゲ海に面する島の岸壁には、タコ干し風景が見られる。ミケーネ文明以後もタコは食されているが、祭祀土器の紋様には用いられない。タコの祭祀としての意味は、どうして消えていってしまったのか。

ギリシャは内陸からやってきたイスラームのオスマン・トルコ支配下になるが、魚の用語はギリシャ語が大部分である。それほどギリシャと魚とは切れない関係なのであろう。ただし、トルコはイスラームの戒律により、タコは食べられない。ユダヤ教も同じ。

ギリシャの対岸のチュニジアでは、タコをギリシャに輸出し外貨を稼ぐために漁をおこなう。ギリシャは今日でも名だたるタコ食いの民族である。四旬節の期間、肉食を断つというキリスト教の戒律を厳格に守るギリシャでは、とくに貴重なタンパク源の供給先となっている。古代祭祀の残影がここに見出されるのであろうか。

有明海で獲れるイイダコはやはり豊饒のシンボルとして、今日でもよく食されているのだ。

クロダイ

クロダイは内湾に棲息する魚で、小さい時はすべてがオスだが、その後雌雄同体となり、後に成長していくにつれて性転換し、三〇cmを越すようになるとメスも現れるという不思議な習性を持つ魚である。ここまで四年の歳月を経る。クロダイはその名の通り、黒っぽい体色をしている。姿・形から「海のフナ」とも言う。

別名チヌ、クロとも呼ぶ。関西、西日本ではチヌとして知られる魚だ。刺身は美味であり、とくに夏にかけて美味しくなる魚である。ただ、悪食で何でも食べるので、場所によっては泥臭かったりもする。だからであろうか、クロダイは「妊産婦には食べさせるな」とも言われた。これは悪食なるが故のことであろう。

クロダイは用心深い習性を持つ魚で、釣り糸が見えただけでも警戒をするため、夜釣りの対象とされる。釣りの醍醐味があり、なおかつ釣り人のステータスが上がるということでも広く知られている。

銛でクロダイを突く場合、横方向で銛を見せた場合、アッという間に逃げてしまうが、真っ直ぐに一気に突いたら、警戒心の強いこの魚でも獲ることができるとのことだ。警戒心が強いということは好奇心も一杯にあるということで、魚の習性を巧みに利用して人が獲る。

クロダイはこのような魚ではあるが、人の手が届きやすい内湾に棲息するので、古くから食として盛んに利用されてきた魚のひとつとして知られる。

ところで大阪は古の難波で、前面の海は大阪湾である。今日の大都会大阪の姿からは想像しにくいが、かつては奥深く海が入り込んでおり淀川などの河川が土砂を運び込んだ結果、陸地化して現在見る姿になった。古代、内陸に深く入り込んだ部分は河内潟と呼ばれていた。

有明海の湾奥部にある縄文時代の貝塚もだが、大阪湾に面した古い縄文時代の貝塚も流入する河川の土砂により今日の地表よりはるかに深い場所にあり、鉄板を打ち込み、まるで発掘は地下作業のような状態だ。

海が内陸に入り込んだ結果、縄文時代から弥生時代にかけて多くの貝塚遺跡が残されている。マガキ、シジミの貝類が最も多いが、魚類ではクロダイが多い。沿岸性のクロダイは人も利用しやすかった魚なのであろう。そのような貝塚のひとつ、縄文時代中期の讃良《ささら》川遺跡では、魚骨の内、クロダイが二三％、実に四分の一弱も占めている。

時代は降って奈良時代、七一六年、元正天皇が難波に離宮を造営したのはチヌを食べたかったからともいう。ことほど左様に食の伝統があったようだ。大阪湾のことを別名「茅渟《チヌ》の海」とするのが納得できよう。逆に「茅渟の海」に多い魚であるので、チヌと呼ばれるようになったとも言う。大阪湾を代表する魚だ。とくに和泉地方はクロダイが名物であった。

水槽を泳ぐクロダイ（手前中央（下）の魚　おきのはた水族館）

確かに大阪の釣り好きは「チヌを釣りに行く」というような、喜びと誇らしい言い方をする人が多い。九州辺りとはチヌに対する思い入れが少し違うようである。

名古屋の東、渥美湾にある縄文時代の貝塚の報告では、クロダイを夏に漁していたことが解明されている。

縄文人も美味しくなる時期を知っているのだ。季節性を知らないのは逆に現代人の方かもしれない。

海の魚として考えられるクロダイが川で捕れた、と聞いて驚く人も多いかもしれないが、案に反して実はクロダイはしばしば淡水域に入り込む魚なのである。

下筑後川漁協の応接室にはエツと共に数年前、久留米市の国道三号線の下、筑後川の中流域の堰の一つ、小森堰付近で獲れた体長四〇㎝ほどで重さ一・五kgにもなるクロダイの標本が陳列されている。

クロダイの標本（後列の絵皿の左）

話には聞いて知っていたが、実際に見ると不思議な感じがする。標本でこれだけだから、獲れたときはさぞや大きかったのであろう。

先日ある水産学者と川を遡るクロダイの話を巡って面談したとき、「考古学は良いですね」と先方が呟いた。「毎日発掘の話が新聞、テレビなどの報道に取り上げられないことはないじゃないですか、クロダイは川を上ることがあるといっても、それでもここまで川を上るのは驚くことなのに、トピック欄という形で新聞の片隅にわずかに載るだけです。しかし、少しでも載るものがあったらまだましです」と話された。

考古学はどうしてニュースになるのか。こんなに考古学のニュースが流れている国は日本以外にはない。そういう今日も発見のニュースが流れている。遠き世界からの来訪を歓迎する「客人信仰」そのもののようだ。

大堰の辺りで有明海に注ぐ河口から二〇㎞ほども遡るが、これは潮差の大きい有明海の成せる技である。潮汐差はこの近くにある筑後大堰まで認められる。むろん、この大堰自体、潮を考慮して築造されたものである。海辺に住む人々が古代から食として利用し馴染みのあったクロダイなのだが、潮に乗ったといえど、それにしても筑後平野の中まで分け入り、遙かに川を遡ったものだ。様々なことを考えさせられるクロダイの遡上である。

トビウオ

北部九州では、「アゴ」と呼ぶのがトビウオである。九州博多の雑煮は伝統的にアゴ出汁なのが特徴だ。筑後川流域では、博多のように雑煮の出汁とはしないが、かつては行商の人たちがリヤカーに商い品を積んで廻っていたが、その中には必ずといってよいほどトビウオの干し物が見られた。この一帯の農家では、この干し物を焼いたものが食卓に良くのぼった。もちろんそのままではなく焼いても食べるが、塩辛さと独特の特徴ある油っぽさが妙に美味しい。重労働の農繁期用のおかずであった。

さて、船旅をしていて甲板に上り、海上を見渡すとしばしトビウオを目にする。海上を飛ぶトビウオはとても優雅だ。トビウオは好き好んで飛んでいるわけではなく、シイラなどのトビウオを餌として狙う大型魚の強敵に追われてやむにやまれず飛んでいる。飛び立つときのスピードは時速六〇㎞ほどにもなるという。大変なスピードだ。飛ぶ距離は一〇〇～五〇〇ｍにもなる。

地中海に栄えた古代エーゲ海のクレタ文明の中心地、クレタ島からは紀元前一五〇〇年前後と考えられているトビウオの絵が発見されている。古代人にとっても、飛翔するトビウオは興味深かったものに違いない。ところでトビウオというと、私はかつて訪れた紅頭嶼と呼ばれた蘭嶼の調査のことを思い出す。

トビウオの干し物作り（下のトロ箱の中）

台湾島の東南、黒潮が流れる蘭嶼に生活するヤミ族は台湾の先住民族である。彼らは、春黒潮に乗って北上する「アリバンバン」と呼ぶトビウオを追い、南のフィリピンのバタン島から「チヌリクラン」と呼ぶ舟に乗ってバシー海峡を越え、島に渡ってきたとされている。

一九八八年、機会があってこの島を初めて訪れることができた。かつては船のみだったが、今日では飛行機も島と本島との間を結んでいる。東海岸の中心都市台東から、飛行機だと約半時間ほどで島の飛行場に着く。島に渡る途中、本当に真っ黒な黒潮を横切る。感動ものだ。島に住むヤミ族は潜水漁撈もおこなうが、陸上では水田にタロイモを植えている。いわゆるミズイモだ。この風景はとても懐かしい。日本からはるか離れたこの島だが、ボーッとして見ると妙に親近感を感じられる。

まったく一回も来たことのない地だが、かつてどこかで見たような記憶がする。何かしら筑後川下流域との共通の世界を、私は感じた。いわゆる「デジャヴェ」というのは世界が違ってもよく起こる。

ヤミ族の人たちは伝統的な住居、あるいは服装で生活している。かつてのヤミ族を知っている人にとっては、彼らが大きく近代化してしまったというが、それでも私からみるととても伝統的でタイムマシンに乗って訪れた世界のようで、人の優しさと共にとても感動的であった。

一定年齢以上の人はとても綺麗な日本語を話している。ヤミ族の言葉、「コウカイ」という挨拶を交えながら、今も心優しい人々が暮らしている。住まいは台風をさけるためか、半地下で屋根がずっと低い。

〈上〉台湾紅頭嶼のミズイモ栽培
〈下〉水田のイネとミズイモ（福岡県柳川市）

ここでのトビウオは「春告魚」で、彼らにとってはとても重要でシンボルチックな魚だ。季節の行事はすべてトビウオを中心にして巡っており、神の魚と考えられ別格の扱いを受けている。まさにハレの魚の地位である。トビウオは他の魚と同じ皿に入れず、専用皿で食される。このようにトビウオがハレの中心となる例を他に知らない。獲れたトビウオは、干物にも加工されている。

かつて彼らは解禁日になると、夜間、船に乗って漁に出かけ、松明を灯し、それを目がけて飛んでくるトビウオを、タモ網を用いて獲っていた。いわゆる「すくい網漁」ということになろう。

人が南から動いてきたのではなかろうが、漁の在り方は遙か北方の日本の本州、日本海側の島根県まで類似の漁が見られる。また、太平洋側でも同じような漁がおこなわれている。漁において技術が似ているからといって、それが人の移動ということにはならないが、興味深い。人と人との接触、また同じような発想を偶発的にしたのかもしれない。島根でも、トビウオのことを北部九州と同様に「アゴ」と呼ぶ。

日本への渡来時期は少し遅く、博多では「八十八夜になるとアゴが来る」と言う言葉があるように、初夏になると産卵のためにトビウオが日本海、太平洋側と暖流に乗って回遊してくる。有明海も一部のトビウオが紛れて入り込む。

九州でも太平洋側、沖を黒潮が流れる宮崎県串間市の都井岬沖では、六～九月の夏の間、「太平洋の金魚すくい」というキャッチフレーズで観光トビウオ獲りを名物としている。シーズンにはトビウオの特徴のある胸鰭を広げた姿造りの刺身などトビウオ料理が供されている。

志布志湾の湾口、都井岬の付け根にある都井漁港から観光客を漁船に乗せ、集魚灯に集まるトビウオを空中で獲るわけではないが、タモ網ですくわせる。漁ははるか、南の漁の姿を彷彿とさせる。このやり方は観光専用でもなく、漁師も同様のタモ網で獲っている。

過日、漁を見学したが、この日は美しい中秋の名月の日ではあったが、漁にとってはあまり良くない条件であった。トビウオは月が見えない新月で凪ぎが絶好の漁の日で、集魚灯が効果をより良く発揮しトビウオが集まってくる。

トビウオ漁の漁場は、漁船で港から全速力で突っ走るとわずか三分の地点にある。この一帯は海藻が生えて絶好の産卵地となっている。目当ての場所に到着すると、漁船の船尾の灯りを水中に入れ、集魚灯を付ける。すると船尾方向から真白いトビウオが近寄ってくる。これを三～四mの長さの捕虫網のようなタモ網で頭からすくい取る。

魚の習性を知り尽くした漁なのであろう。トビウオは飛んで移動するという特性を持つため、漁法が限定される。トビウオだけでなく、漁法は魚の特性を理解した地域に生きる人の知恵から生まれた結晶なのである。

所変わって、博多の正月の雑煮になくてはならない必需品なのがアゴである。アゴで出汁をとった中に、具としてカツオ菜とブリが入っている。何と魚に関したものが多いのであろうか。また、福岡市の志賀島では、茶漬けにもなる。

長崎県の平戸は、長崎の出島が開設する前は貿易港として栄え、ここにオランダ商館も置かれていた。茶もこの地からはるばるヨーロッパへと出荷され、喫茶の習慣をヨーロッパにもたらす。茶は、ヨーロッパ社会に文化的刺激をもたらした。オランダの教会では、茶の湯もどきの儀式もおこなわれたと言う。文化はけっして一方通行ではない。

平戸は地理的にも五島列島に続く位置を占めており、付近の海の漁撈資源も極めて豊富である。そして、トビウオ漁が盛んな地である。夏から秋に底曳き網によって漁をおこない、九～一〇月にかけて吹く風のことを別名「アゴ風」と呼ぶ。夏に山陰沖で生まれた幼魚がこれに乗って平戸沖にやってくる。九州ではトビウオの一番の水揚げ高を誇っている。

出汁になるトビウオは焼きアゴとして加工され、一〇cm前後の小型のものが多い。またトビウオは九州では「テンプラ」と呼ばれる練った揚げ物にもなる。それから、開きにして干し物にもする。二〇cm程度の大型のトビウオを使う。ただし平戸では、成魚は食材として利用されることはほとんどなく、漁師が船上で刺身として食するくらい。場所柄、刺身として利用するには小さいのかもしれない。

トビウオは油分が多いのか腐敗の進み方が早いのも特徴で、漁師が一番美味しいものを食べるとはその通りだろう。

日本の食の中でも癖がある食材の筆頭として本州の南、太平洋側に浮かび黒潮洗う伊豆諸島には名物の「クサヤ」なるものが知られる。この材料として住民はトビウオを用いる。

ヤミ族ではないが、確かにイモを主食として食べていると、胸焼けがしてくる。無性に塩辛いものが欲しくなる。米とイモを比べると、よりイモの方が塩気を欲する。イモ栽培と海の魚は確かにセットとして食されているのであろう。

米と海魚のセットより、こちらの方が古いようだ。米は何といっても川魚とセットになるようだ、とトビウオを思いながら考えた。遙か南、黒潮の香りがする。

心優しい人々が暮らす地ではあるが、現代的な問題にも直面している。秘境の地ということで観光地になって飛行機も飛び、本島の台湾に住む漢人も訪れる。また、放射性廃棄物を台湾本島からこの島に持ち込んでいる。台湾政府は、「黒潮があるから廃棄物は本島に押し寄せることはない」という理由を挙げている。ここに住むヤミ族は、こういう暮らしをする自分たちを馬鹿にしていると憤りも激しい。それは当たり前だ。

民族間の軋轢は世界各地にあり、常に緊張関係が続く。少数派は多数派の絶対的な支配のもとに生存権を脅かされている。まあまあと言うのも絶対的勢力をバックにしたもので、ある意味で驕り以外の何ものでもない。ヤミ族の人々が心の安らかさを取り戻すことを祈りたい。

単にトビウオだが、宮崎の都井岬の風景は黒潮洗う台湾島東海岸に風景は似ているし、蘭嶼はトビウオを食べミズイモを栽培する。ボラも食するということで、直接的な関係は別として筑後川流域とも共通点が多い。南の香りをとても感じる魚だ。最近はなかなかトビウオの干し物も食べることはないが、じっと南の島に生活していたヤミ族の人のことを考える。

トビウオ売りの店

クラゲなど

クラゲというと、夏の終わりの海水浴場で刺された痛い思い出をもつ人が多いのではなかろうか。クラゲが出る盆過ぎになると、季節の訪れが早い海ではそろそろ夏も終わり、秋を身近に感じる季節となる。

クラゲを一般に食として見るならば季節感にあまり関係なく、中華料理の前菜にするクラゲを思い浮かべる人は多い。これは、加工食品としての干しクラゲだ。

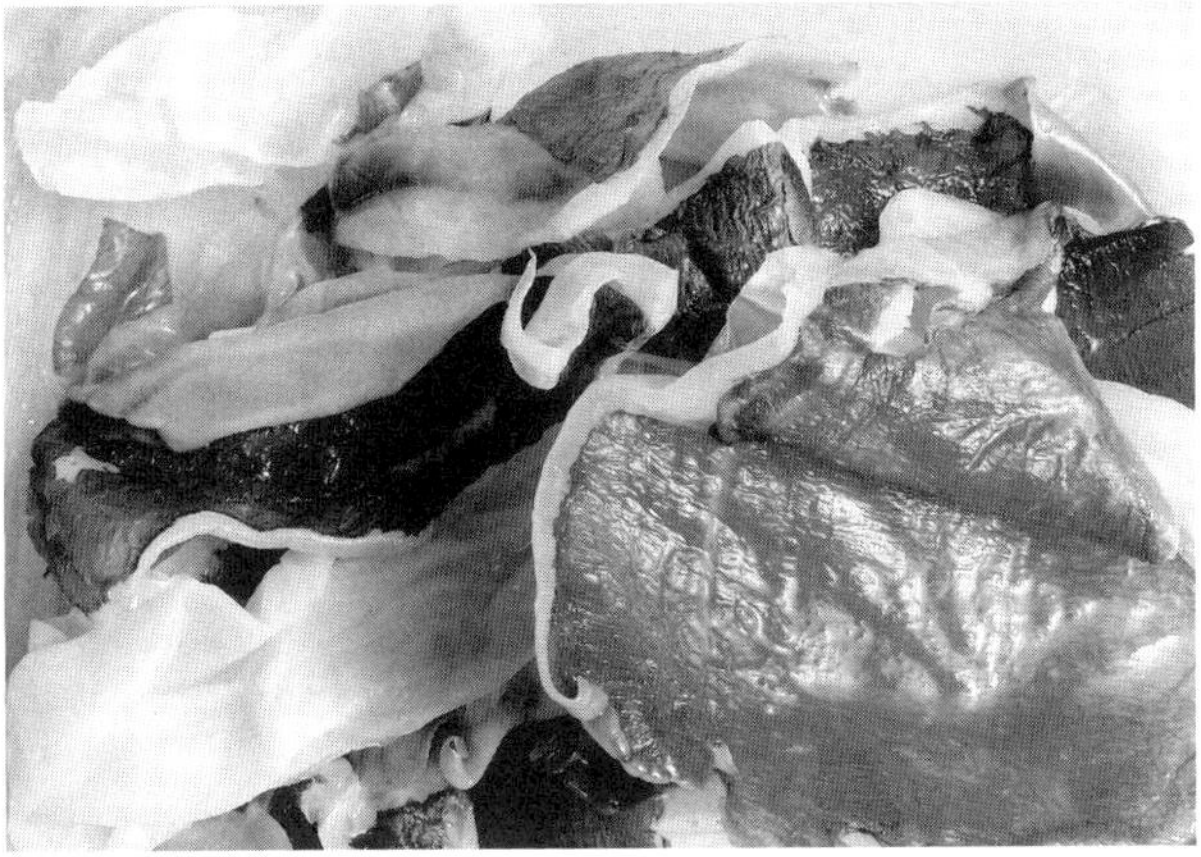

クラゲ

しかし有明海に沿った一帯は、有明海産の新鮮なクラゲを食べる。私はクラゲを食べるといったら乾燥した中華料理のものではなく、この有明ものに直結する。福岡県でも玄界灘側の人に話しをすると「クラゲを生で食べるのですか」とびっくりする人も多い。

ただし食べるのは、刺されて痛い思いをする電気クラゲの「カツオノエボシ」ではなく、アカと呼ばれる「ビゼンクラゲ」、シロと呼ばれる「ヒゼンクラゲ」である。

クラゲは海にプカプカと浮かんでいるわけだが、船で近寄り、素早く昆虫網を大型にしたようなタモ網を用いて獲る。大きいクラゲになると、畳状になる位に成長したものもいる。

食用とするクラゲのアカとシロだが、その名の通り身の色が違う。いずれも明礬にクラゲを漬けて洗い、魚屋で売られる。このようにクラゲを処理すると、水分が適度に抜けてあとはタンパク質になる。それを細かく刻み、おろしショウガで食べる。シコシコ・コリコリとした食感で美味しい。正直にいって味はないに等しいが、クラゲのもつ特有のコリコリとした食感が美味しく感じさせるのだろう。

季節的にも夏場のもので、蛋白質が不足しがちであった人々の栄養補給の食べものがクラゲであったし、見た目も冷涼。これを食べ夏場のカンカン照りでおこなう嫌な除草などの農作業を続けたのである。

この地域では、いつからクラゲを獲っていたのであろうか。

平城宮出土の木簡に、備前の国からクラゲが出されたと記載されている。残念ながら干拓によって姿を消してしまったが、岡山の瀬戸内海に面したかつての児島湾もクラゲの名産地として知られており、ここは有明海と似た潟地が拡がっており、潟スキーも使用されていた。

御贄《みにえ》のクラゲは加工されたものに違いないが、少なくとも奈良時代には食されていたと考えられる。ただ、筑後川流域に存在する貝塚には貝を含めて魚骨、動物骨は出土するが、クラゲのようなものは残りようもない。考古学で発掘されるものは本当に限られている。

有明海にはここを除くと、朝鮮半島、中国にしか分布しない固有の生物も多くいる。他地域の人が驚くようなものも多く、名前も強烈である。有明海産を「ジモン」「前海もん」と呼び、珍重する。柳川市の沖ノ端には、こういったものを扱うお店があり、観光客が恐々と覗きこんでいる姿を目にする。

例えば、「メカジヤ」と呼ばれる緑色をしたミドリシャミセンガイは、カイというが、貝ではなくカンブリア紀のはじめに地球に現れた古い生物だ。また、藁に突き刺して干すことから名付けられ、泥色をしてヌメッとし、口には鋭い歯が並び泥中で生活している内に目を失ったハゼ科の魚であるワラスボ。ワケのシンノス(貝の肛門)と呼ぶイソギンチャク、ゾウの鼻のようなウミタケ、クツゾコなどざっと名前を上げただけでも見慣れない人には迫力モノの産物が続く。

有明海だけの特産品ではないが、日本各地の内湾に棲息し、東京湾では江戸前の鮨の種にもなり有明海沿岸

店頭に並ぶ地元の水産物

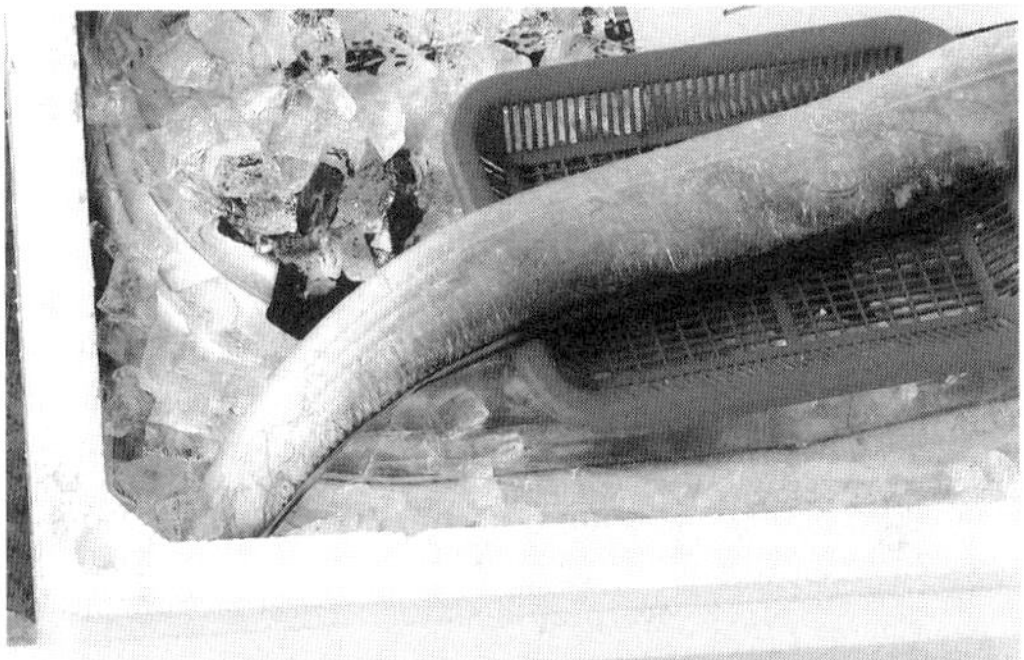

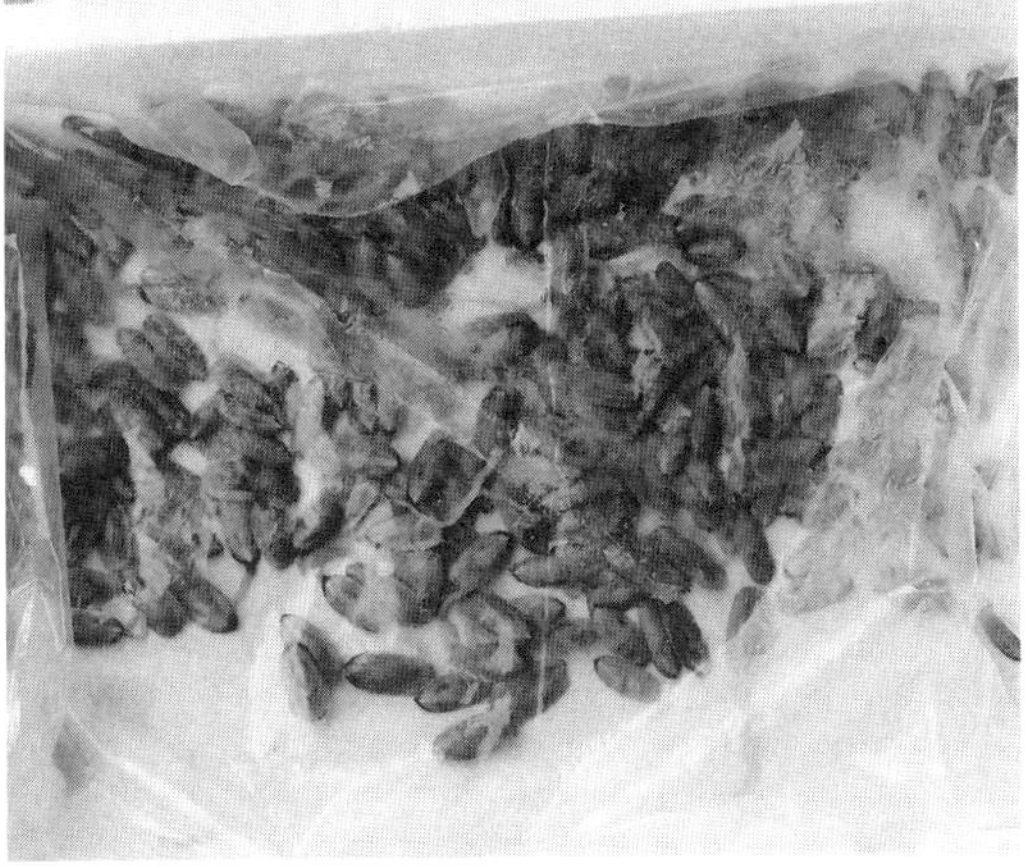

メカジヤ（下）

シャコ

の地元では「シャッパ」と呼ばれるシャコは、これらに比べるとオーソドックスな漁獲物だろう。玄界灘側の博多湾に面する姪浜では伝統食の「シャコ飯」になるし、福岡県の瀬戸内に面している豊前海では底曳き網で漁がおこなわれ、シャコは全漁獲量の堂々二位の位置をしめる主要漁獲物となっている。

ちなみに、豊前海の一位は、貝のアサリである。貝は海産物の中では最も漁獲量の多い代表選手だ。有明海がアゲマキならば、ここはマテガイの名産地でもあった。縄文時代以来、人が利用しやすいものの筆頭なのであろうが、それに続いて漁獲量を上げるわけだから、シャコの地位も高い。

有明海沿岸では、麦刈りの頃にメスは褐色をした濃厚な卵をもつ。この時期のシャコは美味しくて「麦藁シャッパ」と呼ぶ。農業活動の麦の刈り入れと合わせて呼ばれる。だが、シャコは前脚の形から昆虫であるカマキリとの類似から「カマキリエビ」とも呼ばれ、シャコを毛嫌いする人もいるのは事実だ。

他にエビ・カニ類では、保存食として加工されたものに「ガン漬け」なるものがある。これはシオマネキというカニの塩辛だ。潮の曳いた干潟で、オスがメスに対して求愛ダンスをするカニだが、ハサミの片側は大きく発達し、メスにハサミを振り振り求愛する姿が、ちょうど汐を招いているように見えるからその名がついた。

行動を観察して人が付けた名前である。

そのまだ生きているシオマネキを瓶に入れ、上から殻ごと叩き、塩と唐辛子を混ぜて作る。動物愛護家が見たら卒倒もの。塩辛の一種だが、口に入れると甲羅がガリガリとするし、気味悪いかもしれないが、食べ慣れたら病みつきとなる。

このシオマネキも激減、ガン漬けも韓国からの輸入物を使用しているとも聞く。

ウミタケはニオイガイ科の二枚貝で、殻がとても薄い貝である。国内ではかつての児島湾でも獲れたが、今では有明海だけだ。水管部分がとても長いのが特徴で、これを干したものを食べるが、灰色をしていて不気味である。この水管部分を細く切って粕漬けに漬けたものも商品となっているが、一般には炙ってスルメのようにして食べる。味もスルメのようで、有明の海の香りが確かにするが、見ただけではとても食欲がでるものではない。

最近有明海からの水揚げがなく、韓国からの輸入に大きく頼っているアゲマキも本来は有明海の特産だった。やや薄い殻をした二枚貝である。「兵隊さん」とも呼ばれていた。貝の身は水管が二本伸びて足のように見え、人の形のようにも見える。それが名前のアゲマキ＝つまり子供と呼ばれる所以だ。平安時代の古語として、子どもの髪型がアゲマキで、そこから子供のことを意味することとなった。

アゲマキは有明物としては品のある名だが、ここでそのままだったら有明ではない。アゲマキには「アゲマキのヘコ」なるものがある。ヘコとは褌のことを指す。水管の上に付いた黒い膜状のものだが、舌にさわるのでこれを取り去る。「ヘコを取って食べろ」とは、かつて何も知らない人に対してからかい半分に良く言われた言葉として知られる。

クツゾコは地元では「クッゾコ」と呼ばれる魚だ。訳すと「靴底」、とても食べ物の名とは思えない。生物学的にはウシノシタ科の魚で、形が牛の舌に似ているから、そう呼ばれている。有明海沿岸地域では一般的な海産の魚として知られ、煮つけなどにされる。

ずっと西にいってヨーロッパ、イギリスのシーフード料理として天下に知られる「ドーバーソール」は、訳すと「ドーバーの靴底」だ。厳密に言えば、ドーバーものは身も厚くやや魚体も異なるものの、有明海の命名と共通する。地域に暮らす人が身近なものに比較して考えるのだが、土地に根ざすものには地域を越えて共通性はある。

ただ、イギリスのドーバーソールは庶民の口に入るものではなく、高級品。だいぶ違うようなのだが、クツゾコもかつては祭りなどでない限り、そうそう口に入るようなものではなかったのも事実だ。

地域色のある食材は、地域に育った人が食べても好みなどがあって、ポピュラー化しないものも見られる。有明海産のものは相当迫力のある食材が多いが、形と名前に驚いてはいけない。潟と同様に味わいがあるのだ。

イワシ

筑後では、お正月の膳に「田作り」と共に欠かせないのが「拝みイワシ」だ。だが、食べるものではない。数匹の塩イワシを別皿の上に並べ、正月の膳につく一同がじっと見ることになる。だから、「拝みイワシ」と呼ぶ。また、流域だけではないが、節分の頃、イワシの頭をヒイラギと共に門口に刺す、あるいは焼いて食べるという習慣がある。ヒイラギは葉っぱの棘によって、イワシは青魚特有の油のニオイで邪気を払うというものだ。

イワシは農業活動に伴って盛んに獲られた魚だ。日本ではイワシとニシンがそれであるが、ヨーロッパ世界でも同様。地中海のイワシに対して北海のニシンというように、そのままヨーロッパでも対比される。

イワシは沿岸魚の代表だが、大阪湾における漁獲量のデータを見ると、今日でも全漁獲量の実に八〇％はイ

正月のおがみイワシ（右奥）

ワシが占める。玄界灘でも、漁獲量の一位はイワシで二位のアジの二倍以上。イワシ漁は、文化的にも北部ヨーロッパにおけるニシン漁に相当する。北海道は北部ヨーロッパと同様ニシン漁が盛んであった。

江戸時代以降、大阪近郊では綿花に代表される商品作物の栽培が盛んとなったが、作物の性格上高濃度の施肥が必要となり、そのためにイワシを盛んに漁獲し、肥料にするための干鰯を製造したのである。東日本の九十九里浜、明石の岩屋はその中心として栄えた。

関東の太平洋岸に面する房総地域は、関西系の漁師が移住して大規模な漁を伝えたといわれている。古墳時代中期から後期にかけ、大型の地曳き網の沈子として使用したのであろう、巨大な管状土製沈子も出土する。

ここには「くさりずし」と呼ばれるイワシのなれ鮨があるが、この料理は同じく和歌山県の「さばずし」から来たものだとも言われている。漁法の伝統と共に料理の伝統も伝わったのであろうか。

厳密に言えば、科を異にするカタクチイワシ科の魚で冬に旬となるカタクチイワシは、乾燥して水田に施肥すれば豊作となったので「田作り」、「五万米《ゴマメ》」と呼ばれ、正月のハレの行事食として膳を飾った。

こうした風習は、干鰯として使い出したいわれから考えても、そう古く遡る話ではないようだ。

今日では化学肥料の登場によって需要がなくなり、イワシもハマチ・ウナギなどの養殖魚の餌として消費されることが圧倒的である。漁獲量の六〇％以上を占めるのだが、食用となるのは僅か一〇％以下にしか過ぎない。

また、イワシではないが、博多湾岸で地方名「カナギ」と呼ばれるイカナゴも、同様に肥料として利用されてきた。この地域でカナギ漁に使用する「カナギ網」は最近まで、「地曳き網」と同じように付近の毘沙門山から産出する滑石を利用し、扁平で両側に沈子綱を通すための溝をもつ、古代のものと類似した沈子が使用されていた。やや潟地の底を曳くため、手作りで間に合う滑りやすい滑石が効果を発揮した。

地域の伝統的な漁は、機械化・合理化が進んでも目的に適う限り、スタイルを維持することが多い。

ところで、イワシは油が多いことから様々に利用されてきた。その一つが灯明用の油である。

灯明油としては植物油がベストであった。機械油としても繰り返して使う耐久性を除けば今日でも植物油が最高だ。ただ、繰り返しての使用ではないので高額になってしまう。

植物油を灯明として用いるのは贅沢で、明るさはかなわぬものの、油の多いイワシ、サンマ、ニシンの他、タラ、ハタハタ、クジラ、イルカの油も魚油として灯火用具が普及するのに伴って用いられた。これだとネコも舐めるのかもしれない。

ただ、植物油に比較すると煤が多くて魚臭く、明るさにしても植物利用の油にはかなわなかったようだ。

イスラエル北部の湖であるガリラヤ湖は淡水湖だが、ナマズなどと共に海洋魚も多い。湖はアフリカへと続く大地溝帯に存在しているが、かつての海の名残りで海洋魚も閉じこめられているのだ。アフリカのタンザニアにあるタンガニーカ湖もガリラヤ湖と同様に淡水のイワシが棲息し、大いに食されている。

今日でもガリラヤ湖の漁獲量は豊かで、イワシも棲息し、小規模な舟を使った巻き網漁もおこなわれている。年間の総漁獲量は八〇〇ｔにもなるという。ここのイワシは淡水で棲息しているせいか、海洋のイワシに比べて油分が少ないのか、身が淡泊であっさりしており、いわゆる青味魚の味がしない。

この地域において、紀元前三二〇〇年ほど前の青銅器時代初期のランプは四つの隅を飛び出させ、火口とし

ガリラヤ湖のイワシ漁

ているが、その理由として利用した油が魚油であったからと説明されている。そのため、後のランプのような火口ひとつだけでは明るさが十分ではなく、四ヵ所同時に火をつけたのではないかと考えられる。

　さて、北ヨーロッパ、古代ローマの英雄ユリウス・カエサルが書き表した名著『ガリア戦記』で、オランダについて「中には魚と鳥のたまごで生活していると思われるものもある」と記載している。魚食いが目についたのだろう。これはそれから二〇〇〇年ほど経った今日でも、オランダの民俗の中に深く残されている。とくに重要な魚がherring（ニシン）で、「春告魚」として春一番のニシンを生で食していた。

　また、一一～一二世紀には北海に沿って新興自治都市が誕生したが、その頃のオランダ人は好んで魚を食べていたと言うように、シーザーの頃とあまり変わりはなかった。

　オランダにおいてニシンがより重要性を増したのは保存法の発明による。一四世紀末、ウィルレム・ヒューケルスソーニがエラを切って内臓を抜き取り、塩を加えて空気を遮断し、缶詰にすることを考案。こうしてニシンは貿易での最大の品となり、年間三〇〇ポンドもの量を輸出した。この量は、イギリスの毛織物の量とほぼ同じで、いかにニシンが重要な役を持っていたのがうかがい知れる。

　日本で最初の缶詰は長崎で生まれたが、中味はイワシだった。まさにニシンとの共通性が見られる。

イワシは地中海地域でも良く食される。ルネッサンスの三大天才の一人、ヴァティカンの『ピエタ』、システィナ礼拝堂の天井壁画などの制作者であるミケランジェロはイワシを好物にしていたという。キリスト教世界では、イエス・キリストが十字架に架けられた金曜日、それから復活祭前の四旬節は、イエス・キリストが荒野で断食したことを偲んで、肉食を絶つ習慣がある。その場合、イワシ、ニシンなどの魚を食べる。スペインの生んだ画家ゴヤに『鰯の埋葬』と呼ばれる絵があるが、これは四旬節に入る直前の祭りであるカーニヴァルを描いた作品となっており、イワシが象徴的に用いられている。

彼の地におけるニシンはむろん食べるものでもあったが、実はこの需要には別な理由があった。ニシンはこのオランダを含めた北部ヨーロッパのベルギー、ドイツ、スカンディナヴィア諸国、イギリスなどでは漁のメインであった。牧畜の発達により大量の牧草を必要とし、施肥として油分の多いニシンを干した魚の干鰯の需要が増したのである。

つまり、牧畜の発達によって漁業が発達するという複合化が進められていったのである。とくに漁業が発達するのは一三世紀に入ってからである。日本では、近世綿花栽培などに使用する干鰯として西日本・東日本はイワシ、北海道はニシンを獲っていたのと同じだ。もちろん、食用として人の口にもしっかり入っていた。

北海道の中心は江差、ニシン御殿なるものも建っていたほど大量の漁獲。街はニシン景気に湧いていた。民謡「大漁節」の歌にあるように、網を手繰るのは重労働ではあったが、干鰯だけでなく、「ミガキニシン」にも加工され、卵は黄色い数の子となった。安かった数の子も、一時はニシンの激減で高価なものになったが、最近は輸入ものがほぼ一〇〇%。おかげで安く食べられる。

イワシもニシンも単に資源が枯渇したというだけではなく、周期があって、大漁、不漁があるというのが最近の研究によって解明されてきた。

ヨーロッパにおいて漁業が発達したのは、牧畜の発展によって家畜の餌となる牧草の栽培のため、肥料としてニシンを利用するようになってからであり、漁業の発達が牧畜とセットになっている。日本において綿花栽培にニシン・イワシの干鰯を利用してきたのと同じである。むろん、ニシン、イワシとも食用にすることはあるものの、どちらかと言うと、肥料としての利用だった。

つまり、ヨーロッパは牧畜であり、日本は商品化作物を栽培する農業であることが違う。今日では肥料用の魚利用はなくニシンは食用として一定の地位を占めている。日本では、イワシの利用は養殖用の餌としての需要が、今日最も多い。形を代えて路線が継続されている。

エイ

エイはサメと共に軟骨魚綱に属する魚で、硬い骨がなく軟骨でできている。エイというと、南の海で悠然と泳ぐ巨大なマンタを思い浮かべる人も多いであろう。

エイもサメも一般的な食とは言い難いが、サメは中国山地の山深い三次《みよし》盆地では貴重なタンパク源として重宝されているし、鰭は高級食材の「フカヒレ」として加工される。また工芸品として鮫皮は、日本刀の鞘に用いられるが、実はその大部分はサメならぬエイの皮なのだ。漆を掛けて加工し、「梅花皮《かいらぎ》」と称され、江戸時代には材料の皮が中国、あるいはオランダからも輸入されたという。エイも広く利用されてきた魚である。

エイは日本では純然たる海洋魚で、一般には淡水の世界と関わりがないのだが、筑後川下流域の一帯では季節ものとして食する習慣がある。酢みそ、煮つけ、豊富なゼラチンで固めた煮こごりなど伝統的な食べ方に加え、最近ではバター焼きなどにして食べる。春から夏が旬となる魚の一つである。

日本ではエイを食用にするのは一般的ではないが、それでも、いわゆる「ゲテ物」の類ではなく、地域的には食する地方も多々あることが知られる。九州では他に瀬戸内海側の豊前海でもエイ食が見られるし、東北の三陸地方も名高いエイ食の歴史をもつ。

フランス料理ではエイはポピュラーな食材で、「縁側」を使ったソテーなどなかなかの一品だ。韓国でもエイは日本より一般的に利用されているし、オーストラリアのノーザンテリトリーに暮らすアボリジニーもエイを食用とする。

有明海沿岸では春から夏にかけての時期、産卵をするため沿岸近くに寄ってくるエイを、餌を使用せずに空鈎で引っかけて獲る「空鈎延縄漁」が天草では盛んにおこなわれる。

延縄漁は水中に横方向に幹縄が走り、一定間隔で釣鈎のついた枝縄を延ばして魚を獲るものである。その場合、幹縄の両端には碇と共に一定間隔で縄を固定するために錘、つまり沈子がつけられる。碇には加工した石製品である場合も多いが、沈子は加工しない自然石を数十個使用するのが特徴だ。漁は特段激しい動きをするわけではなく、針をつけた縄を海底に固定するのに用いるわけだから、これで十分で立派に通用する。遠洋でおこなう漁のような特別なものを除いては、延縄漁の沈子は海、川とも自然石を利用するのだ。

考古学の出土遺物の場合でも、人による加工が認められたら、遺物として判断しやすい。加工されたものは、気持ちを入れたこだわりの逸品で、マニアックなものなのである。つまり、加工を施したものは、ある意味でメッセージ性を強く持つものということになろうか。

さて、第二次世界大戦のおり、食糧難でエイを食べた人は加工の処理が悪く、「おしっこ臭い」魚であると思いを抱く人が多い。これはサメでも同様であるが、構造上、尿排出器官が未発達の結果起きるもので、仕方

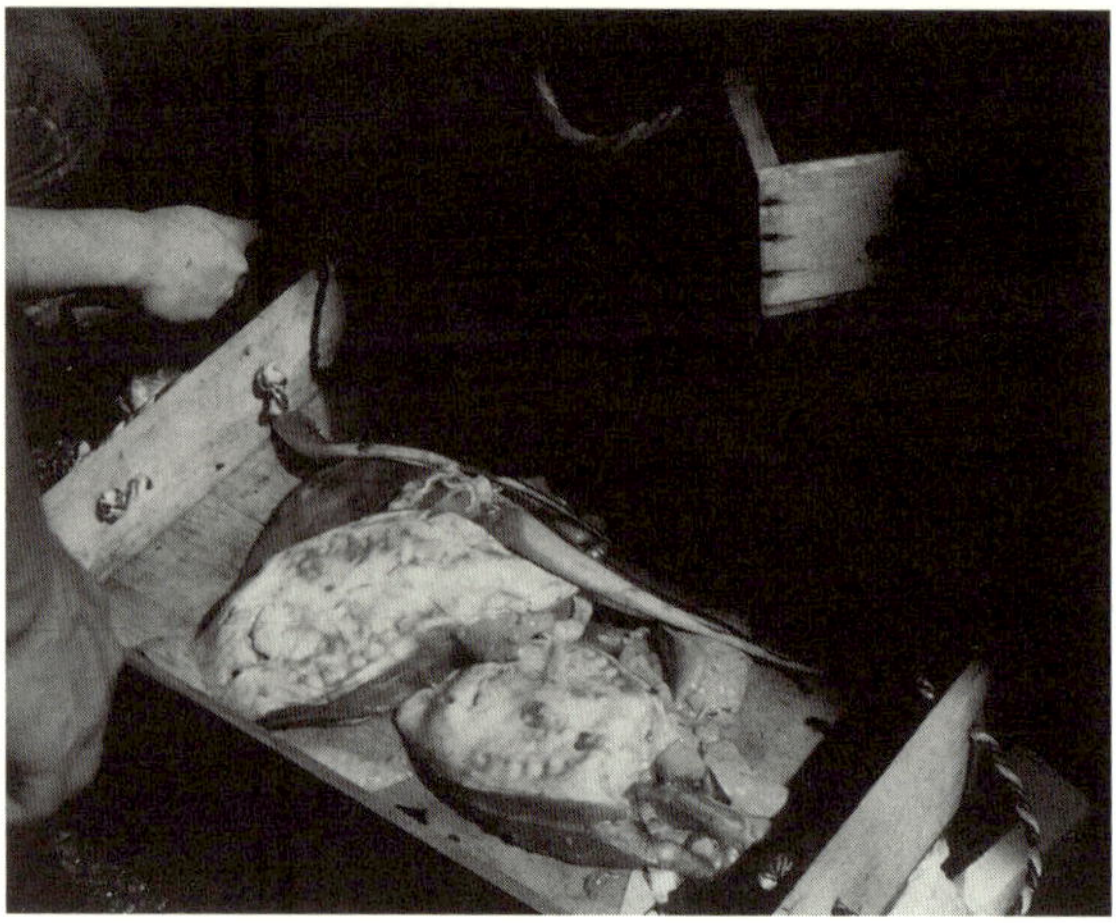

トロ箱のエイ（腹側を見せている）

がないものでもある。だが、実はこのアンモニアのお陰で腐敗しにくいという利点もある。

だから、アンモニア臭さは気になるものの案外サメ・エイなどは古い時代から山間部へ運ばれたものかもしれない。サメなどは魚体も大きいので重宝したであろう。実際、サメは平城宮跡の木簡にも記載されているし、冒頭の話のように、中国山地の山間部で盛んに食用にされていた。

かつて、私が子どもの頃に食べたエイは煮こごりが多かった。これはゼラチンによって固めたもので、サメ、エイなどのゼラチン質の多い魚は煮て加工した。今風に言えばコラーゲンたっぷりのものである。あえていえば、プディングの日本版ということになろうか。

日本では魚だが、ヨーロッパでは同じゼラチン質でも、動物性の内臓を入れる。同じような料理法であるが、所変われば品代わるの例えどおりのものだが、根底に流れるものは確かに共通性がある。

煮こごりは飴色をし、行商の人たちのリヤカーに積み込まれ地域へ運ばれてゆく。同じく飴色をした木箱から取り出されると、「ブルンブルン」とした寒天状をしている。口に入れると独特な風味があり、なんとも知れない味覚で、たまらなく魚臭い気もする。

しかし、どの様なものでも洗練してしまうとそのものの持つ個性を消し、普遍的になってしまい、地域的な味覚をも忘れてしまいそうである。この辺の折り合いは本当に難しい。

エイの姿は見慣れない人には不気味であろう。外側の皮も「ボテッ」として妙に両生類、動物的な皮膚にも見えるし、裏面は人の顔にとてもよく似るというか、エイリアン的でもある。八月のお盆前後の魚が減る夏場には、豊富に魚屋に並ぶ。大きな切り身で売られている姿は珍しく、色は黄と白、赤の色が対照的で、色のコントラストが強い。

ところでしばしば説明しているように、筑後川下流域においては歴史的に弥生時代にまで遡ると、今日ではほとんど内陸といってもよい地から貝塚が多数発見され、この地域に住む弥生人が農耕もやりながら、前海である有明海で漁撈活動をおこなっていたことが知られる。

それらの貝塚を持つ遺跡は、潮の潮汐差が実に六メートルにもなるという有明海の持つ特殊性から生まれたもので、弥生時代においてこの下流地域の大部分は私が「周海地域」と呼ぶ海の延長としての陸であった。この一帯は生産性が高く、食利用としても多様性を持った地域である。

人々は、弥生時代になってこの地に新たな生活を営み始めた。

福岡県久留米市三潴町（旧三潴郡三潴町）にある高三潴《たかみずま》遺跡は、筑後川を臨む沖積段丘に立地する大規模で権力者の象徴である青銅器の銅剣も出土した地域の有力な遺跡である。弥生時代後期における北部九州の標識遺跡である「高三潴式」の名の由来となった遺跡として知られる。

高三潴遺跡は、高地三潴という低地三潴に対してできた言葉のように、沖積地を望むやや高い沖積段丘状の最西端に位置する遺跡で、今日でも集落は道路を挟んで規模の大きな三つの地域から成る。かつての遺跡は高三潴全域に広がっているが、筑後川に面した北側の地区には数カ所貝塚が形成されている。

貝塚は今日の漁村の状況からもわかるように、獲ってきた貝を処理して捨てた場所であるが、その他に、当時の人々が日々の暮らしの中で出てくる様々な生活上のゴミ、すなわち今日的にいえば生活廃棄物も混じって捨てられており、歴史を知る上で貴重な情報源ともなる。

その貝塚から、大量のスミノエガキに混じってエイの最も硬い尾棘《びきょく》がしばしば出土し、加工品と考えられるものもあった。尾棘は両側にギザギザを持ち、形からヤスなどに使用されたのではないか思われた。私はずっとこのことが疑問として残っていた。弓矢の先に取り付ける石鏃と同様に、かなりの量が出土するのである。尾棘は当然食べることはできない。エイ本体を食用とした結果のもの。当時の人が、少なくともエイを獲っており、食用としていた事実が知られる。

ところで、驚くべきことが後にわかった。

高三瀦を通る県道拡張工事に伴い、福岡県教育委員会によって発掘調査が実施されることになった。電話で人骨に鳥の骨が刺さっているとの連絡を受け、遺跡の発掘見学に出かけた。

発掘現場に着いて見ると人骨が数体出土しており、この区域が墓地とうかがい知ることができた。その中の一号土壙墓から弥生時代中期中頃の比較的若い成人男性の骨が出土し、右大腿部に石鏃、左大腿部にエイの尾棘が残っていたので驚いてしまった。この状態から推定すると、石鏃は打ちこまれたものと考えられるが、エイの尾棘はヤスとして使用され、至近距離から刺されたものと判断される。

ところで尾棘利用のヤスだが、当然ながらエイの尾棘は食べることはできない。それどころか、この部分には猛烈な毒が存在する。漁師はこれを恐れて、獲ったエイの尾棘は舟上で直ぐに切って捨ててしまう。この尾棘、真意のほどは定かではないが、日陰干しすれば何年も保存できるという。

例えば、北海道のアイヌ民族の間ではエイの尾棘を熊狩りに用いていた。アイヌ民族はクマ送りの祭礼には、トリカブトを用いた弓矢を使用することで知られるが、エイの尾棘を使用することも知った。

使い方には三通りあって、一つは先端の儀狩杖の先に挿入して槍のように使用する、次に尾棘の表面を削って粉にして矢尻の上に塗る、それから鏃から矢柄にかけて尾棘を重ね合わせ、矢尻の先に尾棘が出るようにして着装し、使用によって減っていくに従い、少しずつ先端を出すという使用の仕方で、ずいぶんと倹約的で、かつ合理的である。いずれも毒の効果が十分である。

海外ではオーストラリア北部クリーブランドに住む先住民のアボリジニーは、近年まで石斧を使用していたことで知られるが、それとともにアカエイの尾棘を数本つけた槍を使用し、海岸部の人間はそれを内陸部に産する石斧と交換していたという。この槍は、北海道のアイヌ民族と同タイプのものである。

高三瀦の例は、尾棘をやや研いで調整していることからも、それらの例と同様に、少なくとも尾棘そのものを使用したヤスではないかと考えられる。

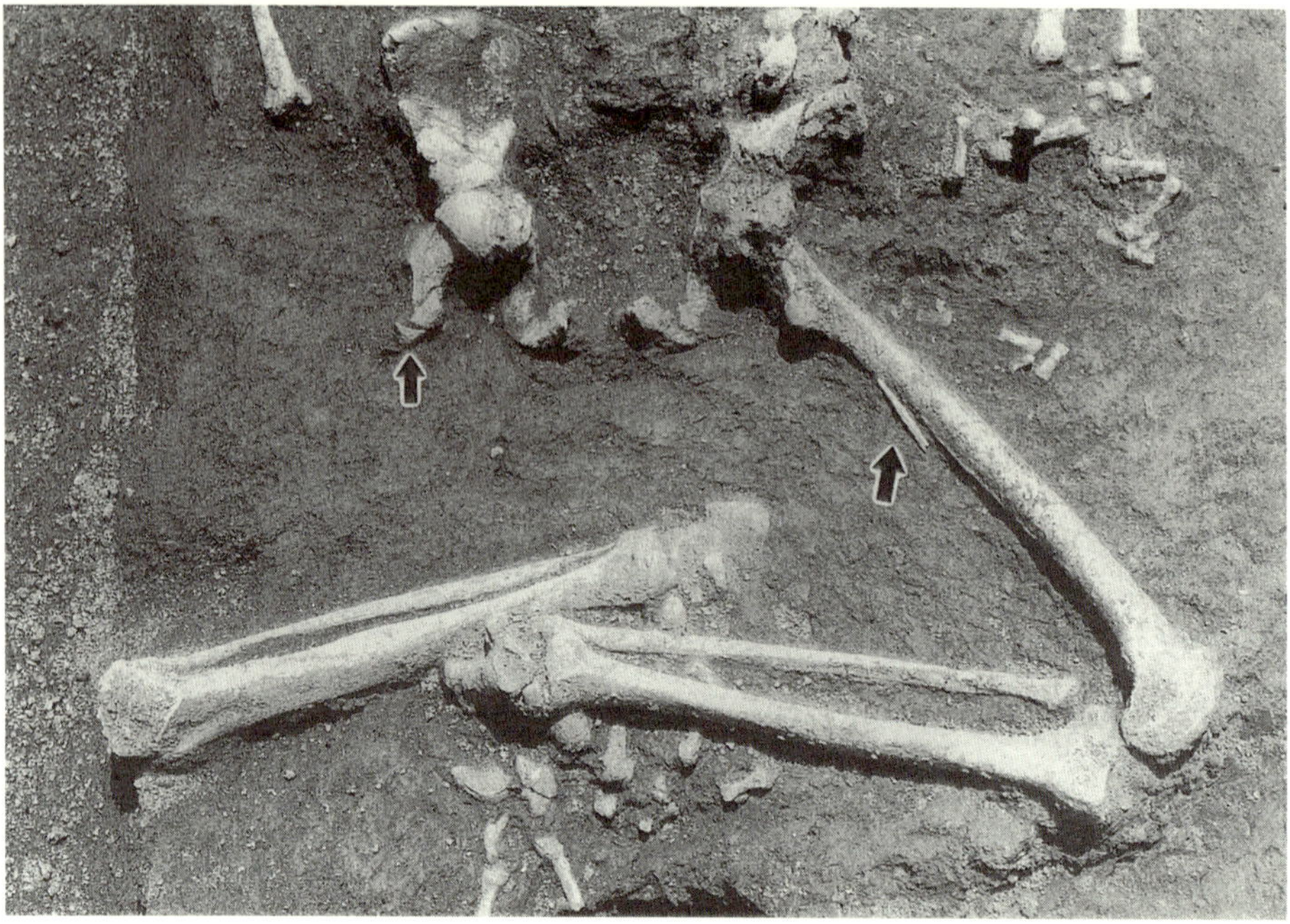

エイ尾棘利用のヤスの棘さった人骨・矢印右（福岡県教育委員会『塚崎東畑遺跡』より）

トリカブトなどの毒を利用することは狩猟採集民でも知られるが、毒物が残らないため推測の域をでることはなかった。しかし、エイの尾棘はそのものが毒性を持ち、毒利用の考古学的な直接的な証拠となろう。

尾棘利用のヤスは一般の生業の道具であるのか、アイヌの例にもあるように本来は儀礼・祭祀に使用されるような特殊なものか、戦闘用の特殊なものなのかは、今日推測の域を出ない。

しかしながら、この死者は大腿部にエイの尾棘使用のヤスを打ち込まれたのである。そして、被害者は打ち込まれた痛さもだろうが、それにも増して毒によってかなりの苦痛を味わったに違いない。

今日の漁の例からは獲ったエイの尾棘の毒を恐れ、その場で不必要な尾棘を切り落とし、持ち帰ることはしない。利用しない尾棘を、危険性を承知して村までわざわざ苦労して持ち帰るとは考えられない。付近から採集された表採資料からも、貝塚から出土したエイの尾棘には加工痕が見られることから、今日の漁期と同様に、エイが産卵のために沿岸に近づく春から夏にかけて漁を行い、身は食用、尾棘をヤスとして加工し、利用したと考えられる。すなわち、エイの毒を利用した可能性も高い。

エイの尾棘利用のヤスを打ち込まれた主が、当時どのような社会的な状況下に置かれていたかは不明ではあるが争いによって死亡したことは疑いなく、毒利用があったこともうかがえ、海岸部に近い当時の筑後川流域における生活の一端を推測させてくれる、格好な資料であることには間違いない。
貝塚から出土するエイの尾棘の多さからも、このヤスが効力を発揮したのは人間ばかりではなかろうが、かなりの頻度で使用されたことがうかがえる。つまり毒の利用はかなり頻繁におこなわれていたのである。

縄文時代の例ではあるが、アカエイの尾棘を利用したヤスと考えられる刺突具が、熊本県下益城郡城南町黒橋貝塚で出土している。もちろん、この辺りはエイ漁が盛んにおこなわれる天草にも近い。

全国的には、縄文時代の例では縄文時代早期末の青森県八戸市付近にある赤御堂《あかみどう》貝塚で、エイの尾棘を二本束ねたヤス、宮城県里浜貝塚でも尾棘、大阪湾に面する縄文時代晩期末〜弥生時代にかけての鬼虎川遺跡でも、同じく尾棘が検出されている。

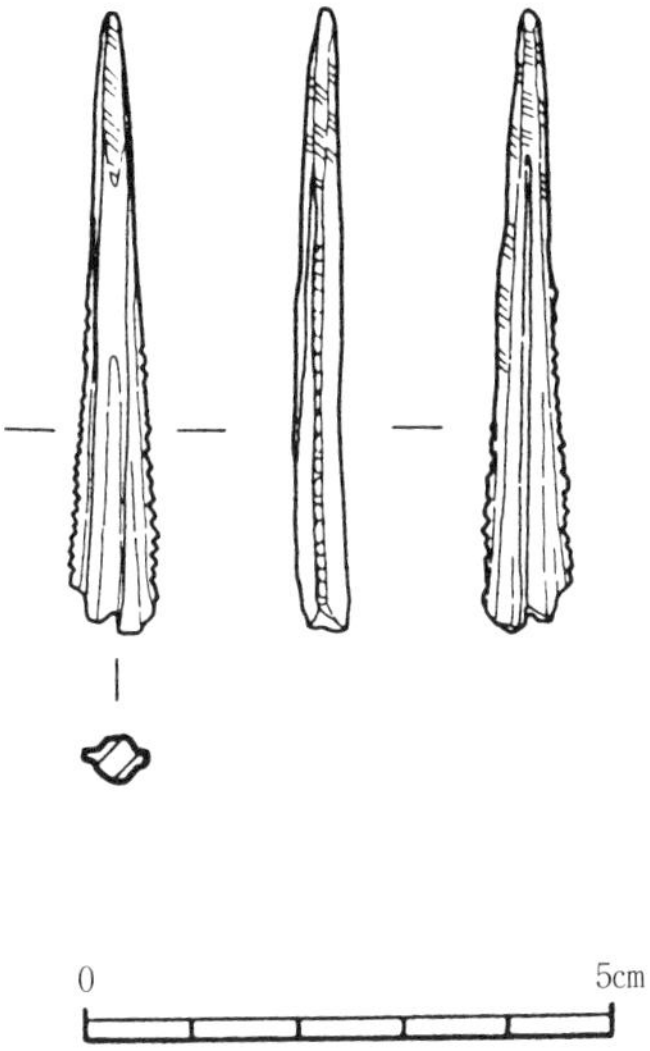

エイの尾棘
（熊本県教育委員会『黒橋貝塚』より）

青森県から宮城県の太平洋側は、今日でもエイ食の伝統地域である。東北地方の各県が合同で福岡市に店を出しているが、もちろん加工品だがここにもやはりエイが並ぶ。

遺跡から発掘される尾棘の大部分はヤスとして利用されたと考えるが、エイの尾棘の利用も、全国的にもっと出土例が今後出てくるであろうことを期待したい。

それにしても、エイの尾棘利用のヤスを打ち込まれた男性、さぞや大変な思いをしたのであろう。

タラ

タラといえば、北洋漁業の獲物とされた代表的な北国の魚であろう。マダラ、スケソウダラが知られる。ちなみにタラは大食いの魚で、「たらふく食べる」という諺にもなっている。

マダラは九州では干しダラの加工品として見られるのが一般的だ。いわゆる棒ダラである。今日のように流通が発達し、生鮮品が内陸部まで運ばれるようになると、棒ダラのような加工品は食としてかえりみられなくなってしまったようだ。

棒タラを使った料理と言えば、有名なものは「イモ棒」であろう。棒ダラとサトイモを炊き込んだもので京都が本場であるが、この組み合わせの料理は各地で知られている。

かつては、この棒ダラは流域では醤油で濃い口に煮て、農家などでは体力を消耗する農繁期にはよく食べていた。「こぶり」と称する、田仕事の合間のおやつには、おにぎりなどと共にこの棒ダラを煮込んだおかずが差し入れられた。

また、「たらおさ」と呼ばれる干しものも知られている。これはタラの身ではなく内臓を干して乾燥させたもので、筑後川流域、とくに日田盆地では盆前後に食べる習慣があり、珍味として知られる。

干し上がったミイラのようにも思えるなんともいえない奇妙なしろものだが、これでも乾物屋に行けば堂々と販売されているれっきとした食材である。やはり棒ダラと同じように煮つけて食べる。内臓の浮き袋など、シコシコとした食感があって意外に美味しいものだ。

ヨーロッパの北の海である北海の魚を代表するタラは、ヨーロッパでは最もポピュラーな魚として知られる。白身で淡泊、ソテー、あるいは衣をつけてフライとして食する。イギリスのファースト・フード、フィッシュ・アンド・チップスにもタラを用いる。ノルウェーでは、タラのすり身を利用し、フィッシュ・プディング

〈上〉干しタラ（熊本県阿蘇郡小国町）
〈下〉干しタラ（イタリア　フィレンツェ）

を作る。牛乳が入っているところを除けば、蒲鉾そっくりである。日本の蒲鉾も、材料としてスケソウダラを利用するのが一般的だ。

さて、日本的な棒ダラだが、実は起源はヨーロッパにある。そう聞くと驚く人も多いのではなかろうか。日本で生まれたという説もあるが、ポルトガル人が朝廷に献上したものが起源となったとも言われる。ポルトガルではタラ料理は国民食だ。ポルトガルの人々は魚食の民だが、その中でも実にタラを良く食べる。蛋白質のかなりの部分をタラから摂っているともいう。確かに、スペイン、ポルトガル、イタリアなどで見る干しタラは、日本の棒ダラとよく似ている。

ここの漁師達は獲ったタラを塩漬けにして持ち帰った。いわゆる塩干しタラで、これが戦国時代にポルトガル人によって日本に伝わった。そしていかにも日本的な干しタラとなったと言われている。海から遠い内陸部の農村、山村、あるいは都会でもこの干しタラは一般的な食材であった。

もちろん日本のタラはヨーロッパから輸入したものではなく、オホーツク海などで大量に漁獲したもので、北海道の稚内市は国内生産量の九割も占める大生産地となっている。そしてこのタラの棲息する場所にいるのが「タラバガニ」だ。名の通り「タラ場カニ」となる。

博多名物で全国的な商品になったものに辛子明太子があるが、棒ダラがマダラを加工したものに対し、これはスケソウダラを利用したものだ。スケソウダラは全国的に蒲鉾の材料として利用される魚だし、タラコ、明太子として卵巣が利用される。北洋でかつては多量に獲れた魚だが、これも減ってしまった。いずれにしても生鮮品としてではなく、加工食品として利用される代表的な魚である。

辛子明太子は実は意外と新しく、第二次大戦後の博多で生まれたもので、山陽新幹線の博多乗り入れを契機に地域を脱して全国的に知られていった。今ではモツ鍋、長浜ラーメンと共に誰でもが知っている博多の代表的な味となっている。

とある教育委員会の発掘調査事務所にお手伝いにきていた方が、「明太という魚が韓国にいる」と話をしているのを聞いたが、孤立無援で周りの方々は「信じられない」という感じであった。

実際、明太子とは韓国語で「明太」と呼ぶスケソウダラから借用したものだ。だから、辛子明太子の名前はまさに実態通りなのです。

クジラともども

クジラは淡水産のものではなくましてや魚でもない。哺乳類であるが、生物学的には魚ではなくても街角の魚屋で扱っている、いや今日では扱っていたというべき商品であろう。

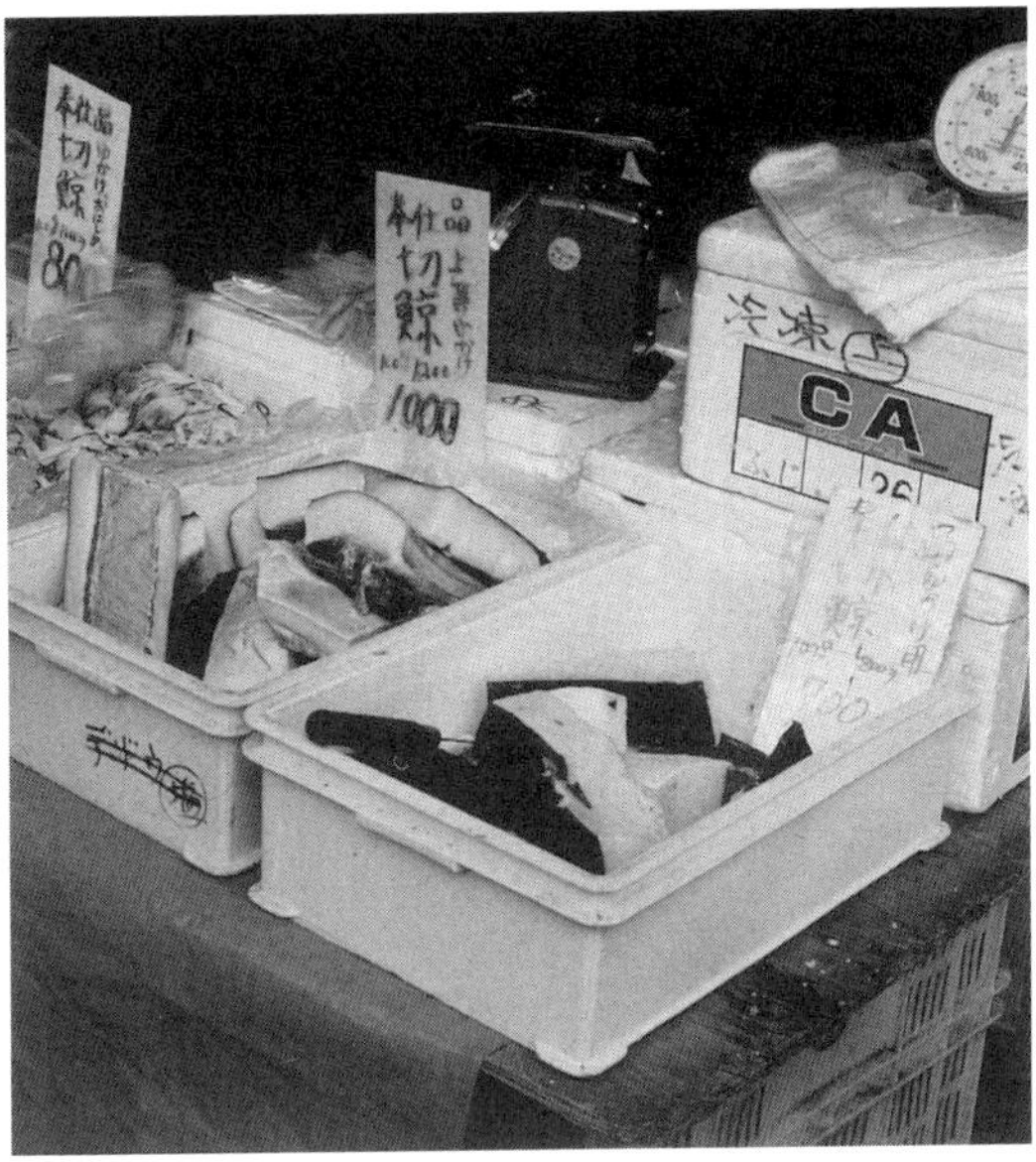

クジラの店に並ぶ品々

戦後の日本では、クジラの肉は安価で、肉の代表であった。学校の給食にはクジラの南蛮漬け、クジラの竜田揚げなど。家庭でも、魚と同様に刺身、カレーライスの具として、またステーキなどにもされた。その他に保存食として脂肪の部分を利用したオバヤキ、皮クジラ、塩クジラ、ベーコンなどの加工品、料理も多彩で豊富である。塩クジラなどは塩の固まりだ。確かに、これを食べると塩分が補給され、酷暑の重労働にも耐えることができる。

大衆料理屋でも、霜降りの肉として刺身として絶品であった尾の身を出していたし、関西ではとくに冬の料理である関東煮に、皮から脂肪部分を利用したクジラの「コロ」を入れるのを常としていた。

また、単に食用にするだけでなく、マーガリンの材料をはじめとして様々な部分を加工され、骨まで徹底的に利用された。私の実家の屋号は油屋だが、農薬が普及する以前、鯨油も水田の稲の害虫駆除にも使用された。油を害虫に掛けて落とすのだ。日本の伝統芸の一つ、人形浄瑠璃の人形を操るのに髭クジラの髭も利用する。

かつての「クジラを獲れば一村潤う」という言葉通り、クジラは彼方からやって来て地域に富をもたらす海の恵比寿様であった。

ところで、あったと過去形でいうのは忍びないが、「鯨を守れ」というキャッチフレーズと共に外圧によって食として急速に遠のいていった。確かに、「鯨オリンピック」などと称し、片っ端から大型のシロナガス、ナガス鯨を捕っていたのでは、早晩絶滅に瀕することにはなったではあろう。

クジラを捕るのはアメリカ、ロシアの北極海に近い先住民族の人々、ヨーロッパでは北に位置するノルウェーが知られる。今日も捕鯨をおこなうノルウェーの九世紀の古墳からは、クジラの骨に彫刻したものが出土し、また、フランスからスペインにかけてのビスケー湾に面した地に住む少数民族のバスク人には、沿岸捕鯨の伝統があった。バスク人はカトリックの神父になる人も多い。日本にキリスト教を伝えたイエズス会の司祭、フランシスコ・ザビエルもバスク人であった。ヨーロッパ世界にも捕鯨の伝統がある。

彼の地のクジラを紐解けば、旧約聖書の話の中にも出てくる。

神から召命を受け、メソポタミアの大国アッシリアの都ニネヴェに向かうようにとの指示に逆らい、舟に乗ったヨナは嵐にあい、意を決して嵐を鎮めるために海中に身を投じた。そしてヨナは大魚に飲み込まれ、体内に数日過ごした後、ニネヴェに向かうべく、ヨナは陸へ吐き出された。神の意志に逆らったが、結果的に大魚に召命が実行されることとなる。この大魚こそが、クジラではないかと推定されている。

クジラは人が誤った方向を戒めるべく派遣された神の使いとも考える。そう言えば、イルカ・クジラは海上で舟に良く追走する。フェリーに乗り甲板に出ると、追走するイルカを良く見る。その姿は確かに指針を与える姿にオーバーラップする。ギリシャ神話のように、海神ポセイドンの使いとしての意味もあるのだろう。

時代は降って、三世紀、ローマ郊外に営まれたキリスト教徒のカタコンベの壁画に、イルカに三つ叉のヤスが打ち込まれたものが描かれている。果たしてこれはいかなる意味をもつのであろうか。死者のための壁画に描かれているわけだから、シンボルチックなものには違いない。

ヨーロッパではクジラを捕獲し出したのは、とくに産業革命以後のことである。工場で使用される機械油として、あるいは街角を照らす明かりに鯨油が用いられ、蝋燭にも使用されていた。

日本ではハゼの実から蝋を採り、筑後川中流域の耳納山麓では江戸時代、盛んに栽培していた。そのハゼを利用した蝋燭に対し、ヨーロッパでは蝋燭の材料には蜜蜂の巣から獲る蜜蝋を使用する。蜜蝋は黄色をし、柔らかいのが特徴であり、そのままだとしんなりとしてしまって使えないので一定の堅さにするために、鯨油を混ぜるのだ。

また、中世の修道院で使用する料理油にもサメの油と共にクジラ、イルカの脂も用いられたと記録されている。富裕な女性が正装のときに使用する、間男もしばしその中に隠れたであろう、ドレスを優雅にプワッと膨らませるコルセットにもクジラの骨が用いられてきたが、クジラを食用として利用することはなかった。

江戸時代末、日本に開国を迫ったのはアメリカのペリー提督だったが、クジラ漁の為の補給基地確保が第一の目的だ。頭部に大量の油を持つマッコウクジラを狙って盛んに漁をおこなっていた。明治維新、文明開化の扉を開いたのもクジラと言うことになろう。

日本ではクジラは古代から食文化の中に占める位置は高かった。

湾内に集団でクジラが迷い込み、浜に乗り上げることもしばしばある。いわゆる「座礁クジラ」だ。原因として、シャチなどに追われたり、耳に寄生虫が入り込んで距離を測る器官が狂ったり、最近では漁船が出すソナーなどの影響も上げられている。地元の人にとって遠き世界から神様がくれたプレゼントの「恵比寿様」として有り難がられた。海の恵みであったに違いない。やはり豊かさをもたらす「恵比寿様」なのだ。漁の危険もなく、古代から当然利用したのには違いない。

熊本県上益城郡城南町所在の阿高貝塚を標識遺跡とし、有明海沿岸地域に分布をする、縄文時代中期から後期にかけての代表的な土器である阿高式系土器群と呼ばれる縄文土器がある。

まるでサバのような太い凹み模様をつけた土器だが、その底部にはクジラの脊椎骨の圧痕と認められるものが多い。圧痕は「鯨底」とも呼ばれ、出土する遺跡の数は五七ヵ所ほどある。

阿高式系土器は、土器を作るとき、クジラの脊椎骨を利用した土器製作台があったことが考えられ、阿高貝塚の出土例ではナガスクジラ、マッコウクジラと推定されているし、至近距離の同一貝塚とされる黒橋貝塚で

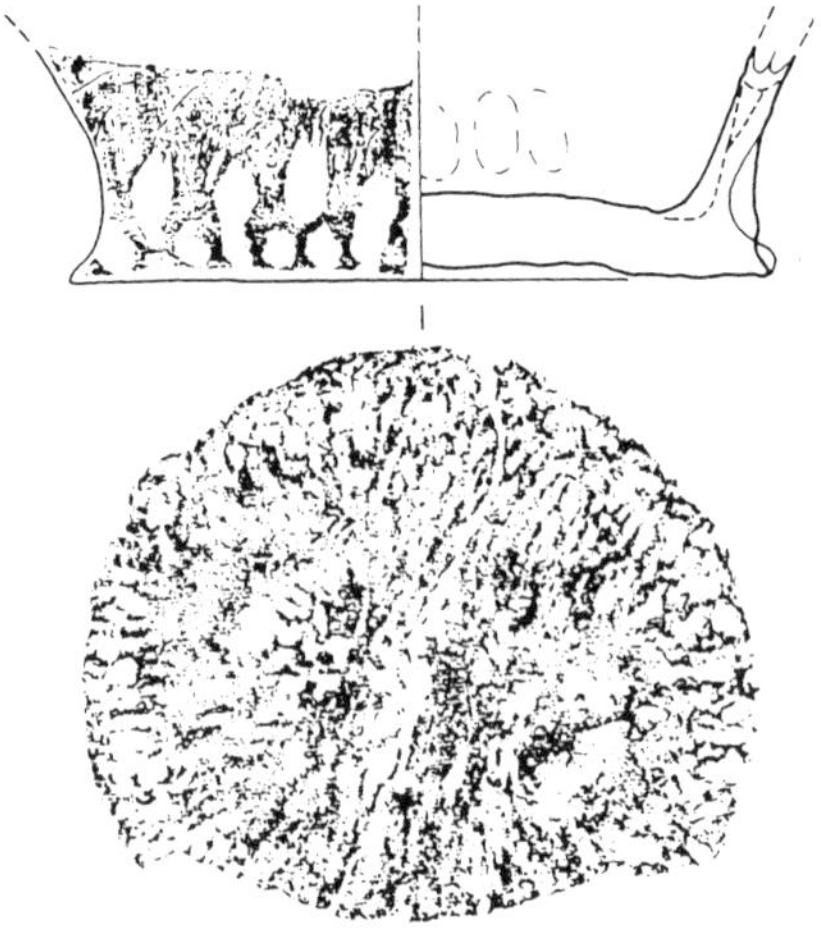

クジラの椎端板圧痕のある土器
（熊本県教育委員会『黒橋貝塚』より）

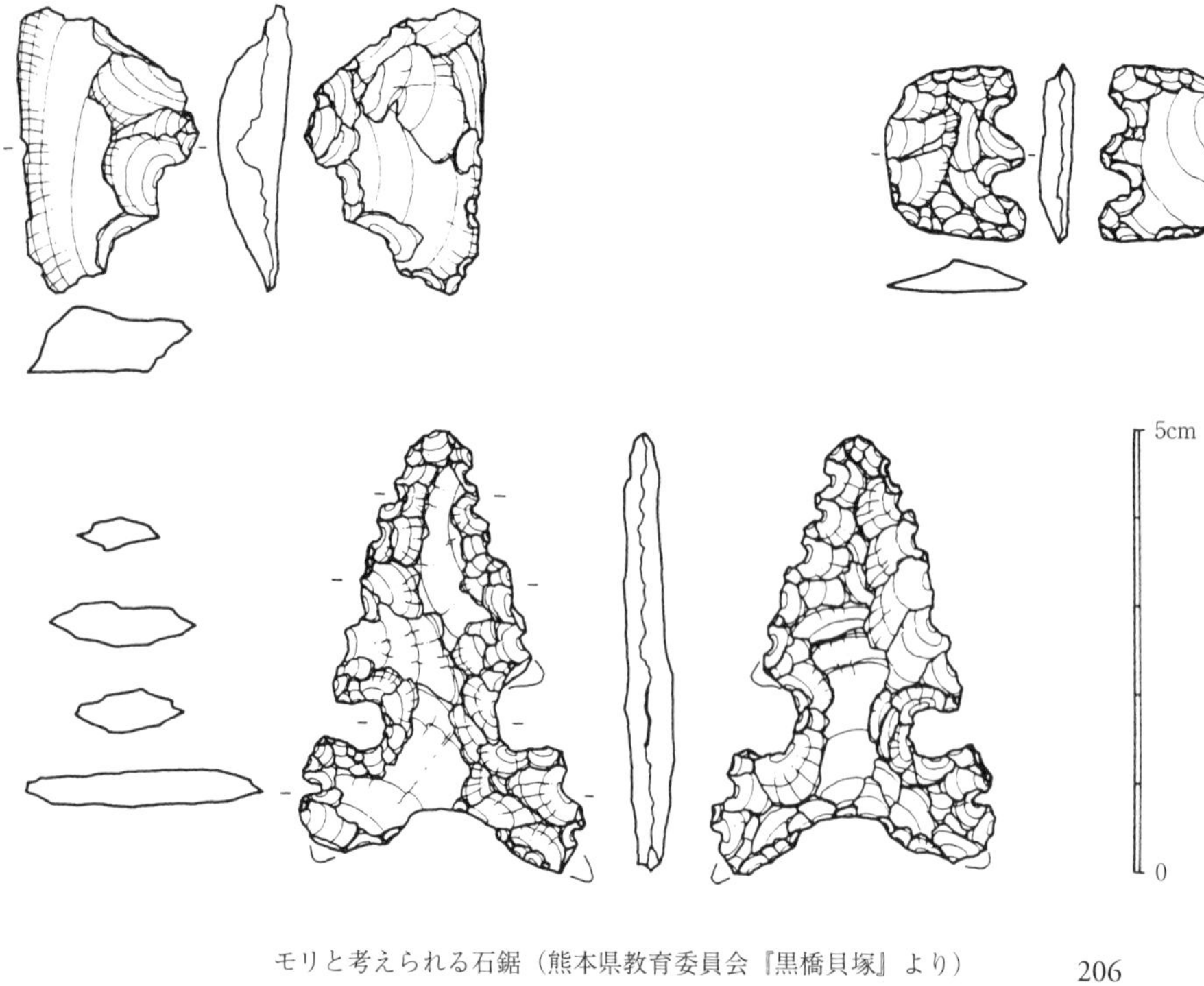

モリと考えられる石鋸（熊本県教育委員会『黒橋貝塚』より）

も大型のクジラ。かなりの量の阿高式土器が、クジラを利用した土器製作台で作られたことを考えると、もう少し積極的な漁も考えなければならない。底部には、最盛期八〇％近くも圧痕が見られる。

クジラは一般に外洋を回遊するから、ルート上に位置する玄界灘はさておき、内湾である有明海では入り込む場合は別として、クジラを見る機会は少なかったであろう。そのわりには土器の底部にクジラの圧痕例は多い。内湾の有明海に入ったものを追い詰めたり、あるいは座礁したものを積極的に利用したことも考えられるであろう。脊椎骨まで利用し、土器作りの交易品としたに違いない。また、考古学的な証拠はないが肉も保存食として交易ルートに乗った可能性も考えられる。

縄文時代後期の時期に、西北九州の海岸部で出土する石鋸《いしのこ》と呼ばれる石器は大形の石鏃と組み合わされ、銛

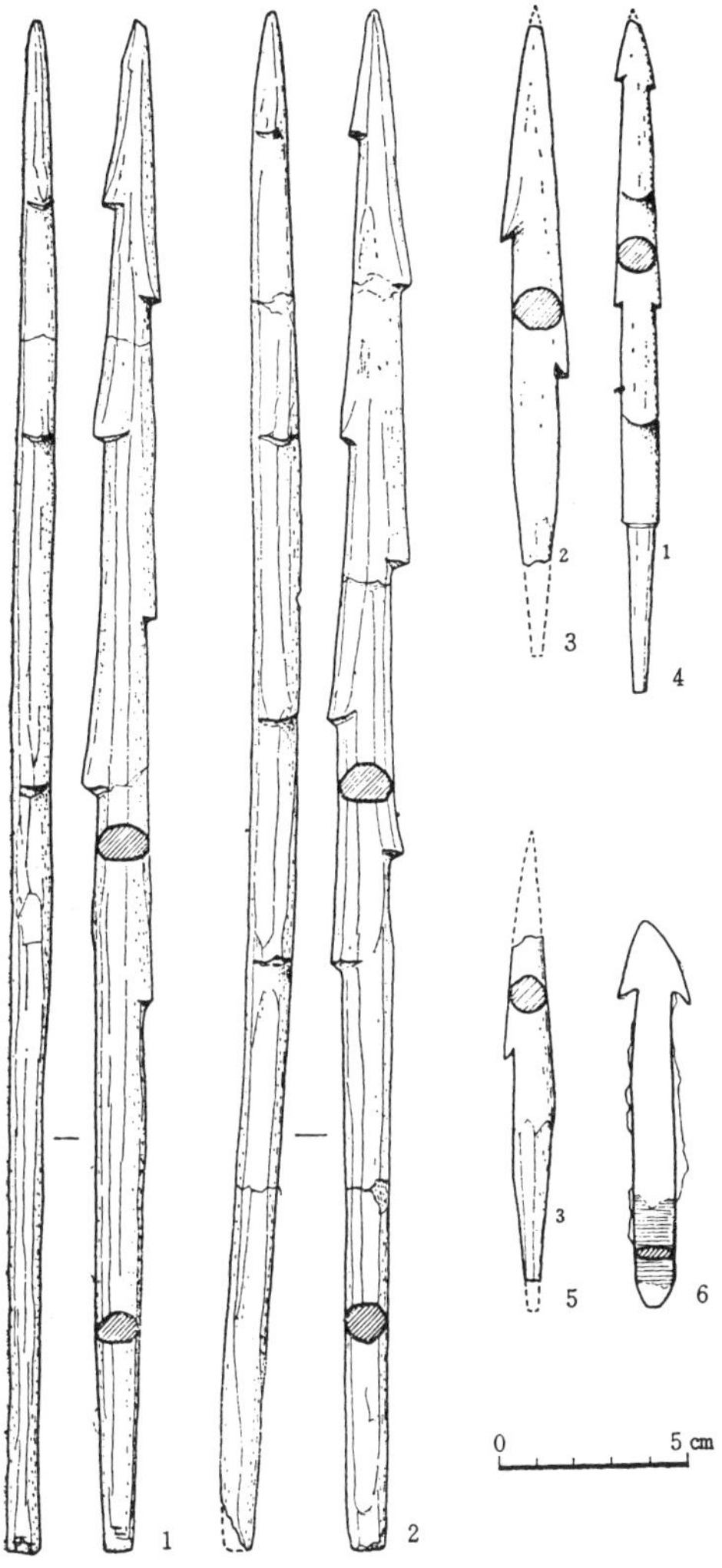

壱岐カラカミ・ハルノツジ遺跡出土の鯨骨と鉄製銛頭。
1. 2. 6. カラカミ，3. 4. 5. ハルノツジ

岡崎敬「倭の水人」より

として使用された。柄の先端に石鏃を填め込み、両側に石鋸を複数つける。両側には鋸状に歯が出ることになる。この道具の対象は、クジラを含めた大形の海性の哺乳類ということになろう。

弥生時代では、壱岐島、壱岐市勝本町に所在する後期のカラカミ遺跡よりモリ、あるいはアワビを獲るのに使用するアワビ起こしが出土し、いずれも鯨骨製である。海に生活の糧を求め、海中に潜る海人の道具として利用。カラカミ遺跡の所在地は、古代「鯨伏」＝いさふしとも呼ばれた地でもある。

串山ミルメ浦遺跡

話は違うが、一九七八年二月二二日、勝本町では漁師が漁の害獣となるイルカを一〇一〇頭も追い込み、処理した報道が世界的に知られ大騒ぎとなった。今年日本でも公開された映画『ザ・コーヴ』の先駆け的な話だ。クジラ、イルカ類の回遊ルート上にあたることからでてきた問題である。イルカはブリ、ハマチ、イカなどを食べるので漁師と利害関係が重なる。

島の北端にある古代のアワビ加工場で、海人が占いに用いる亀の甲羅が出土した串山ミルメ浦遺跡一帯を、イルカ池として利用しようともしたのだが、それもイルカを全部収容するというわけにはいかない。

積極的にクジラを仕留めにいった漁の資料として『壱岐国』の中心地とされる原の辻遺跡から出土した弥生中期の土器に、クジラ漁ではないかと思われる線刻画が描かれている。

壱岐の郷ノ浦の鬼屋窪古墳では、クジラに舟から縄が結ばれている線刻画がある。有明海側でも漁そのものではないが、湾口に位置する西岸の長崎県小長井町鬼塚古墳の石室から、クジラらしきものが線刻されているのが見つかった。

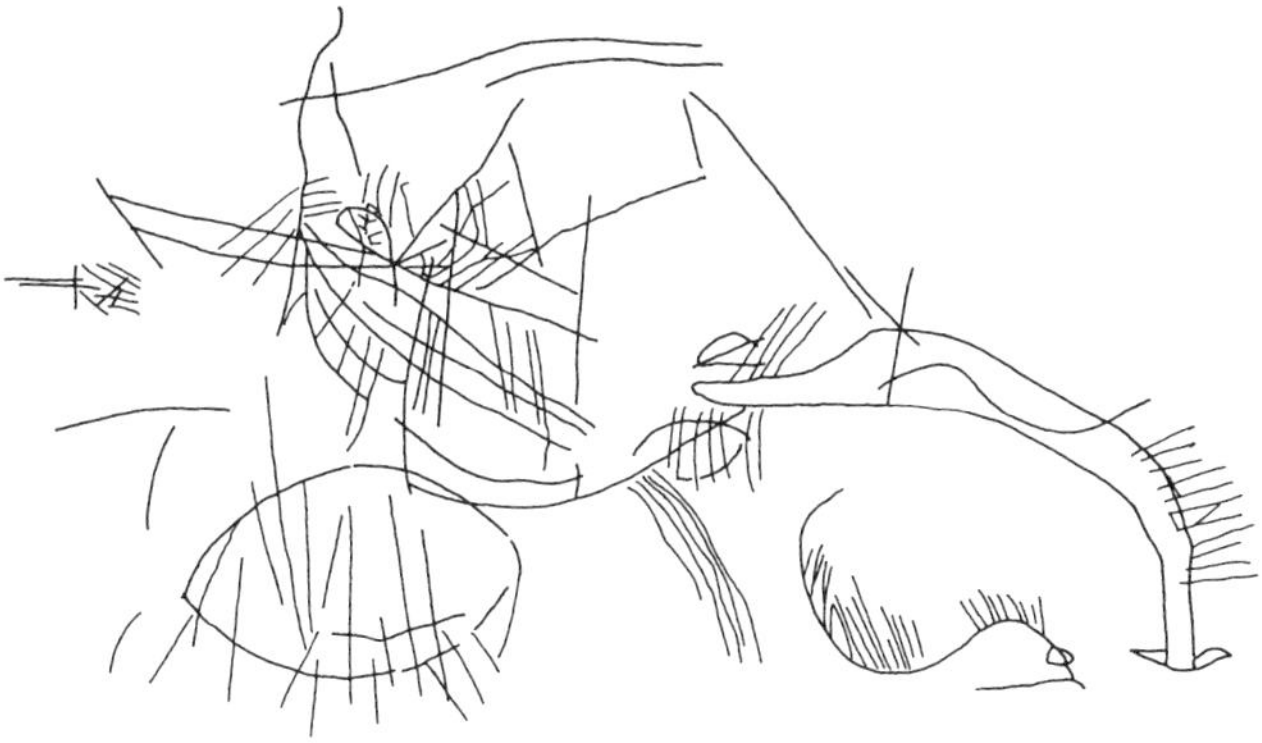

鬼塚古墳のクジラの線刻画（長崎県悵井町教育委員会『鬼塚古墳』より）

玄界灘は『魏志倭人伝』に記載されているように、古代からアワビの身とその中に産する白珠を取るため、潜水漁撈を得意とし、商業活動にも関わった海人も多く存在。クジラの外遊コース上にもなり、近世に入ると古の海人が羽差しとなって活躍し、最近まで西海捕鯨が栄えていた。

五島列島でも近世のクジラ漁に関する遺跡が残っている。上五島有川町にある海童神社は、クジラの下顎を交差させて鳥居とする。場所は違うが、ヨーロッパ、オーストリアの首都ウィーンの自然史博物館のホールも、クジラの下顎を同様にして入口を飾る。洋の東西、クジラの骨は立派だし、大きくて見栄えがする。

唐津市の西に拡がる上場台地の北辺、北に壱岐島を望む漁港呼子名物の「松浦漬け」は、クジラの軟骨を粕漬けに漬けた珍品である。呼子沖合に浮かぶ小川島は捕鯨の基地で、島の名物に「クジラ飯」なる郷土食がある。松浦漬けが高級品としての商品ならば、クジラ飯は島に生きた庶民のご馳走だ。

同じ福岡県でも玄界灘側は島も岩礁も多く、棲息する魚の種類も当然異なる。魚も泥臭くなく、生鮮品の占める割合も多い。それに対し、有明海側では砂泥地が広がり、貝類は期待できるものの、魚は泥臭いものが多い。だから有明海と類似する東京湾岸の魚を利用した江戸前鮨の種は、手間暇をかけた加工を伴なって食する。

かつて有明海湾奥部に面した地域では、生鮮食として刺身に利用する海産魚は限られ、なかなか口に入らない。生鮮品にも加工食品にも使用した川魚を別にすると、クジラは玄界灘側にも増して貴重で保存食としても重要なものであった。

カクラサンと呼ばれるクジラ解体場（長崎県五島三井楽）

クジラの下顎骨を使った鳥居（長崎県五島）

小川島のクジラ見張所

佐賀県の玄界灘の唐津から南の有田に分け入った、山深い西松浦郡の玄界灘側と伊万里湾側の境界となる山中の峠に「山下クジラ店」という専門店があり、「塩クジラあります」の看板を目にした。唐津から背振山中に分け入った七山村にも「クジラ肉あります――」の看板がある。

クジラという言葉がやけに新鮮であった。看板を目にすると、潮風が上がってくるようで不思議な錯覚が起きる。峠を境にした両方の地域から、クジラを求めて人がやってくる風景を思い起こす。

〈上〉佐賀県鹿島のクジラ専門店
〈下〉山下くじら店

今日、クジラの肉はなかなかお目にはかかれない。しかし、各地を見て回ると、確かに山里にクジラを扱っている店が見られるのだ。

これを見て私は「山に上ったクジラ」というフレーズが頭に浮かんだ。

クジラは塩漬けの保存食とされ、海から遠い山間部まで運ばれ、ここに暮らす人々の貴重な蛋白源となった。九州山地の奥深く、柳田国男の研究で知られる宮崎県の秘境である椎葉村に、今もクジラ料理が伝統食として残っているのはその証であろう。

今日のようにクジラ食が風前の灯火になってきていても、嗜好が強く残っているのは、かつて生活の中でクジラが大きなウエイトを占めていた証拠だろう。身近な世界が変わるべきものを見つけていき、変容が激しいのに対し、遠き世界ほど認識は鮮明であり、記憶の中の残像は強い。クジラはこうして山に上がった。

山には「山クジラ」なるものがあり、これは山里に棲息するイノシシのことを指す。イノシシとクジラは同類なのだ。

クジラは、遠き彼方である海からやってきて川を遡り、里に入り山に駆け上がったのだ。海と山の世界は川を通して確かにつながりを持っており、その巨大さと共に流域に暮らす人々に幸をもたらす最大のマレビトであったといえよう。

おわりに

筑後川流域を話の糸口として、魚と人とのかかわりについて、時間、地域、他世界と飛び回りながら考えてみた。

また、他地域、他世界に広げて考えると、普遍的な価値観を共有しているものも見受けられる。また、逆に価値観の重きが違う点もある。人は多様性を持って世界各地に広がり、環境に合わせて利用をした結果、多様な価値観も広がったのであろう。

魚を人が利用する場合、食として人が一方的に利用することが圧倒的に多いが、魚と人との関係の中では、お互いひとつの生態的なパターンがあるようだ。

常にその場に棲息している魚は、人が生きるために重要なものだが、それ以上のものではない。日常性、つまりケである。それに対し、季節性のある魚は季節を表す指標となるハレの存在だ。マレビトであり、季節を託し、人が生きるための指標となる。それらは自分たちの住む所より遠き世界からやってくる。

つまり、恒常的に地域に根づかず、そこに留まることなく、一生旅をしている魚を、人はなにかしら好む。年ごとの新たな復活を託す。季節と魚を絡み合わせるということは、人との関係で注目を浴びることだ。場を移動せず、結果的にそこの場にだけしか棲息しないものは日常の人が生活をする上には重きをなすが、人の意識の中に占める魚としての地位は残念ながらとても低い。食としての利用もそのような点で違いが見られる。

まさに「ハレ」と「ケ」の世界を映し出しているのである。

ハレの魚は季節を表し、そこに暮らす人の人生をも表す表象、つまりシンボルとしての位置を占めている。

季節と共に見られる魚はまさにそれだからこそハレなのだ。客人なのだ。コイはまごうことなき魚だが、伝説の認識の中では、竜門を遡ってついには竜に変化《へんげ》をするのである。魚の中から逸脱をしてしまう。この変化こそが文化なのである。

季節性と人の暮らしが、その魚を必要とし、象徴的な意義を見いだしたものは地位を得ていく。ただし、その関係も永久不変ではなく絶えず変化していくのだ。

日本人は旅と人の一生を同化させ、人生を旅に比す場合も多いが、魚も旅をしている人と同化させているのか、はたまた節目節目に来訪するハレのモノとして意識しているのであろうか。ある自分の場の部分をケとして認識しつつ、季節性を持つ来訪者として、客人として違う場からの到来をハレと意識する、つまり遠い世界、異境のものを食とすることによって自らを位置づけ祭りの完成となる。。

魚と人との関係について思いを巡らすと、日本の一地方である九州の筑後川から広い世界へと水界を通して広がっていく。

それから話が多岐にわたっているため、私の知識不足により不理解と間違いもかなり見受けられるのではあるまいか。できる限り、努力したつもりだが、もし気づかれた方はご教示頂ければ幸いに思う。

また、各地域で訪ねた私を暖かく迎え入れ、ご教示をいただいた地域の人々にお礼を申し上げたい。話を聞く目的でいつも向かうが、なにせ、川辺は楽しすぎる。せっかく教えてもらった話も忘れてしまう。生業に携わっている人々は、世界、あるいは地域を越えて心が広がっていると私は思うのだ。川辺で食べたお菓子とお茶、お酒、そして話は私にとってなによりもありがたかった。

最後に、出版していただいた弦書房の小野静男氏に感謝いたします。

二〇一一年夏　　平川敬治

〈参考文献・関連文献〉（五十音順、なお訳本は訳者の五十音順）

赤澤威・一九八四「日本の自然と縄文文化の地方差」『人類学 その多様の発展』（日経サイエンス）

秋道智彌・一九八九『ハワイ南太平洋の謎』、光文社：東京。

井口恵一朗・一九九三「両側回遊魚の生活史 アユ」『動物たちの地球』八七（朝日新聞社）

石川元助・一九九四〈復刻〉『毒矢の文化』（紀伊國屋書店）

石田力三・一九八七『改訂（第二版）淡水魚養殖相談』（農山漁村文化協会）

石原元・一九九三「海底のサメの末裔 エイ」『週刊朝日百科 動物たちの地球』八五（朝日新聞社）

磯千秋・一九八三「蘭嶼ヤミ族 パパタウの祭」『えとのす』二〇（新日本教育図書）

井上薫・一九七一「和泉離宮と網曳御厨」『大阪府の歴史』一号（大阪府史編集室）

今野国雄・一九八一「中世の修道院食と農民食」『週刊朝日百科 世界の食べもの フランス食事文化史』二〇（朝日新聞社）

岩松鷹司・二〇〇二『メダカと日本人』（青弓社）

碓井益雄・一九八九『蛙』（法政大学出版局）

内田恵太郎・一九七〇『私の魚博物誌』（立風書房）

宇和紘・一九九三「アジア固有の魚」『週刊朝日百科 動物たちの地球』八八（朝日新聞社）

大給伊・一九三五「史前漁撈関係資料としてのエイ類（Ｂａｔｏｉｄｅｉ）に就いて」『史前学雑誌』七―六

大久保清一・一九八一「スウェーデンの料理」『週刊朝日百科世界の食べもの 北ヨーロッパ』三五（朝日新聞社）

大野城市教育委員会・一九八四『仲島遺跡Ⅳ』（大野城市教育委員会）

岡崎敬・一九五八「漢代明器泥象にあらわれた水田・水池について」『考古学雑誌』四四―二（日本考古学会）

同右・一九八〇「倭の水人」『日本民族と南方文化』（平凡社）

小川博・一九八四『海の民俗誌』（名著出版）

おくやまひさし・一九八六『川魚』（光文社）

金田一精・一九九九「鯨底の話」『文明のクロスロード』第六四号（博物館等建設推進九州会議）

川那部浩哉・一九六九『川と湖の魚たち』（中央公論社）

同右・一九八七『淡水魚』（東海大学出版会）

可児弘明・一九六六『鵜飼』（中央公論社）

熊本県教育委員会・一九九八『黒橋貝塚』熊本県文化財調査報告書第一六六集（熊本県教育委員会）

倉田亨・一九七七「水産物」『講座比較文化』（研究社）

黒田明憲・二〇〇二『江の川物語 川漁師聞書』（みずのわ出版）

甲野勇・一九四〇「エイの棘針で作った突具」『貝塚』第一七号（山岡書店）

國分直一・一九七二『環シナ海民族文化考』（慶友社）

後藤明・一九九四「ハワイ諸島の国家形成と人口論的基盤」『国立民族学博物館研究報告』一九―一（国立民族学博物館）

小松正之・二〇〇二『クジラと日本人』（青春出版社）

小宮孟・二〇〇五「貝塚産魚類から復元する縄文時代中後期の東関東内湾漁撈」『人類学』一一三（人類学会）

斉藤憲治・一九九三「陸地でふえる魚」『週刊朝日百科 動物た

ちの地球』八八（朝日新聞社）
酒向昇・一九八五『海老』ものと人間の文化史五四（法政大学出版局）
坂本鉄男・一九九二『イタリア　歴史の旅』（朝日新聞社）
櫻木敏光・一九九三『香魚の夜話』（私家版）
佐藤重勝・一九八六『サケ——つくる漁業への挑戦』（岩波書店）
佐原眞・一九八二「三十四のキャンパス——連作四銅鐸の絵画の文法」『考古学論考』（平凡社）
同右・一九九四『斧の文化史』（東京大学出版会）
篠崎晃雄・一九九三『おもしろいサカナの雑学事典』（新人物往来社）
時事通信社水産部・一九九八『にっぽん魚事情』（時事通信社）
時事通信社・一九八三『自然読本魚』（時事通信社『世界週報』一九七七年四月臨時増刊号　所収）（河出書房新社）
篠崎昇雄・一九九三『サカナの雑学事典』（新人物往来社）
渋沢敬三・一九九二「日本魚名の研究」『渋沢敬三著作集第二巻』（平凡社）
周達世・二〇〇四『カエルを釣る、カエルを食べる』（平凡社）
菅野徹・一九八一『有明海』（東海大学出版会）
末広恭雄・一九六四『魚と伝説』（新潮社）
同右・一九九五『川の魚』（ベースボール・マガジン社）
杉森女子高等学校食物科・一九七八『筑後柳河の郷土料理と産物』（杉森女子高等学校）
鈴木薫・一九九五『食はイスタンブールにあり』（ＮＴＴ出版）
鈴木廣志／佐藤正典・一九九四『かごしま自然ガイド　淡水産のエビとカニ』（西日本新聞社）
関根真隆・一九六九『奈良朝食生活の研究』（吉川弘文館）
関谷文吉・一九九三『魚味礼讃』（中央公論社）
高木和徳・一九八二「大地中海から生まれた魚」『アニマ』一〇八（平凡社）
多紀保彦・一九七二「メダカ」『アニマ』一一（平凡社）
田北徹・一九八〇「有明海の魚類」『有明海』月刊海洋科学一二四（海洋出版）
田口一夫・二〇〇四『黒マグロはローマ人のグルメ』（成山堂）
谷口順彦・一九九三「地域や環境で著しい変異　フナ類」『週刊朝日百科　動物たちの地球』八八（朝日新聞社）
高野潤・二〇〇〇『アンデス食の旅』（平凡社）
近森正・一九八八『サンゴ礁の民族考古学』（雄山閣）
筑後川農業水利誌編纂委員会・一九七七、『筑後川農業水利史』（九州農政局筑後川水系農業水利事務所）
塚本勝巳・一九九三「謎のルーツと大回遊　ウナギ」『動物たちの地球』八七（朝日新聞社）
寺崎秀一郎・一九九九『図説古代マヤ文明』（河出書房新社）
戸田直弘・二〇〇二『わたし琵琶湖の漁師です』（光文社）
中尾佐助・一九七二、『料理の起源』、日本放送出版協会：東京。
中島経夫・二〇〇九「コイ科魚類の咽頭歯と考古学」『考古学研究』二二一（考古学研究会）
中野繁・一九九三「生息空間をめぐる競争と共存」『動物たちの地球』八七（朝日新聞社）
長崎県小長井町教育委員会・一九九八『長戸鬼塚古墳』（長崎県小長井町教育委員会）
長崎福三・一九九四『肉食文化と魚食文化』（農山漁村文化協会）
中野雅貴・二〇〇二「古式スズキ追い漁と清流スズキ」『ＧＩＪＩＥ』Ｎｏ・四六（芸文社）

中丸明・一九九七『スペイン5つの旅』（文藝春秋）
名取武光・一九三九「アイヌの矢毒とアイコルチェップ」『ドルメン』五―六
西村豊弘・小林園子・屋山洋・二〇〇三「福岡市雀居遺跡群の動物遺存体」『雀居遺跡九』（福岡市教育委員会埋蔵文化財調査報告書第七四八集）
日本の食生活全集福岡編集委員会・一九八七『聞き書き　福岡の食事』（農山漁村文化協会）
日本の食生活全集熊本編集委員会・一九八七『聞き書き　熊本の食事』（農山漁村文化協会）
日本の食生活全集佐賀編集委員会・一九九一『聞き書き　佐賀の食事』（農山村文化協会）
日本の食生活全集大分編集委員会・一九九二『聞き書き　大分の食事』（農山村文化協会）
農商務省水産局編纂・一九八三《復刻版》『日本水産製品誌』（岩崎美術社）
畠山重篤・二〇〇六『牡蠣礼讃』（文藝春秋）
羽原又吉・二〇〇二『漂海民』（岩波書店）
樋泉岳二・一九八〇「動物遺存体の分析」『伊川津遺跡』（渥美町教育委員会）
東大阪市教育委員会・一九七七『水走遺跡第三次・鬼虎川遺跡第二一次発掘調査報告』（東大阪市文化財協会）
檜山義夫・一九五二『魚心釣心』（文徳社）
同右・一九六九『釣りの科学』（岩波書店）
平川敬治・一九七九「筑後（福岡県）高三潴遺跡の検討」『九州考古学』五四（九州考古学会）
同右・一九八五「有明海における貝製飯蛸壺延縄漁」『えとのす』二七（新日本教育図書）
同右・一九八七「周海地域と集落立地論」『東アジアの考古と歴史』岡崎敬先生退官記念論文集（同朋社）
同右・一九八八「悪さをするタコ」『地域文化研究所紀要』第三号（梅光女学院大学）
同右・一九八九「生業における空間的変移」『生産と流通の考古学』（横山浩一先生退官記念事業会）
同右・一九九〇「日本における貝製イイダコ壺延縄漁」『民族学研究』五五―一（日本民族学会）
同右・一九九〇「網漁における伝統的沈子についての二、三の問題」『九州考古学』六五（九州考古学会）
同右・一九九一「イナとトド」『交流の考古学』（肥後考古学会）
同右・一九九二「人と生業と集落」『北部九州の古代文化』（名著出版）
同右・一九九三「パレスティナのランプについての覚え書き」『九州考古学』六八（九州考古学会）
同右・一九九五「日本におけるマダコ壺の考古学的研究」『九州考古学』七〇（九州考古学会）
同右・一九九六「ヌルヌル、ベトベト、アカ、シロ、クロ――認識と分類をめぐる世界から」『ヒト・モノ・コトバの人類学』（慶友社）
同右・同右「奈良時代以降の漁業」『考古学による日本歴史二　産業Ⅰ』（雄山閣）
同右・同右「オリエントのフィールドノートから――食のタブーの起源に思うこと」『地域文化研究所紀要』第一一号（梅光女学院大学）
同右・一九九八「筑後川流域における食の歴史・民俗学的研究」

『助成研究の報告七』（味の素食の文化センター）
同右・二〇〇一『カミと食と生業の文化誌』（創文社）
同右・二〇〇五「干潟の鍬」、『肥後考古』第十三号（肥後考古学会）
同右・二〇〇七「串山ミルメ浦遺跡」『東アジア考古学辞典』（東京堂）
同右・二〇〇八「イスラエル　ガリラヤ（キネレット）湖を中心とする漁撈活動の歴史的展開」『九州と東アジアの考古学』（九州大学五〇周年記念論文集刊行会）
同右・二〇〇九「生活用具に見るエン・ゲブ遺跡の石製品と土製品」『エン・ゲブ遺跡』（ＬＩＴＨＯＮ）
平瀬補世／蔀關月・一九七〇「日本山海名産図」『日本庶民生活史料集成』一一（三一書房）
廣野卓・一九九八『食の万葉集』（中央公論社）
福岡県水産林務部水産振興課／（財）福岡県筑前海沿岸漁業振興会・一九九〇『玄海のさかな』
福岡県編・一九九三『福岡県文化百選　味編』（西日本新聞社）
福岡県教育委員会・一九七〇『山陽新幹線関係埋蔵文化財調査報告』一二
同右・一九九七『塚崎東畑遺跡』（福岡県埋蔵文化財調査報告書第一二七集）
前畑政善・一九九三「雄が雌に巻きついて産卵へ　ナマズ類」『週刊朝日百科　動物たちの地球』八八（朝日新聞社）
松井章・二〇〇四『環境考古学への招待』（岩波書店）
松井魁・一九七一『うなぎの本』（丸の内出版）
松下幸子・一九八三「料理書にみる江戸時代の魚鳥野菜」『歴史公論』四（雄山閣）
真鍋博・一九八一『マグロ　サワガニ　ヤマメ紀行　ニッポン養殖時代』（冬樹社）
道津善衛・一九八二「太平洋をわたるハゼたち」『アニマ』一〇八（平凡社）
宮崎弥太郎／かくまつとむ・二〇〇一『仁淀川漁師秘伝』（小学館）
宮本常一・一九七五「九州の漁業」『宮本常一著作集』二〇（未来社）
三島格・一九六一「鯨の脊椎骨を利用せる土器製作台について」『古代学』一〇―一（古代学協会）
三宅眞・一九九一『世界の魚食文化考』（中央公論社）
宮路淳子・二〇〇〇「旧河内湾・河内湖をめぐる漁撈活動と居住パターン」『古代湖の考古学』（クバプロ）
宮地伝三郎・一九六〇『アユの話』（岩波書店）
宮本真二・二〇〇三「ナマズの東進と人間活動―遺跡の魚類遺体から」『鯰―魚と文化の多様性』（サンライズ出版）
三輪福松・一九八一、『イタリア　美術・人・風土』、朝日新聞社：東京。
望月賢二・一九九三「動くものにすぐ飛びつく　スズキ、ヒラスズキ」『動物たちの地球』九〇（朝日新聞社）
MendelNun, 1989, THE SEA OF GALILEE and FISHERMEN in the NewTestament, Israel: Kinnereth Sailing Co.
Mendel Nun, 1993, ANCIENT STONE ANCHORS AND NET SINKERS FROM THE SEA OF GALILEE, ISRAEL: Kibbutz Ein Gev Tourist Department and Kinnereth Sailing Co.
アイザック・ウォルトン／森秀人訳・一九六四『釣魚大全』（角

川書店）
守山弘・一九九七『水田を守るとはどういうことか』（農産漁村文化協会）
山内景樹・一九九七『サカナと日本人』（筑摩書房）
山崎武・一九九三『四万十　川漁師物語』（同時代社）
やまもと　くみこ・一九九〇『ムがいっぱい』（農山漁村文化協会）
山中満博・二〇〇二「スズキも遡上魚である！」『ＧＩＪＩＥ』Ｎｏ・四六（芸文社）
リチャード・シュヴァイド／横山あゆみ訳・二〇〇五『ウナギのふしぎ』（日本経済新聞社）
吉川誠次／大堀恭良・二〇〇二『日本・食の歴史地図』（日本放送出版協会）
吉田禎吾・一九八九「海のコスモロジー」、『歴史における自然』（岩波書店）
吉村作治・一九七六『エジプト史を掘る』（日本放送出版協会）
レイモン・アザディ・一九八三『茨城の淡水魚』（筑波書林）
和田吉弘・一九九五『木曾三川の伝統漁』（山海堂）

＊有明海沿岸の魚類および魚具・生活などについて知りたい方は、左記の施設を訪ねてみよう。

〈佐賀県立博物館・美術館〉
佐賀市城内一－一五－二三（電話）〇九五二・二四・三九四七

〈おきのはた水族館〉
福岡県柳川市稲荷町（電話）〇九四四・七二・二二七一

〈御花〉
福岡県柳川市新外町一（電話）〇九四四・七三・二一八九

〈クリークの里　石丸山公園〉
福岡県三潴郡大木町大字大角一四二六
（電話）〇九四四・三三・一八六〇

〈むつごろう水族館〉
長崎県諫早市小野島町二二三一
（電話）〇九五七・二四・六七七六

〈佐賀県立宇宙科学館〉
佐賀県武雄市永島（電話）〇九五四・二〇・一六六六

〈著者略歴〉

平川敬治（ひらかわ・けいじ）

一九五五年福岡県生まれ。九州大学教育研究センター、岩田屋コミュニティカレッジ、NHK福岡文化センター講師などを歴任。考古学・地理学・民族学を専攻し、必ず自ら足を運ぶことをモットーに地域の香りのする総合的な比較文化の構築を目指す。主なフィールドは日本を含めた東アジア、西アジア、ヨーロッパで、今日も調査続行中。主な著書に『考古学による日本歴史』（共著、雄山閣出版、一九九六）、『カミと食と生業の文化誌』（創文社、二〇〇一）、『遠い空——國分直一、人と学問』（共編、海鳥社、二〇〇六）、『エン・ゲブ遺跡』（共著、LITHON、二〇〇九）など。

魚《さかな》と人《ひと》をめぐる文化史《ぶんかし》

二〇一一年九月二〇日発行

著　者　平川敬治《ひらかわけいじ》
発行者　小野静男
発行所　弦　書　房
（〒810・0041）
福岡市中央区大名二－二－四三
ELK大名ビル三〇一
電　話　〇九二・七二六・九八八五
FAX　〇九二・七二六・九八八六

印刷・製本　大村印刷株式会社

ISBN978-4-86329-062-4　C0021